国 家 社 科 基 金 重 大 委 托 项 目
中国社会科学院民族学与人类学研究所资助

中国民族地区
经济社会调查报告

总顾问　陈奎元
总主编　王伟光

文 化 卷

本卷主编　方勇　丁赛

中国社会科学出版社

图书在版编目(CIP)数据

中国民族地区经济社会调查报告·文化卷/方勇，丁赛主编.—北京：中国社会科学出版社，2020.11

ISBN 978-7-5203-7629-7

Ⅰ.①中… Ⅱ.①方…②丁… Ⅲ.①民族地区经济—经济发展—调查报告—中国②少数民族—民族文化—文化发展—调查报告—中国 Ⅳ.①F127.8

中国版本图书馆CIP数据核字(2020)第253897号

出版人 赵剑英
责任编辑 宫京蕾
责任校对 赵雪姣
责任印制 李寡寡

出　　版 中国社会科学出版社
社　　址 北京鼓楼西大街甲158号
邮　　编 100720
网　　址 http：//www.csspw.cn
发行部 010-84083685
门市部 010-84029450
经　　销 新华书店及其他书店

印刷装订 北京君升印刷有限公司
版　　次 2020年11月第1版
印　　次 2020年11月第1次印刷

开　　本 710×1000 1/16
印　　张 15.75
插　　页 2
字　　数 264千字
定　　价 89.00元

《21世纪初中国少数民族地区经济社会发展综合调查》

项目委员会

顾问委员会

总 顾 问 陈奎元

学术指导委员会

主　　任 王伟光

委　　员（按姓氏笔画为序）

丹珠昂奔　李　扬　李培林　李　捷　陈改户　武　寅
郝时远　赵胜轩　高　翔　黄浩涛　斯　塔

专家委员会

首席专家 王延中

委　　员（按姓氏笔画为序）

丁　宏　丁　赛　丁卫东　马　援　王　平　王　锋
王希恩　开　哇　扎　洛　车明怀　方　勇　方素梅
尹虎彬　石玉钢　龙远蔚　卢献匾　田卫疆　包智明
吐尔干·皮达　朱　伦　色　音　刘　泓　刘正寅
刘世哲　江　荻　赤列多吉　李云兵　李红杰　李克强
吴　军　吴大华　何星亮　张若璞　张昌东　张继焦
陈建樾　青　觉　郑　堆　赵立雄　赵明鸣　赵宗福
赵剑英　段小燕　姜培茂　聂鸿音　晋保平　特古斯
俸代瑜　徐　平　徐畅江　高建龙　黄　行　曹宏举
曾少聪　管彦波　毅　松

项目工作组

组　　长 扎　洛　孙　懿

成　　员（按姓氏笔画为序）

丁　赛　孔　敬　刘　真　刘文远　李凤荣　李益志
宋　军　陈　杰　周学文　程阿美　管彦波

《中国民族地区经济社会调查报告》
编辑委员会

总　序

实践的观点是马克思主义哲学最基本的观点，实事求是是马克思主义活的灵魂。坚持一切从实际出发、理论联系实际、实事求是的思想路线，是中国共产党把马克思主义基本原理与中国实际相结合，领导中国人民进行社会主义革命和社会主义建设不断取得胜利的基本经验。改革开放以来，在实事求是、与时俱进思想路线的指导下，中国特色社会主义伟大事业取得了举世瞩目的伟大成就，中国道路、中国经验在世界上赢得了广泛赞誉。丰富多彩的成功实践推进了中国化马克思主义的理论创新，也为哲学社会科学各学科的繁荣发展提供了坚实的沃土。时代呼唤理论创新，实践需要哲学社会科学为中国特色社会主义理论体系的创新发展做出更大的贡献。在中国这样一个统一的多民族的社会主义国家，中国特色的民族理论、民族政策、民族工作，构成了中国特色社会主义的重要组成部分。经济快速发展和社会剧烈转型，民族地区全面建成小康社会，进而实现中华民族的伟大复兴，迫切需要中国特色民族理论和民族工作的创新，而扎扎实实地开展调查研究则是推进民族研究事业适应时代要求、实现理论创新、服务发展需要的基本途径。

早在 20 世纪 50 年代，应民族地区的民主改革和民族识别之需，我国进行了全国规模的少数民族社会历史与语言调查，今称“民族大调查”。这次大调查收集获取了大量有关民族地区社会历史的丰富资料，形成 300 多个调查报告。在这次调查的基础上，整理出版了 400 余种、6000 多万字的民族社会历史建设的巨大系统工程——“民族问题五种丛书”，为党和政府制定民族政策和民族工作方针、在民族地区开展民主改革和推动少数民族经济社会的全面发展提供了重要的依据，也为中华人民共和国民族研究事业的发展奠定了坚实的基础。

半个多世纪过去了，如今我国边疆民族地区发生了巨大而深刻的变化，各民族逐渐摆脱了贫困落后的生产生活状态，正在向文明富裕的现代化社会迈进。但同时我们也要看到，由于历史和现实的原因，各民族之间以及不同民族地区之间经济社会的发展依然存在较大的差距，民族地区经济发展不平衡问题，以及各种社会问题、民族问题、宗教问题、生态问题，日益成为推动民族地区经济社会发展必须着力解决的紧迫问题。深入民族地区开展长期、广泛而深入的调查研究，全面了解各民族地区经济社会发展面临的新情况、新问题，科学把握各民族地区经济社会发展趋势，是时代赋予民族学工作者的使命。

半个多世纪以来，中国社会科学院民族学与人类学研究所一直把调查研究作为立所之本。1956 年成立的少数民族语言研究所和 1958 年成立的民族研究所（1962 年两所合并，以下简称“民族所”），从某种意义上讲，就是第一次民族大调查催生的结果。作为我国多学科、综合性、国家级的民族问题专业研究机构，民族所非常重视田野调查，几代学者已在中国各民族地区近 1000 个地点进行过田野调研。20 世纪 90 年代，民族所进行了第二次民族地区典型调查，积数年之功完成了 20 余部调研专著。进入新的历史时期，为了更好地贯彻党中央对我院“三个定位”的要求，进一步明确今后一个时期的发展目标和主攻方向，民族所集思广益，经过反复酝酿、周密论证，组织实施了“21 世纪初中国少数民族地区经济社会发展综合调查”。这是我国民族学研究事业发展的迫切需要，也是做好新时期民族工作的前提和基础。

在充分利用自 20 世纪 50 年代以来开展的少数民族社会历史与语言调查相关研究成果的基础上，本次民族大调查将选择 60—70 个民族区域自治地方（包括市、县/旗或民族乡）作为调查点，围绕民族地区政治、经济、社会、文化、生态五大文明建设而展开，计划用 4—5 年的时间，形成 60—70 个田野调查报告，出版 50 部左右的田野民族志专著。民族调查是一种专业性、学科性的调查，但在学科分化与整合均非常明显的当代学术背景下，要通过调查研究获得开拓性的成果，除了运用民族学、人类学的田野调查方法外，还需结合社会学问卷调查方式和国情调研、社会调查方式，把静态与动态、微观与宏观、定量分析与定性分析、典型与一般有机结合起来，突出调查研究的时代性、民族性和区域性。这是新时期开展民族大调查的新要求。

立足当代、立足中国的“民族国情”，妥善处理民族问题，促进各民族平等团结，促进各民族地区繁荣发展，是中国特色社会主义的重要任务。“21世纪初中国少数民族地区经济社会发展综合调查”作为国家社科基金特别委托项目和中国社会科学院创新工程重大项目，希望立足改革开放以来少数民族地区的发展变化，围绕少数民族地区经济社会发展，有针对性地开展如下调查研究：①民族地区经济发展现状与存在的问题调查研究；②民族地区社会转型、进步与发展调查研究；③西部大开发战略与民族问题调查研究；④坚持和完善民族区域自治制度调查研究；⑤民族地区宗教问题调查研究；⑥民族地区教育与科技调查研究；⑦少数民族传统文化与现代化调查研究。

调查研究是加强学科建设、队伍建设和切实发挥智库作用的重要保障。基础研究与应用对策研究是现代社会科学不可分割的有机统一整体。通过全面、深入、系统的调查研究，我们希望努力达成以下几个目标。一是全面考察中国特色民族理论、民族政策的探索和实践过程，凝练和总结中国解决民族地区发展问题、确立和谐民族关系、促进各民族共同繁荣发展的经验，把握民族工作的一般规律，为未来的民族工作提供坚实的理论支撑，为丰富和发展中国特色社会主义理论体系做出贡献。二是全面展示改革开放特别是自21世纪以来民族地区经济社会发展的辉煌成就，展示以“平等、团结、互助、和谐”为核心内容的新型民族关系在当代的发展状况，反映各族人民社会生活的深刻变化，增强各民族的自豪感、自信心，建设中华民族共同体，增强中华民族凝聚力。三是深入调查探寻边疆民族地区经济社会发展中存在的问题，准确把握未来发展面临的困难与挑战，为党和国家全面了解各民族发展现状、把握发展趋势、制订未来发展规划提供可靠依据。四是通过深入民族地区进行扎实、系统的调研，收集丰富翔实的第一手资料，构筑我国民族地区社会发展的基础信息平台，夯实民族研究的基础，训练培养一支新时期民族问题研究骨干队伍，为民族学研究和民族地区未来发展奠定坚实的人才基础。

我们深信，参与调查研究的每一位专家和项目组成员，秉承民族学、人类学学界前辈学人脚踏实地、不怕吃苦、勤于田野、精于思考的学风，真正深入民族地区、深入田野，广泛汇集干部、群众的意见，倾听干部、群众的呼声，运用多种方式方法取得丰富的数据资料，通过科学严谨的数据分析和系统深入的理论研究，一定会取得丰硕的成果。这不仅会成为

21 世纪我国民族学与人类学学科建设的一座重要里程碑，也一定会为党和政府提供重要决策参考，为促进我国民族理论和民族工作的新发展，为在民族地区全面建成小康社会，为实现中华民族的伟大复兴做出应有的贡献。

王伟光

前　言[①]

民族地区以其优美的自然风光和独特的文化资源吸引着大量游客前往，文旅产业已经或将要成为很多民族地区的支柱产业。文旅产业是文化产业和旅游业深度融合，以文化创意为核心，以旅游为载体，以场景打造、观光体验等为重点的新型文化业态。2018 年 12 月 10 日，文化和旅游部部长雒树刚在“2018 旅游集团发展论坛”上指出，文化和旅游部组建以来，明确了“宜融则融，能融尽融，以文促旅，以旅彰文”的工作思路，强调“文旅融合”，注重围绕文化和旅游融合发展这一重要工作，以人民对美好生活需求引导文化建设和旅游发展。毋庸讳言，民族地区经济总体上参与国际国内产业分工能力弱，科技引领发展能力不强的现状短期内不易改变。而严格守好生态底线、巩固脱贫攻坚成效、在全面建成小康社会进程中探索可持续发展的新路径，使文化资源的“软实力”和“硬产业”相互结合成为民族地区乡村振兴的重要支点，不仅是民族地区各地正在积极实践和探索的热点，也是学术界研究关注的焦点。而各民族的优秀传统文化是民族地区的核心文化资源，民族地区各民族的优秀传统文化根植于各民族生存繁衍的自然地理环境与人文历史背景，适应其生产生活、思想娱乐方式，形成相对稳定的观念信仰、活动组织以及相应的物质表现形式与传承体系，各具特色而成为民族内部认同的核心基石之一。绵延不绝的各民族优秀传统文化在数千年积淀传承中，发挥了无可替代而又令人惊叹的历史作用。随着社会的发展，伴随交流互动乃至碰撞冲突带来的视野拓展、物质丰富、技术进步、理念更新等，各民族传统文化处于不断发展演变的动态过程中。在当下新时代、新环境、新秩序、新理念、

---

① 前言作者：课题主持人方勇教授。

新需求之中，历史积淀而成的传统文化不可避免地面临诸多挑战与机遇。对此，习近平总书记在中央民族工作会议的重要讲话中专门论述了各民族文化资源的重要价值，指出了体量小、容易流失的问题，强调了保护和创新转化的发展要求。

在我国脱贫攻坚、全面建成小康社会的关键时点，并与实施乡村振兴战略形成交汇期的当下，我国宏观层面表现为经济由高速增长阶段转向高质量发展阶段，而在民族地区凸显了乡村脱贫致富和现代化建设的进程不断加快，文旅产业作为民族地区转变发展方式、实现高质量发展的重要手段。在国家“十三五”规划中就明确提出，要把文化产业打造成国民经济的支柱产业，文化资源是民族地区最核心的资源，文旅产业是实现民族地区乡村振兴和经济社会发展的支柱产业。在《乡村振兴战略规划（2018—2022年）》中，有关深入挖掘乡村特色文化符号，盘活地方和民族特色文化资源，走特色化、差异化发展之路等要求，对各民族优秀传统文化进行创造性转化创新性发展，不仅成为民族地区乡村振兴必须遵循的原则，也是民族地区乡村振兴的内源性潜力和后劲，及传承各民族优秀传统文化的有效途径。习近平总书记指出：“中华优秀传统文化创造性转化，就是要按照时代特点和要求，对那些至今仍有借鉴价值的内涵和陈旧的表现形式加以改造，赋予其新的时代内涵和现代表达形式，激活其生命力。创新性发展，就是要按照时代的新进步新进展，对中华优秀传统文化的内涵加以补充、拓展、完善，增强其影响力和感召力。”① 各民族优秀传统文化是中华优秀传统文化的重要组成部分。总书记的指示为各民族优秀传统文化创造性转化和创新性发展指明了方向，文旅产业是实现各民族优秀传统文化创造性转化和创新性发展的最有效手段。因此，民族地区大力发展文旅产业是新时代发展的要求，更是实现各民族共同努力奋斗、共同繁荣发展的要求。

中国社会科学院民族学与人类学研究所《中华民族传统文化创造性转化和创新性发展研究》课题组以民族地区县域为研究对象，因县域是具有自然、社会、经济特征的地域综合体，兼具生产、生活、生态、文化等多重功能；通过对民族地区不同县域的实地深入调查，针对少数民族传统文化和旅游业的结合模式、现实问题和挑战分析以及未来发展趋势的研

① 《习近平总书记系列重要讲话读本》，人民日报，2014年7月9日，http：//news.cntv.cn/2014/07/09/ARTI1404876133510155. shtml？from=singlemessage。

判等，尝试从理论层面探讨如何更有效地对民族地区县域少数民族传统文化进行挖掘、发展出新的文化观念内涵与表达方式，不仅使得少数民族传统文化获得新的生命力，也同时分析研究传统文化与旅游业的融合发展更加有竞争力和可持续性。

本书是中国社会科学院民族学与人类学研究所《中华民族传统文化创造性转化和创新性发展研究》课题组基于2019年在内蒙古、西藏、云南、广西、四川、湖南等县域地区进行的文旅产业融合发展田野调查，内容上分为田野调查的案例分析和文旅产业的学术分析研究两大类。全书共分十二章，第一章聚焦于湖南湘西凤凰县文旅产业发展。湖南湘西土家苗族自治州凤凰县是历史文化名城，以文化为依托的旅游业自20世纪80年代发展至今已是当地经济发展的支柱产业，不仅有效带动了农业产业化、新型工业化、新型城镇化，也进一步促进了第三产业以及各领域信息化、绿色化发展。本章通过分析凤凰县政府各类支持文旅产业发展的相关政策、丰富的文化资源、文旅产业经营模式和经济效益展示了凤凰县的总体发展概况。凤凰县凭借特色演艺、特色节庆、非物质文化遗产、地方文博、特色村寨这些文旅产业发展中的突出亮点，实现了县域经济跨越式发展，推动了地方特色文化的传承和发展。然而凤凰县文旅产业发展中也存在创新驱动意识不强、历史研究挖掘不深、开发和利用苗族文化相对简单、民族文化的传承和发展面临着断代的窘境、产业品牌意识不强、产业开发资金不足和开发中有急功近利倾向的问题。第二章分析研究了内蒙古鄂伦春自治旗的文旅产业融合发展。鄂伦春自治旗是中华人民共和国成立后建立的第一个少数民族自治旗，鄂伦春族作为森林民族，在长期的生活实践中创造了独具特色的游猎文化。20世纪以前，鄂伦春族基本保持着比较完整的传统社会组织和生活方式，较好地保留了历史文化遗存，构筑了爱护自然、敬畏自然以及“万物有灵”为核心的文化体系。伴随改革开放和近年来全面建成小康社会的步伐不断加快，文旅产业已经成为鄂伦春自治旗的重要产业和亮点产业，本章阐释了鄂伦春自治旗独特的鄂伦春文化资源与打造寒地冰雪为主的文化产业现状，较为全面地分析了当地文化资源与旅游产业融合发展情况，并在最后部分给出了文旅产业融合发展总体设想和建议。第三章分析研究了云南香格里拉市的文旅产业发展。云南香格里拉市的文旅产业发展在民族地区县域中较为成熟，已拥有一定知名度。香格里拉是多民族聚居地，拥有藏族文化、纳西族文化、傈僳族文化、彝族文化、白族文化等，旅游资源丰富包含了《中国旅游资源普查规范》中的全部七大亚类，而且表现出自然与人文并重，生态与文化共长的多样性。香格里拉文旅产业融合发展迅速得益于当地政府将其定位为支柱产业的各项政策措施。本章还较为详细地阐释和分析了有代表性的松赞林寺、藏龙生物有限公司、纳帕海国际重要湿地三类不同文旅单位的具体运营和成效，最后总结了香格里拉目前文旅产业融合发展面临的问题。第四章重点分析了辽宁宽甸满族自治县的文旅产业发展。宽甸满族自治县毗邻朝鲜人民共和国，作为边境县又是辽宁省县级行政区域面积最大的县，不仅拥有水体、气候和生物旅游资源，还有边境文化、红色文化、民族文化、节庆文化旅游资源。近年来，宽甸满族自治县着力文化旅游资源相互融合，促进文化旅游产业不断发展。本章根据宽甸县文化旅游资源的系统分类，运用民族学的象征理论、结构功能理论、文化变迁理论等分析该地的文化旅游资源，并论述其开发现状。之后运用功能理论分析当地的文化旅游产业对该地的经济、社会、文化所产生的意义。最后，提出该地发展文化旅游产业存在的问题，并结合当地实际提出具有针对性的对策。第五章重点关注四川平武县白马藏族民间文化的保护。通过阐释文旅产业发展中的文化保护，即非物质文化保护的政府和民间行为、旅游扶贫中的文化保护和全域旅游背景下的“非遗”呈现形式三部分内容，不仅突出了文旅产业发展中的文化保护问题，也结合长期的田野调查提出了切实可行的相关建议。第六章围绕广西五县文旅产业助力扶贫的案例，结合当下民族地区脱贫攻坚和全面建成小康任务，阐释了隆安县打铁技艺、南丹县瑶族服饰、三江县木结构建筑和刺绣技艺、靖西县壮族织锦和绣球制作以及梧州苍梧六堡茶制作技艺传承发展下的扶贫成效。

本书的第七章至第十二章内容包括民族地区文旅产业总体发展、少数民族传统文化保护和传承以及意大利文旅产业发展的借鉴。同前面六章的调研案例分析相比，后面的六章更多的是从学理层面展开分析。第七章民族地区县域文旅产业发展指标体系的构建和分析是基于民族地区 71 个县（市）/旗文旅产业问卷调查，借鉴了已有的研究成果，通过专家打分法和聚类分析法构建了民族地区县域文旅产业发展指标体系。民族地区县域文旅产业不仅是县域经济的重要内容，也扎根于民族传统文化的最基层，与少数民族群众息息相关。该指标体系从经济发展、道路交通状况、文旅产业现状、文旅产业资源和县级政府扶持五个维度测量综合性指数，同时还包括了26个二级指标，109个三级指标，其目的是对民族地区县域文旅产业发展现状进行量化评估，以揭示目前文化产业发展的总体情况，并为今后文化产业发展提供借鉴。第八章聚焦于贵州台江姊妹节的传承与发展，通过对姊妹节的地域性特点描述和田野书写，从人类学的视角分析了姊妹节的内涵及性别角色、社会功能及文化。在台江县着力发展文旅产业的背景下，姊妹节经文化重构、功能整合后，在保留传统文化元素的基础上注入了现代元素。但从今后可持续发展的角度，本章还重点探讨了姊妹节保护与开发中整体观的树立与应用。第九章分析研究了国家级非物质文化遗产项目岫岩皮影戏。在概述它的历史传统和当下式微的基础上，基于田野调查材料，重点呈现了岫岩皮影戏在地方社会的作用，它在民间愿影仪式中的形态，以及它在当下的传承与保护。当下陷入娱神与娱人困境的岫岩皮影戏，一方面让我们看到了民间社会在非遗整体性保护的作用，另一方面也昭示我们要更好地统合政府和民间社会二元主体力量，使成为公共文化的非遗项目获得更好的保护与传承。第十章鄂伦春族语言文化保护与传承。通过对鄂伦春语言概况与特点、使用范围和使用现状的阐述，展示了鄂伦春语言中包含着我国寒温带森林地带的自然景观、自然现象、草木花果、野生动物等方面的名词术语及表达形式。鄂伦春语是大、小兴安岭和外兴安岭鲜活的语料库、思想库、生命库。但在现代化发展进程中以及强势语言的冲击下，鄂伦春语处于严重濒危状态。因此，建立科学、有效的保护措施和开发体系至关重要，本章也对此进行了探讨。第十一章云南丽江白沙古镇城市遗产保护状况。以日常生活为研究切入点，从丽江白沙古镇的日常生活应用入手，分析丽江白沙古镇日常生活与城市遗产保护的交互性，从而得出遗产具有公共性、公开性等特点，在公共与公开的空间中，日常生活一直在发生作用。在目前的学术实践中，如何对城市遗产保护出现的各种新现象进行研究，不仅是学术热点也是当前需要解决的主要问题。本章认为对于城市遗产的保护需要转变思路，人们应该意识到日常生活应该是城市遗产保护的重要灵魂元素。第十二章“第三意大利”的发展模式及启示。首先回顾了“第三意大利”以其贫乏的资源、落后的基础设施与人力、技术资本，成功地从传统的农业经济走向了发达的工业经济的历程；以及将传统文化资源与现代价值、产业市场紧密联系，成功地开辟了一个文化、价值与市场的共赢之路。我国民族地区有着与“第三意大利”相似的发展潜力。当前，应重新审视民族地区照搬或模仿东部地区的发展模式，借鉴“第三意大利”的发展经验，发展以民族传统文化产品为代表的消费品工业。以地理的靠近性为基础，大力支持中小企业，通过整合文化资本、人力资本、现代技术与管理等要素集聚，遵循市场机制，以实现高度的专业化分工，促进文化产业集群发展，逐步形成具有区域特色的产业体系。

本书是《中华民族传统文化创造性转化和创新性发展研究》课题组的阶段性成果之一，也是集体辛勤劳动的结晶，第一章至第六章均为民族地区县域文旅产业发展的案例分析，作者分别是：第一章为艾菊红、刘小珉；第二章为关红英、刘晓春；第三章为赵雨洁、刘晓春；第四章为冯伊；第五章为卢芳芳；第六章为张辉、陆霓；第七章由丁赛、王国洪、王经绫、冯伊撰写，并发表于《民族研究》2019年第2期；第八章为彭雪芳；第九章由吴凤玲撰写并发表于《民族研究》2018年第5期；第十章为刘晓春、关小云，并发表于《黑龙江民族丛刊》2019年第3期；第十一章为宋小飞，并发表于《学术探索》2019年第11期；第十二章为王经绫，并发表于《世界民族》2019年第6期。

目　　录

第一章　湖南湘西凤凰县文旅产业发展报告 ……………………… (1)

一　文化旅游产业总体概况 ……………………………………… (2)

（一）政策支持……………………………………………………… (2)

（二）文化资源……………………………………………………… (3)

（三）经营模式……………………………………………………… (4)

（四）经济效益……………………………………………………… (6)

二　文化旅游产业发展亮点 ……………………………………… (9)

（一）特色演艺……………………………………………………… (9)

（二）特色节庆 …………………………………………………… (10)

（三）非物质文化遗产 …………………………………………… (11)

（四）地方文博 …………………………………………………… (12)

（五）特色村镇 …………………………………………………… (13)

（六）特色文化创意产业 ………………………………………… (14)

三　文旅产业发展的成效…………………………………………… (15)

（一）文旅产业使凤凰经济实现了跨越式发展 ………………… (15)

（二）文旅产业促使地方特色文化的传承和发展 ……………… (16)

四　文旅产业发展面临的问题与对策 …………………………… (18)

第二章　内蒙古鄂伦春自治旗文旅融合发展报告 ……………… (21)

一　文化资源与文化产业现状……………………………………… (21)

二　旅游产业的现状和问题………………………………………… (26)

（一）旅游资源丰富与发展不足并存 …………………………… (26)

（二）旅游市场分析 ……………………………………………… (27)

（三）旅游产业成就与经验 …………………………………………（29）
（四）寒地冰雪经济发展战略 ……………………………………（32）
三 总体思路与对策建议 ………………………………………………（35）

第三章 香格里拉市文化和旅游产业发展报告 …………………（40）
一 民族文化和旅游资源赋存状况 ……………………………………（42）
（一）民族文化资源 ……………………………………………（42）
（二）旅游资源赋存状况 ………………………………………（45）
二 政府促进文旅产业融合发展的具体措施 …………………………（48）
三 文旅融合发展现状与典型案例 ……………………………………（50）
（一）文化和旅游产业发展现状 …………………………………（50）
（二）香格里拉市民族文化和旅游产业发展典型案例 …………（54）
四 文旅产业融合发展面临的问题及启示 …………………………（61）
（一）现存问题 …………………………………………………（61）
（二）相关对策 …………………………………………………（62）

第四章 辽宁宽甸满族自治县文旅产业发展报告 …………………（64）
一 文旅游资源概况 …………………………………………………（64）
（一）自然旅游资源概况 ………………………………………（65）
（二）人文旅游资源概况 ………………………………………（67）
二 文旅资源的开发 …………………………………………………（71）
（一）自然旅游资源的开发 ……………………………………（72）
（二）人文旅游资源的开发 ……………………………………（74）
三 文旅产业的发展现状 ……………………………………………（76）
（一）旅游餐饮住宿业 …………………………………………（77）
（二）旅游交通运输业 …………………………………………（80）
（三）旅游景区业 ………………………………………………（81）
（四）旅游购物业 ………………………………………………（83）
（五）其他民族文化产业 ………………………………………（84）
四 文旅产业发展的问题与对策 ……………………………………（87）
（一）文化旅游资源问题分析 …………………………………（87）
（二）文化旅游产业问题分析 …………………………………（89）

（三）文化旅游资源发展对策 …………………………………（92）
（四）文化旅游产业发展对策 …………………………………（93）

第五章　四川平武县文旅产业发展中的文化保护调研报告 …………（97）
一　问题的提出：来自工作中的思索 ……………………………（97）
二　从官方行为到公益力量：交互性存在 ………………………（103）
三　全域旅游背景下的“非遗”呈现 ……………………………（104）

第六章　广西五县文旅产业助力脱贫案例分析报告 ………………（108）
一　隆安县打铁技艺助力扶贫 …………………………………（108）
（一）打铁技艺的传承 ………………………………………（108）
（二）打铁技艺的新发展及助力减贫 …………………………（109）
二　南丹县瑶族服饰技艺助力扶贫 ……………………………（111）
三　三江县木结构建筑营造和刺绣技艺助力扶贫 ………………（114）
（一）木结构建筑营造技艺助力扶贫 …………………………（114）
（二）侗族刺绣技艺助力脱贫 …………………………………（117）
四　靖西县壮族织锦和绣球制作助力扶贫 ………………………（120）
（一）壮族织锦技艺助力扶贫 …………………………………（120）
（二）壮族绣球制作技艺助力脱贫 ……………………………（123）
五　梧州苍梧六堡茶制作技艺助力扶贫 …………………………（126）
六　经验、对策与建议 …………………………………………（129）

第七章　民族地区县域文旅产业发展指标体系的构建和分析 ……（132）
一　问题的提出 …………………………………………………（133）
二　少数民族地区县域文旅产业发展指标体系的建构 …………（137）
三　指标体系测算方法与数据来源 ……………………………（139）
（一）指标体系测评的方法 ……………………………………（139）
（二）指标权重的确定 …………………………………………（140）
（三）数据来源 …………………………………………………（141）
四　指标体系的分析 ……………………………………………（141）
（一）少数民族地区县域文旅产业发展指数 ……………………（144）
（二）经济发展指数 ……………………………………………（145）

（三）道路交通指数 …………………………………………（146）
（四）文旅产业现状指数 ……………………………………（146）
（五）文旅产业资源指数 ……………………………………（147）
（六）县级政府扶持指数 ……………………………………（148）
五 结论与建议 ………………………………………………（148）

第八章 苗疆腹地的节日文化——以台江县为例 …………（153）
一 姊妹节的地域性 …………………………………………（154）
二 姊妹节的田野书写 ………………………………………（154）
（一）台拱镇拉开了姊妹节的序幕 …………………………（155）
（二）老屯乡捕鱼捞虾的民俗展演 …………………………（155）
（三）巴拉河村的狂欢之夜 …………………………………（156）
（四）踩鼓场上靓丽的苗家女性 ……………………………（157）
三 姊妹节的内涵及性别角色分析 …………………………（158）
四 姊妹节的社会功能及文化变迁 …………………………（160）
（一）参与对象由特定群体转为全民性 ……………………（160）
（二）部分传统习俗消失 ……………………………………（160）
（三）节日活动内容的多样化 ………………………………（161）
（四）从娱乐功能派生出经济功能 …………………………（161）
五 姊妹节保护与开发的整体观 ……………………………（161）
六 结 语 ……………………………………………………（163）

第九章 辽宁岫岩满族皮影戏及其传承保护 ………………（164）
一 问题的提出 ………………………………………………（164）
二 岫岩皮影戏的历史传统与当下的式微 …………………（165）
三 岫岩皮影戏在地方社会中的呈现 ………………………（167）
（一）皮影戏是民间还愿娱神的工具 ………………………（167）
（二）皮影戏承载着人们的生活愿景 ………………………（168）
（三）皮影戏体现着岫岩满族民众的民间信仰 ……………（169）
四 民间愿影仪式的呈现 ……………………………………（170）
（一）愿影仪式之前的许愿仪式和写影 ……………………（170）
（二）作为一个完整仪式而存在的愿影 ……………………（171）

（三）愿影仪式中作为娱神的献祭品的皮影戏表演 …………… （173）
五　岫岩皮影戏在当下的传承与保护 …………………………… （174）
（一）以娱神为主的民间传承及其困境 ………………………… （174）
（二）以娱人为主的官方传承及其困境 ………………………… （175）
六　分析与讨论 …………………………………………………… （176）

第十章　鄂伦春族语言文化现状与保护对策 ………………… （178）
一　鄂伦春语概况与特点 ………………………………………… （178）
二　鄂伦春语的使用范围和使用现状 …………………………… （180）
三　鄂伦春语的研究成果与语言保护措施 ……………………… （181）
四　传承鄂伦春族语言文化的意义和建议 ……………………… （184）

第十一章　云南丽江白沙古镇日常生活维度下的城市遗产保护 … （188）
一　从静态到动态的城市遗产保护观念 ………………………… （189）
二　日常生活——城市遗产保护的灵魂元素 …………………… （191）
三　日常生活中的城市遗产保护应用 …………………………… （194）
四　结　语 ………………………………………………………… （196）

第十二章　“第三意大利”的发展模式及启示 …………………… （198）
一　“第三意大利”民族文化产业发展的背景 …………………… （198）
（一）“第三意大利”所处地理空间特征 ………………………… （198）
（二）“第三意大利”的发展历程 ………………………………… （200）
（三）“第三意大利”的民族文化资本 …………………………… （201）
二　“第三意大利”民族传统文化产业的发展特征 ……………… （203）
（一）中小企业为主体，家族式企业为主要特征 ……………… （203）
（二）分散的城镇化经营，使得交易成本外部化 ……………… （203）
（三）以传统民族手工业为主要发展行业 ……………………… （204）
三　“第三意大利”民族传统文化产业发展成功的深层次
原因 ……………………………………………………………… （206）
（一）高度专业化的分工，形成“第三意大利”特色的
产业集聚模式 …………………………………………………… （206）
（二）“经纪人”式的生产组织方式，形成了具有自组织系统的
利益相关者网络 ………………………………………………… （208）

（三）民族传统文化是“第三意大利”兴起的关键因素 ……（209）
（四）成功实现了文化与经济的结合 ……（211）
（五）意大利政府对民族传统文化产业发展的大力支持 ……（212）
四 对我国民族地区经济发展的启示 ……（214）
（一）当前中国民族地区发展的困境 ……（214）
（二）应采取的措施 ……（215）
五 结 语 ……（218）

参考文献 ……（220）

关键词索引 ……（226）

后记 ……（228）

第一章

湖南湘西凤凰县文旅产业发展报告[①]

作为历史文化名城，凤凰县的经济发展主要是依靠旅游业，而凤凰县旅游业的发展是以文化为依托，“文化，是凤凰旅游的灵魂”。[②] 因而凤凰的文化产业主要是文化旅游产业。

自 2001 年以来，凤凰县大力发展文化旅游业，全面实施“一业带三化”发展战略，即以文化旅游作为主导产业，同时带动农业产业化、新型工业化、新型城镇化，并进一步带动第三产业发展，以及各领域信息化、绿色化。具体来讲，文化旅游带动农业产业化就是发展与旅游相承接的休闲观光农业、特色果蔬花卉产业、特色农产品加工业，促进乡村旅游和休闲农业相互融合，实现文化旅游带动农业转型升级、农业促进文化旅游深度发展的良性发展格局，并积极培育新型农业经营主体和农民专业合作社，增强龙头带动作用。文化旅游促进新型工业化发展是发展特色文化旅游产品加工、特色文化创意集聚区、民俗文化体验区。一方面，以文化旅游商品加工和农副产品加工为主，提供柑橘、猕猴桃、黄姜等特色农副产品，发展具有苗族文化特色的姜糖、蜡染、扎染、银饰等旅游商品加工业；另一方面，围绕民俗休闲、产品自制、生态观光开发体验性旅游产品，通过实施特色产业开发，扶持贫困户发展产业，加快推进工业向绿色工业、旅游工业、扶贫工业的新型工业化转型。文化旅游促进新型城镇化发展：以文化旅游产业发展为契机，全面提质、升级与扩容城镇。因而凤凰的文化产业主导就是文化旅游产业，其次是围绕文化旅游业发展起来的各类文化创意产业，包括非物质文化遗产的开发、手工艺品等。

---

① 本章作者：艾菊红、刘小珉。

② 《凤凰苗乡旅游》，规划文本第 49 页。

一　文化旅游产业总体概况

凤凰县文化旅游业的发展肇始于20世纪80年代，一些从事沈从文研究的国外学者和一些文学爱好者等到凤凰参观访问，从而引发了凤凰县的文化旅游发展。时任凤凰县县长和旅游局长都认识到这是凤凰发展的契机，也意识到凤凰的历史文化遗迹是凤凰县旅游业发展的主要资源。凤凰的旅游开发也就从凤凰的历史文化遗迹开始。进入21世纪之后，凤凰县将经济发展的重点转向文化旅游业，被誉为凤凰县的“第二次创业”。从此凤凰县的文化旅游业蓬勃发展，游客激增。文化旅游产业成为凤凰县文化产业的重头戏，文化旅游业成为凤凰县经济的支柱产业。

（一）政策支持

凤凰县的旅游业是以文化兴起，文化是凤凰县旅游业发展的核心，保护、传承和发展凤凰的历史文化遗产就是凤凰发展旅游业的头等大事，因而凤凰出台了一系列的政策条例。在认真贯彻执行国务院《历史文化名城名镇名村保护条例》的基础上，凤凰县编制完成了《凤凰历史文化名城保护规划》《国家级重点文物保护规划》，启动实施了《古城保护详细规划》《文物景点控制性详细规划》，颁布实施了《湘西土家族苗族自治州凤凰历史文化名城保护条例》，确定了古城保护核心区、协调区和控制区。同时也对各类文化旅游产业的开发投资提供各种政策支持，相继颁发《关于鼓励投资兴建文化旅游项目的若干规定》《关于支持引导凤凰古城涉旅行业转移转型升级的若干暂行规定》《凤凰古城保护专项资金管理暂行办法》等政策文件，鼓励古城业态转移升级，保持凤凰古城的历史风貌。在这些政策的基础上，为了确保凤凰县的文化旅游资源的可持续性，使凤凰的文化旅游具有长远的发展，请国内知名的旅游策划企业为凤凰县制定《凤凰县旅游发展总体规划》《乡村游发展总体规划》《凤凰历史文化名城保护规划》等规划编制工作，制定了凤凰县旅游发展长中短期目标、工作重点、空间布局及具体保障措施，准确定位旅游主题为“生态文化旅游”，明确了旅游发展以凤凰古城为核心，向沱江上下游延伸、向南华山拓展、向乡村游扩展的思路，精心策划了名人文化、山水风光、乡村民俗和兵战文化4条主题线。

（二）文化资源

凤凰县历史悠久，文化积淀深厚，留下了丰富的文化遗产。首先，凤凰县拥有丰富的文物和历史文化遗产。凤凰县有县级以上文物保护单位105处，其中全国重点文物保护单位2处5个点，省级文物保护单位15处，州级文物保护单位2处，县级文物保护单位86处。珍贵馆藏文物和各类珍稀化石1万多件，是西南地区现存文物古迹最多的县。仅凤凰古城内就有古街区5处，古街弄20条，古民居120余栋。除此之外，分布在农村的380余里苗疆城墙遗存和848个城堡碉卡遗存，19个历史文化名村及116处文物遗址，这些被纳入保护规划的文物古迹及其遗存环境总面积达600余平方公里。2006年12月，凤凰古城入选中国世界文化遗产预备名录，2012年11月“凤凰区域性防御体系”入选中国世界文化遗产预备名录。

其次，凤凰县有丰厚的非物质文化遗产资源。截至2018年3月，凤凰县的非物质文化遗产项目有2644项，涉及民间文学、传统技艺、传统音乐及戏曲、传统医药、传统美术等诸多方面。经过县非物质文化遗产中心的筛选、甄别、归纳统计后，共收录了17大类808项。其中民族语言1项，民间文学557项，传统音乐52项，传统舞蹈10项，传统戏剧5项，曲艺5项，杂技9项，传统美术5项，传统技艺46项，生产商贸习俗11项，消费习俗15项，礼俗13项，岁时节令11项，民间信仰16项，民间知识8项，传统体育、游艺与竞技28项，传统医药16项。包括国家级项目5个，分别是纸扎、蓝印花布、苗族银饰锻制技艺、苗族鼓舞、苗医药；省级项目4个，分别是湘西阳戏、文武茶灯、湘西苗绣、凤凰扎染；州级项目19个、县级项目48个。已列入四级传承人保护名录的有116名，其中国家级代表性传承人6名（已去世2名）：刘贡鑫（蓝印花布）、叶水云（土家织锦）、麻茂庭（苗族银饰锻制技艺）、龙玉年（苗医药——癫痫病治疗法）；省级传承人4名，州级传承人26名，县级传承人80名（已去世1名）。联合国教科文组织授予“民间工艺大师”称号的有6人。

最后，凤凰县有着众多具有鲜明地方特色的传统村落。凤凰的传统村落主要有以下几种类型：一是山地自然风光型。这些村落与优美的自然山水为主要特点，村落周围植被繁茂，峡谷山地相得益彰，或独具一体，或相互连接，形成传统村落与自然风景高度结合与协调的特色。二是民族文化特色型。这类传统村落主要以苗族村寨为主，具有浓郁的湘西苗族风情，历史文化积淀深厚，建筑特点明显，口承文学发达，是非物质文化主要的承载地。三是军事防御与古战场型。这类传统村落多建于明清时代，主要是过去的军事防御屯堡，后逐渐发展成为村落。建筑格局具有鲜明的军事防御特色，房屋建筑具有浓厚的地方地理特征。这些传统村落是民族交融的见证与产物，具有很高的军事研究价值，也是申报世界文化遗产的重要组成部分。这三类传统村落在全县大约有 43 个。近些年凤凰县已经投入了 6000 多万元，按照规划分步分层次进行开发和整治。其中黄毛坪村、早岗村、竹山村等 8 个村先后被列入“中国传统村落”名录；老家寨、早岗村、黄毛坪村、东就村、老洞村、勾良村、拉毫村、舒家塘村和菖蒲塘村等 9 个村被列入“国家乡村旅游扶贫重点村”；山江镇、腊尔山镇等被列为国家苗族文化生态保护试验区。山江镇、冬就村成功申报省级特色旅游名镇名村；老家寨村、冬就村顺利成为湖南省三星级乡村旅游景点；早岗被列入“湖南省四星级乡村旅游景点名单”。

根据这些文化资源，凤凰的文化旅游产业发展也分为两大块。即分别以“古城”和“乡村”为基础，古城旅游主要是名人故居、历史遗迹等；乡村旅游主要以自然风光、民族民间文化和历史遗迹为主。

（三）经营模式

凤凰县的文化旅游产业发展模式是“政府主导、市场运作、企业经营、社会参与”的经营模式。历史文化旅游主要由凤凰古城文化旅游投资股份有限公司（以下称“凤凰古城公司”）承包运作。古城公司于 2002 年 9 月在湖南省工商局注册“凤凰古城旅游有限责任公司”，注册资本 3000 万元，法人代表为叶文智，经营范围以旅游资源及其基础设施的开发、建设、经营及配套服务为主。2001 年 10 月 14 日，黄龙洞投资股份有限公司（即古城公司前身）与凤凰县人民政府正式签订《湖南省凤凰县八大旅游景区（点）经营权转让合同》，以 9.36 亿元的金额获得凤凰八大景点 50 年的经营权。凤凰古城公司拥有凤凰古城旅游资源的 90%，是一个典型的资源型旅游企业。古城公司在接手经营凤凰古城的旅游之后，充分挖掘凤凰地方文化资源，并发挥公司的品牌塑造和市场推介能力。通过采取一系列的文化营销手段，以“天下凤凰”的品牌营销手段宣传和扩大凤凰县的知名度。通过与政府、媒体通力合作，电视、报社等新闻媒体共有20多家报道过凤凰县的旅游节目，湖南卫视每晚把凤凰县作为旅游城市给予天气预报，中央电视台节目主持人敬一丹以“南方也有南长城”为新闻题目报道了南方长城，中央电视台1—7套节目相继报道了凤凰县。凤凰县组织力量制作了《古城凤凰》风光片和《古城凤凰》画册，创作凤凰县歌和风雨南长城歌曲，并请全国著名歌唱家等一批名人来凤凰拍摄MTV；成功策划和承办了“凤凰—中国历史文化名城北京新闻发布会”“新青年—凤凰特辑”“凤凰古城快乐之旅”“从文文化节—凤凰古城有奖征文大赛”“凤凰古城全国摄影大奖赛”“南长城—中韩围棋邀请赛”等一系列大型活动，迅速地提高了凤凰县的知名度和美誉度，成功地将凤凰县旅游推上“快车道”。经过多年的开发和运作，“凤凰古城”已成为中国文化旅游的国际知名品牌，经济效益明显。截至2014年底，共接待游客6815万人次，凤凰古城公司合计门票收入9.13亿元。凤凰古城公司共支付政府经营权转让费8250万元，支付政府古城基础建设资金6950万元，上缴政府各项税费共计25064万元；市场营销投入9394万元，旅游基础设施建设投入10417万元，10年累计投入9.94亿元。凤凰古城公司除了完成合同约定的投资外，每年还投入古城保洁、沱江清淤、污水处理、古城亮化等各类资金600多万元。

乡村文化旅游主要是由政府控股的铭城公司在进行开发。铭城公司成立于2010年，政府控股，对乡村文化旅游进行统一规划和管理。其下辖11个子公司，主要开发凤凰县的乡村文化旅游，主要包含苗族风情和民俗文化旅游、度假休闲旅游和凤凰县的军事文化旅游。目前铭城公司对于乡村游的规划已经完善，主题是“天下凤凰，神秘苗乡”，基本上确定了三条旅游线路。北线是民俗文化游，中线是以山水自然风光为主，南线以南方长城的历史遗迹为重点。北线以山江镇为集中地区，包括有老家苗寨、东就苗寨和老洞苗寨等。以山江苗家民俗体验为核心，整合香炉山苗寨、山江苗歌台、山江苗族博物馆、老家寨、苗人谷、奇梁洞等特色旅游资源，形成苗族风情体验游。南部主要是沿苗疆边墙，以明清时代遗留的兵营屯堡而形成的村落，主要有黄丝桥古城、拉毫营盘等。南线则以苗疆军事文化为核心，高端整合黄丝桥古城、拉毫营盘、南长城等旅游资源，兼容阿拉薰衣草生态园、天龙峡、飞水谷等景区，形成独具特色的苗疆军事文化体验游。里面融入四大板块，即苗家民俗体验板块、苗乡山水生态板块、苗疆军事文化板块和环城游憩休闲板块。其中苗家民俗体验板块，主要开发苗族民族文化，提供全时空的体验旅游产品为主，也是以山江镇和腊尔山镇为中心。苗江军事文化板块，则是利用黄丝桥古城、拉毫营盘、南长城等旅游品牌，挖掘军事文化，丰富军事娱乐体验活动。[①] 这种开发的模式是对凤凰县苗乡进行全面开发，即“全域旅游、全景凤凰、全景苗乡”，要求深入全面挖掘凤凰县各村寨的文化和经济价值，根据每个村寨不同的特色，打造一村一品，一景一色，体现不同苗乡的特色，也避免同质化资源所造成的资源浪费现象。

铭城公司成立时间不长，但是凤凰县苗族乡村文化旅游已经成绩斐然。仅 2017 年期间，凤凰苗乡景区共接待国内外游客 206 万人，门票收入 1.08 亿元。而且由于一个乡村文化旅游，所以也带动了苗族乡村的脱贫致富。以家庭民宿为例，营盘景区与苗人谷景区周边的经营性家庭宾馆，带动了一批乡村家庭投入文化旅游业的发展。以餐饮业为例，苗家长龙宴 2017 年创造 325 万元的营业收入，共接待国内外游客 12.6 万人。在山江苗族博物馆上演的《苗寨人家》，其中该剧 80%的工作人员为当地村民，解决了当地村民就业难的问题。自从发展乡村文化旅游以来，带动山江镇景区村民精准脱贫人数超过 1 万余人，实现人均收入 500 元。

除了古城公司和铭城公司这两家大型的文化旅游企业之外，与凤凰县文化旅游产业相关的企业还有很多，如凤凰县长松投资有限公司、凤凰县虹桥旅游有限责任公司、凤凰县志明旅游服务有限责任公司等 41 家企业。这些企业长期以来均从事特色文化旅游产品的开发和生产，既对凤凰县传统的文化和特色产品进行开发和生产，也根据凤凰县的特点开发文化创意产品。

（四）经济效益

文化旅游产业为凤凰县的经济腾飞起到了巨大的作用，实现了凤凰县经济的快速稳步增长。一是带动了其他行业的发展。文化旅游业的蓬勃发展带动了基础设施建设、交通运输、餐饮住宿、文化演艺、土特产加工、旅游服务等各行各业，形成了以文化旅游为主导产业带动新型城镇化、农业产业化、新型工业化“一业带三化”特色县域经济发展局面。二是带

① 参看《凤凰苗乡旅游规划》，第 58 页。

动了农村劳动力转移就业。文化旅游业直接提供就业岗位2万多个，间接就业岗位8万多个，大批农村劳动力进城务工，从事文化旅游服务行业。不仅有一定规模的本县个体、工商户等各类经营主体从事文化旅游业，还吸引大批县外各类经营主体来凤凰县从事文化旅游产业。三是带动了凤凰县部分村寨就地转产脱贫。现有5个民族特色村寨开发乡村游，还有9个特色村寨将陆续对外开放，这14个村寨的村民将从以农业生产为主转为以旅游业为主，实现就地转移从业，从而实现增收脱贫。四是带动了农村特色产业发展。围绕文化旅游发展了塘桥薰衣草生态旅游观光园、菖蒲塘现代生态水果观光示范园、竿子坪现代农业休闲观光示范园等一批农业旅游观光园，还有一批农业旅游观光园正在建设。同时，带动了12万亩蔬菜产业基地、2万亩猕猴桃产业基地、1.2万亩生姜基地建设。五是带动了农村人口素质提高。农村人口通过参与服务文化旅游业，思想观念明显转变，发展经济的积极性、主动性增强。文化旅游产业成为全县引擎产业。这从以下的2001—2015年凤凰县文化旅游人数、旅游收入以及旅游产业增加值的变化情况可以证明。

表1-1显示的是凤凰县2001—2015年文化旅游人数及收入的变化情况。凤凰县旅游人数从2001年的57.6万人次增加到2015年的1200万人次，平均每年增加旅游人数81.6万人次，年均增长24.22%。旅游收入从2001年的0.743亿元增长到2015年的103.23亿元，年均增长42.25%。显然，凤凰县2001—2015年文化旅游人数及收入增长幅度很大，旅游发展处于持续稳定发展趋势。

表1-1　　凤凰县2001—2015年旅游数据统计表

单位：万人次、%、亿元

年份	人次	同比	旅游收入	同比
2001	57.6		0.743	
2002	89	57.80	1.1	48.60
2003	108	20	1.5	36
2004	189	74.40	2.9	139.30
2005	252	33.30	5.5	89.60
2006	350	38.80	11.8	115.80
2007	439.86	25.48	17.23	47.60

续表

年份	人次	同比	旅游收入	同比
2008	426. 54	-3. 03	19. 28	11. 90
2009	485. 95	13. 93	26. 09	35. 32
2010	520. 06	7. 02	30. 02	15. 10
2011	600. 14	15. 40	44. 31	47. 01
2012	690. 49	15. 05	53. 01	19. 63
2013	830	20. 2	65	22. 62
2014	956. 18	15. 2	80. 98	24. 58
2015	1200	18	103. 23	28

数据来源：《凤凰县旅游和文化发展情况材料》，2016 年 6 月 14 日。

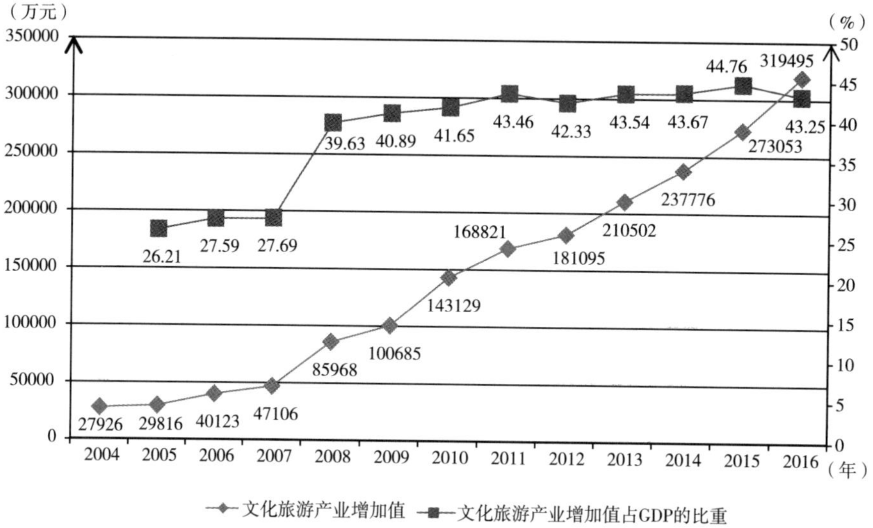

图 1-1　凤凰县 2004—2016 年文化旅游产业增加值及占 GDP 的比重变化

注：2010 年可比价 GDP 来源于《凤凰县统计年鉴（2011）》，数值为 343614 万元。而在《凤凰县统计年鉴（2010）》中，2010 年凤凰县可比价 GDP 为 274929 万元。由于 2010 年凤凰县可比价 GDP 前后统计上的不一致，本书将其视为异常值。因此，2010 年旅游产业增加值占 GDP 的比重也视为异常值。

资料来源：《凤凰县统计年鉴（2004—2016）》。

图 1-1 显示的是凤凰县 2004—2016 年文化旅游业增加值及文化旅游

产业增加值占 GDP 的比重的变化情况。[①] 从图 1-1 可以看出，2004—2016 年，文化旅游产业增加值从 27926 万元快速稳步地增长到 319495 万元，年均增长 20.62%，说明凤凰县文化旅游产业稳步上升。与文化旅游产业增加值增长态势类似，文化旅游产业增加值占 GDP 比重从 2005 年的 26.21%上升到 2016 年的 43.25%，提高了 17.04 个百分点，说明 2004—2016 年凤凰县文化旅游业对凤凰县经济发展的带动作用在增强。

二　文化旅游产业发展亮点

《湖南省凤凰旅游发展总体规划修编》（2014—2023 年）明确提出凤凰的旅游发展不仅要“坚持文化注魂，将凤凰独特文化注入旅游产品中”，而且还要“带动发展民族民间特色文化事业，培育文化产业”。[②] 按照这样的发展理念，凤凰县在发展其他文化产业方面做了很多工作。

（一）特色演艺

随着旅游业的深化，凤凰县的演艺场所也大量增加，相继推出了各种以凤凰县本土文化为特色的演出，比如《烟雨凤凰》《边城》《苗寨故事》《巫傩神歌》等。这些特色的文化创意演出丰富了凤凰县的旅游资源，起到了吸引游客、增加收入的作用。

案例 1：大型实景情景剧《边城》。这是凤凰古城旅游有限责任公司斥资 1.2 亿打造的一台大型森林实景演出，根据沈从文的小说《边城》改编而成。在整场演出中，分不同的场景展示了凤凰县苗族的婚俗、端午节、银饰、蜡染、巫傩等文化，是将文学名著与凤凰县本土文化融合的重要尝试和成功表现。剧场可容纳 2600 人同时观看。

案例 2：《苗寨故事》。这是由凤凰铭城公司打造的一台情景剧，在山

---

① 本章所指的文化旅游产业是指为文化旅游者提供服务的相关行业，包含文化旅游六要素的方方面面，即“吃、住、行、娱、购、游”。从凤凰统计年鉴的统计科目来看，这六大类包括交通运输、仓储和邮电业、住宿和餐饮业，自有房地产经营活动，租赁和商务服务，文化、体育和娱乐业，公共管理和社会组织。为了更加全面地反映旅游产业的发展及其对经济的促进作用，本文将分别计算旅游产业增加值、旅游产业增加值占 GDP 的比重。旅游产业增加值及旅游产业增加值占 GDP 的比重均代表旅游产业的发展水平。参见金鑫、刘小珉《旅游产业主导下的凤凰县经济跨越式发展》，载刘小珉主编《中国民族地区经济社会调查报告——凤凰县卷》，中国社会科学出版社 2018 年版。

② 《湖南省凤凰旅游发展总体规划修编》（2014—2023 年），第 15、16 页。

江镇苗族博物馆的苗族风情园演出。该剧通过讲述苗寨一对老人的生活故事，展示苗寨的民俗风情。用 LED 视频展现 15 个苗寨 27 类苗族生活习俗，同时也将观众纳入演出中与演员互动，让观众近距离体验苗族风俗和文化。《苗寨故事》自 2015 年 5 月上演以来，已经有近 10 万游客观看过演出，成为传播湘西苗族文化的一个重要舞台。

案例 3：《巫傩神歌》。这也是凤凰铭城公司打造的一台情景剧，主要展现凤凰苗族的非物质文化遗产，以及当地的巫傩文化。这台演出自 2017 年以来，在凤凰文化创意产业园凤凰之窗演出。

（二）特色节庆

特色节庆活动是文化旅游产业发展的重要节点，具有鲜明地方文化特色的节庆活动能较好地推动旅游业的深入发展。凤凰县紧紧围绕天下凤凰品牌，加大宣传营销力度，高规格打造旅游节庆品牌。传统的节日有元宵灯会、苗族迎客接龙宴、“四月八”跳花节、“六月六”苗歌节等。这些传统节日被赋予新的内容和形式，在凤凰古城和各个乡村同时举行。比如传统的“四月八”，是苗族祭祀先祖的盛典。每逢农历四月初八，凤凰县苗族老百姓都聚集到预定的地点跳鼓舞、上刀梯、表演刀枪箭术，以表述对先祖的怀念之情。目前，凤凰县的用意是将“四月八”节打造成与傣族泼水节和彝族火把节齐名的民族节庆活动。同时，将民族节庆活动逐步推向市场，推向民间。目前每年的“四月八”已成为集中展示苗族舞蹈、服饰和宗教的节日，“银装素裹的苗族服饰，绚烂多姿的原生态鼓舞，为湘黔边区人民群众和国内外游客朋友们呈现了一场充满浓郁地方民族特色的文化视听盛宴”。①

除了强化和创新传统节日之外，凤凰县还根据地方文化特色打造新的节日，比如 2013 年 8 月 23—25 日在凤凰县体育中心举办首届“凤凰边城音乐节”，打造湖南首个根源音乐品牌，促使本次音乐节真正成为一个具有湘黔川渝民族特色的、有影响力的文化品牌。2014 中国凤凰酒歌节等文化节会活动，武陵山区（湘西）土家族苗族文化生态保护节，中国凤凰国际摄影节等。规模最大最有特色的是“苗族银饰服饰节”。每两年一届，截止到 2017 年已经成功举办了 6 届。目前凤凰县的“苗族银饰服饰节”规模宏大，在国内外形成了一定影响。这样的苗族银饰服饰节所展

① 2015 年凤凰县民族事务局年鉴。

示的就不仅仅是凤凰县一个地区的苗族服饰文化，而是将凤凰县的苗族文化与全国其他地区的苗族文化相互联系，形成一个全国性的苗族文化展示节日。这也符合凤凰县为自己的定位，即将凤凰县打造成“全国苗族文化中心”。这些具有凤凰县特色的节庆活动，极大地促进了凤凰县的文化旅游产业发展。在经济得到发展的同时，也使传统文化的传承与发展得到了良好的契机。苗族银饰服饰节对于苗族银饰服饰的传承与发展起到了积极作用，现在几乎所有凤凰县苗族妇女都有一套苗族服饰。在重大活动、节日期间，苗族妇女身着苗族服饰，成为凤凰县一道亮丽的风景。苗族服饰的需求量大大增加，使苗族服饰生产也大为增加。银饰的生产也因为苗族服饰的需求量增加，这也促进了苗族银饰技艺的传承发展。

（三）非物质文化遗产

凤凰县的非物质文化遗产非常丰富，深入挖掘凤凰县的非物质文化遗产，比如民族服饰文化、饮食文化和民间艺术、传统工艺等，将其推向市场，成为具有地方特色的文化产业。目前已经形成了“凤凰姜糖”“凤凰姜茶”“凤凰血粑鸭”“凤凰苗绣”“苗族银饰”等一批具有凤凰县文化特色的产业体系。在凤凰古城内，类似的以凤凰县本土文化产品为主营的店铺有 1000 多家。

案例 1：苗族银饰锻制技艺传习所。这是凤凰县非物质文化遗产保护中心和传承民族工艺有限责任公司共同合作建立的，旨在对苗族银饰锻制技艺的挖掘、传承和保护。该传习所成立于 2011 年 6 月，分设民俗园广场和朝阳宫景区两个展示点，总面积约 2000 平方米。2011 年 11 月被列入湘西州第一批州级非物质文化遗产传习所；2014 年，被湘西州人民政府授予“苗族银饰锻制技艺生产性保护基地”，发展至今已成为集传承、制作、展示、销售、研究为一体的苗族银饰综合性保护机构。目前，将苗族银饰文化产业与旅游市场相结合，每年定期在长沙、张家界、吉首举行大型和小型的苗族银饰和苗族文化的推广会以及推广活动。传习所在传承凤凰县苗族传统银饰的基础上，不断研发设计新的产品，以满足消费群体的现代审美观念和购买需求。其创造的“小红鼠”品牌已经在国家商标局注册，并成为湘西地区苗族银饰第一品牌。重要的是这个传习所在生产、展示和销售银饰之外，还注重银饰技艺的传承，至今共招收徒弟 20 余人。2012 年至 2013 年先后培养和申报成功 2 名州级传承人。传习所也带动了凤凰县域内的银饰生产和销售。由于将文化与旅游市场紧密结合，促进了苗族银饰技艺的传承，也使苗族银饰文化传播到外地乃至世界。

案例2：蜡染。蜡染州级传承人王曜自己创办蜡染工作室蜡魂，制作手工蜡染服饰和工艺品。一方面这个店传承蜡染的传统工艺进行手工制作，另一方面，也对花色和产品进行创新和发展。无论是服装的样式还是印染的花色，既有传统的特色，又进行了大幅度的创新。2016年的收入已经达到90万元。作为清华大学美术学院等学校的实习基地，每年都有美术专业的学生前来听课和实习。王曜本人也招收徒弟，据他介绍他教授过的徒弟有七八十人，比较好的有20多人。有些徒弟学成之后就自己开店，或者从事与蜡染有关的行业。目前还在从事与蜡染相关工作的徒弟还有6人。

（四）地方文博

凤凰县历史积淀深厚，因而凤凰县积极打造“兵战、历史、名人、民族、民俗、山水、建筑、生态、红色”九大文化品牌，组织了以凤凰为主题的文艺、书法、美术与摄影作品展，成功举办了“湘西从文文化节”“著名画家黄永玉美术作品回乡展”“中国凤凰楹联文化节”等活动。充分挖掘和整理国家历史文化名城的历史文化资源，在有效保护的基础上合理开发利用，变资源优势为产业优势。建成了全国最大的苗族博物馆、国家级文化生态保护试验区——山江苗族博物馆，中国国家地质公园·凤凰地质博物馆；启动了15个西南军事防御体系核心古城堡、古村落、古遗址“整体收购、整体迁建、整体保护、整体利用”工作。

案例1：山江苗族博物馆：位于凤凰县山江镇，博物馆创办人为原湘西州副州长龙文玉，著名歌唱家宋祖英任名誉馆长。博物馆于2002年创办，馆址占地1864平方米，藏品有一万多件，主要藏品为凤凰县苗族的日常生活生产、服饰、家居、宗教信仰等物品。目前凤凰县建立了以山江镇为核心的山江苗族文化生态保护区，辐射范围包括16个乡镇，以文化生态保护区带动凤凰县的苗族乡村旅游，促进整个苗族社会经济的发展，以及文化的保护与传承。博物馆现有员工50名，都为本地苗族。这些员工平常在博物馆内负责接待、讲解等工作，同时也作为创意演出《苗寨故事》的演员。博物馆不仅为当地苗族提供了就业机会，而且这些员工在山江苗族博物馆接受培训，了解苗族的历史文化，成为苗族历史文化的传播者。

案例2：古城博物馆：又名陈宝箴世家。位于凤凰古城入口，由凤凰籍艺术家雷雨田于2003年创办。博物馆的特点是一院三馆，即陈宝箴世家、古城博物馆和雷雨田艺术馆三者结合。陈宝箴世家和古城博物馆主要收藏凤凰本土文物，主要是各种木雕、石刻等，其中清同治帝亲赐的“圣旨碑”为镇馆之宝，雷雨田艺术馆主要收藏雷雨田的作品。古城博物馆注册为文化产业公司，现有员工20人，全部为凤凰本地人。目前古城博物馆被纳入凤凰古城公司的旅游景点之中，承接国内外游客。通过古城博物馆，向游客展示凤凰的历史文化，及其在现代的发展与传承。

（五）特色村镇

凤凰县立足国内休闲度假旅游趋势，高度整合凤凰县乡村自然景观、乡村生产景观、乡村遗址遗迹、乡村建筑景观、乡村旅游商品、乡村文化遗产、乡村民俗文化等乡村旅游资源，深度挖掘苗乡乡村文化内涵。同时联合凤凰古城，高品质打造集参与性、休闲性、自然性、生产性、体验性、乡土性等于一体的国际旅游目的地，并积极探索和缔造凤凰“融入式”乡村旅游开发模式。目前凤凰县将一些传统村镇进行规划，根据不同的特色打造成不同的旅游目的地，并以旅游带动特色农业发展。表1-2是目前凤凰县一些特色小镇的规划及其简况。

表1-2　　特色村镇规划及效益

小镇名称	小镇类型	所处县乡	小镇规划范围（km^2）	小镇常住人口（万人）	小镇用地面积（km^2）	主导产业		
						产业类型	2015年产值（亿元）	2020年预计（亿元）
山江镇	生态、文化、旅游小镇	凤凰县山江镇	3	0.21	0.8	生态农业	0.6	1.5
						乡村文化旅游	0.85	1.2
阿拉营镇	边贸、生态、兵战、民族文化、空港、旅游小镇	凤凰县阿拉营镇	4.6	镇区1.3 全镇3.2	4.4	生态农业	0.5	2.0
						乡村文化旅游	0.92	2.4
						边贸市场	1.3	3.0
廖家桥镇	生态、文化、旅游、工业小镇	凤凰县廖家桥镇	1.5	0.24	0.743	生态农业	1.48	2.175
						乡村文化旅游	0.21	0.315
						工业	2.0	50.0

资料来源：凤凰县住房与城乡建设局。

截至2016年，凤凰县有9个文化艺术之乡，其中国家级文化艺术之乡2个：柳薄苗族银饰锻制之乡、山江苗族鼓舞艺术之乡；州级文化艺术之乡3个：落潮井苗族鼓舞艺术之乡、茶田傩文化艺术之乡、水打田茶灯艺术文化之乡；县级4个：官庄土家族霸王鞭艺术之乡、柳薄苗族唢呐艺术之乡、木里苗族绝技艺术之乡、山江镇苗歌艺术之乡，形成一村一特色，资源优势互补，同时创造条件恢复禾库和其他地区有着数百年历史的舞狮舞龙文化、传承巴代文化、苗家接龙活动；在此基础上再建造一批具有民族特色村、民族生活习俗村、民族绝技表演村等为一体的民族特色艺术村。

案例：禾库镇德榜村，有2个自然寨，7个村民小组，共202户，952人，是一个典型的苗族聚居村，也是一个远近闻名的苗族银饰锻制之乡。2016年，凤凰县在德榜村的苗族银饰锻制传统基础上，将德榜村打造成为苗族银饰技艺生产性保护基地，以生产加工量较大的传承人龙先虎为建设对象，对其生产环境、银饰展示场地、宣传区域等内容进行精准打造，以此带动全村的银饰发展。除集中展示德榜村银饰加工技艺外，还选取年轻艺人进行家庭式授徒培训，传授银饰技艺、经营方法、创新发展等内容。凤凰县期望能将德榜村打造成银饰锻制技艺生产性保护展示和传承的重要窗口，整合禾库镇德榜村及凤凰县内文化旅游、环境、人文等资源，扩大苗族银饰锻制技艺对外交流和影响力。由此也可以成为禾库镇农民致富的龙头文化产业。

（六）特色文化创意产业

第一，建设凤凰县民族工艺产业园——凤凰之窗，占地100亩，主要展示非遗产品，演艺苗族习俗，研究开发非遗项目，提高非遗商品附加值，扩大销售领域，走发展特色文化产业专业化生产路子。目前非遗展示中心已经开展部署，也有不少商家已经入驻产业园。

第二，酒吧文化街。在沱江两岸，遍布着各色酒吧，为游客提供了休闲小憩的场所，因而也深受游客欢迎。目前凤凰县以富源小区到虹桥范围沿河两岸现有的酒吧为基础，统一规划、统一布局、规范经营、环保安全，希望打造一条以游客休闲娱乐为主的酒吧、清吧、咖啡休闲屋文化娱乐一条街，力求建成“四省边区”颇有名气的酒吧文化街。

第三，借助凤凰县本土文化的一些创意文化产品，比如民族服饰、工艺品等。

案例：湘西山谷居民文化传播有限公司。这是一家以苗族服饰为主营的企业，以苗族服饰的因素为创意元素，设计具有苗族绣花和服饰特点的服饰、箱包等。以苗族刺绣为主打产品，产品色彩艳丽，具有鲜明的苗族特点，所设计的手提包曾作为国家级礼品赠送外国友人。

三　文旅产业发展的成效

凤凰县的文旅产业目前仍然以旅游产业为主，旅游业的发展，使凤凰县获得了经济与文化上的双重收益。

（一）文旅产业使凤凰经济实现了跨越式发展

进入 21 世纪之后，凤凰县的文化旅游业开始迅速发展起来，随之经济进入快速发展时期。2000—2017 年，凤凰县生产总值从 76233 万元增长到 810458 万元（见图 1-2），按可比价计算，年均增长 11.21%，比同期湘西自治州和全国的年均增速分别高出 1.89 个百分点和 2.02 个百分点（见图 1-3）。

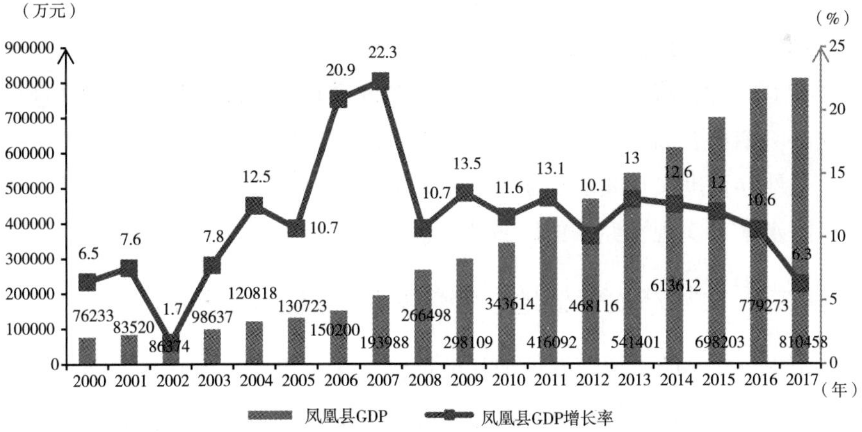

图 1-2　2000—2017 年凤凰县 GDP 及 GDP 增速变化

资料来源：《凤凰县统计年鉴（2000—2016）》《凤凰县国民经济和社会发展统计公报（2017 年）》。

2000—2017 年，凤凰县人均 GDP 从 2000 年的 2073 元增长到 2017 年的 24656 元（见图 1-4），按可比价计算，人均 GDP 年均增长 13.2%，比这一时期全国和湘西自治州的人均 GDP 年均增长速度分别要高 4.33 个百

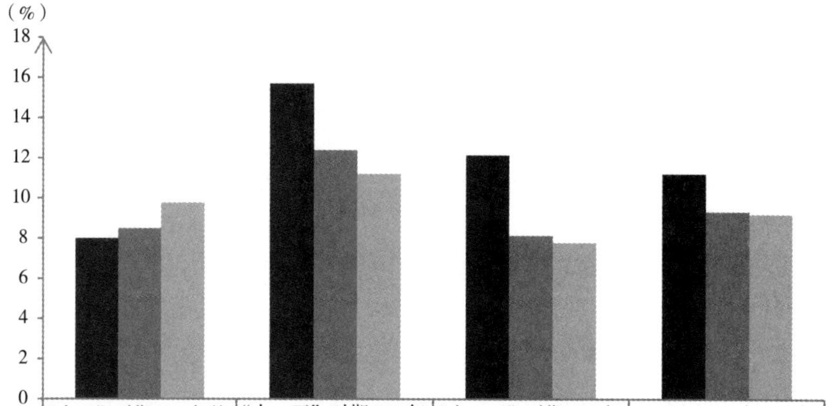

	“十五”时期GDP年均增长率（%）	“十一五”时期GDP年均增长率（%）	“十二五”时期GDP年均增长率（%）	2000—2017年GDP年均增长率（%）
■凤凰县	8.00	15.70	12.15	11.21
■湘西自治州	8.48	12.39	8.14	9.32
■全国	9.76	11.20	7.78	9.19

图 1-3　不同时期凤凰县、湘西自治州及全国 GDP 年均增长速度

资料来源：根据《凤凰县统计年鉴（2000—2016）》《凤凰县国民经济和社会发展统计公报（2017 年）》《2014 年中国统计年鉴》和《中华人民共和国国民经济和社会发展统计公报（2015—2017）》的数据计算得来。

分点和 4.63 个百分点（见图 1-5）。

从 GDP 总量和人均 GDP 及其增长率情况来看，凤凰县经济发展速度在这一时期都要高于湘西自治州和全国的平均水平。说明进入 21 世纪以来，凤凰县借助文化发展旅游业，使凤凰县的经济发展速度大大高于全国的平均水平，实现了经济的跨越式发展。

（二）文旅产业促使地方特色文化的传承和发展

由于凤凰县的旅游业发展依托的就是文化，因而凤凰县在发掘传统文化，保护传统文化，凸显地方特色，创新与发展传统文化方面做出了巨大的努力。第一，旅游业的发展促使了凤凰县历史文化的挖掘，凤凰县加紧对地方历史文化和民间民族文化的研究，比如边疆边墙的研究，当地苗族的文化风物等。第二，促使了物质文化遗产，即文物古迹、古建筑、名人故居等得到了有效保护。第三，非物质文化遗产的保护和传承的力度大大提高，一些非遗项目得到了很好的发展，特别是一些具有使用价值能够与市场很好结合的项目，比如蜡染、蓝印花布、银饰、苗绣、鼓舞等，成功

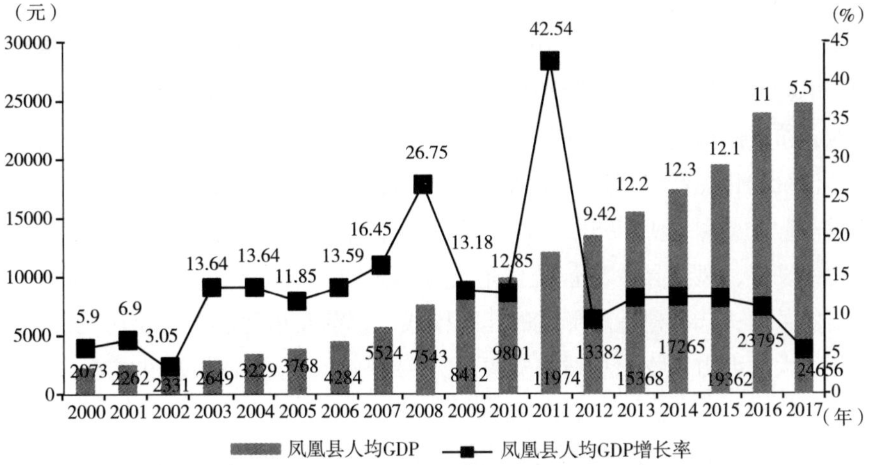

图 1-4　2000—2017 年凤凰县人均 GDP 及其增速变化

注：2007—2013 年凤凰县人均 GDP 可比价指数是计算得来，计算方法是分别找到 2006—2013 年可比价的 GDP 和当年的常住人口，然后计算得出每年的可比价的人均 GDP，在此基础上计算得到人均 GDP 可比价指数。

资料来源：《凤凰县统计年鉴（2000—2016）》《凤凰县国民经济和社会发展统计公报（2017 年）》。

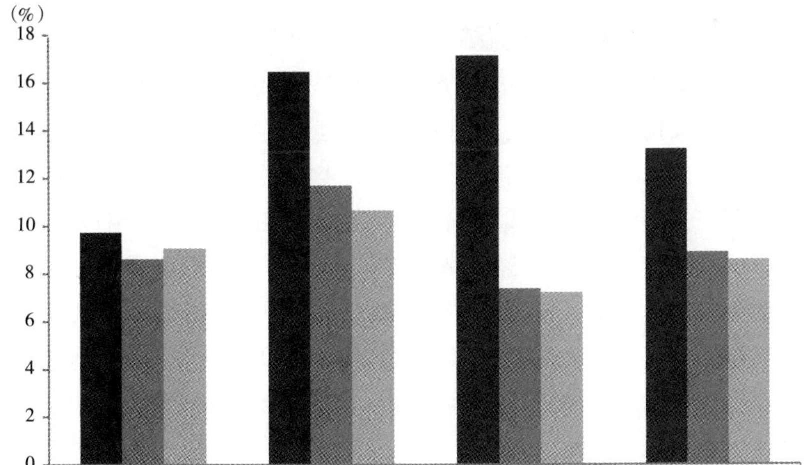

	“十五”时期人均GDP年均增长率（%）	“十一五”时期人均GDP年均增长率（%）	“十二五”时期年人均GDP年均增长率（%）	2000—2017年人均GDP年均增长率（%）
■凤凰县	9.73	16.45	17.11	13.20
■湘西自治州	8.61	11.69	7.36	8.87
■全国	9.05	10.64	7.20	8.57

图 1-5　不同时期凤凰县、湘西自治州及全国 GDP 人均增长速度

资料来源：同图 1-3。

将2个国家级项目、2个省级项目、3个州级项目、7个县级项目共14个非物质文化遗产产品推入旅游市场。这些技艺在继承传统的基础上，都有了很好的创新与发展，也为带动当地农户和加工者增收致富搭建了有效平台。第四，苗族的传统节日得到强化和发展，而且创新和发展新的节日，将凤凰县传统文化在新时代进行创新和发展，促使文化的繁荣。“文化搭台，经济唱戏”的效果非常突出。第五，加强了传统村落的保护和利用。随着城镇化的发展，凤凰县乡村传统村落也逐渐走向衰落，人们愿意追求更舒适的居住条件，选择建造新形式的建筑模式。目前在凤凰县为了旅游的发展，花相当大的人力、物力和财力资源保护传统村落，已经开始初见成效。

四　文旅产业发展面临的问题与对策

尽管凤凰县借助旅游业的发展，文化产业蓬勃发展。除了文化旅游业之外，其他文化产业的发展还相当不充分。主要表现在以下几个方面。

第一，创新驱动意识不强，思路相对比较局限。还未充分利用凤凰本地文化的良好资源，文化产业还处于初级加工阶段，以家庭作坊为主，规模小，创新滞后，大多不成规模和体系，整个产品的输出没有形成企业化。

第二，历史研究挖掘不深。凤凰县自明清以来处于西南民族地区进出汉地的重要交通要道，也是苗疆的重要军事城堡。因而其历史地位相当重要，军事文化深厚，开发这些历史文化是发展文化产业的基础。但目前对于其历史文化的研究还不够深入，因而未能更为有效地进行开发。

第三，凤凰县的苗族文化独具特色，但其开发和利用也相对比较简单，民族文化的传承和发展面临着断代的窘境。许多丰富多彩的民族文化逐渐走向衰落，得不到系统的弘扬和艺术的升华。据调查，凤凰县113名技艺精湛的重点传承人绝大部分年龄都在50岁以上，然而收授徒弟的不到20%，子女不愿传承技艺的占60%。民间的传统技艺和特色性的文化资源流失严重，后继乏人。

第四，产业品牌意识不强。凤凰县的“蓝印花布”“纸扎”“银饰锻造”“苗绣”等文化遗产在国内外享有较高的知名度，但是由于缺少自我宣传、挖掘整理和产品创新，缺少品牌意识，营销手段单一。目前凤凰县的银饰锻造有“小红鼠”品牌，民族服饰有“玛汝服饰”，苗绣有“山谷居民”等。

第五，产业开发资金不足。凤凰县虽然有对文化产业的保护和管理的投入，但与保护、管理、开发利用的需求还远远不够。由于经费不足，许多具有较高保护利用价值的文化遗产面临人为破坏、自然侵蚀；有的具有旅游价值的民族民间文化没有得到充分开发和利用。

第六，文化产业开发过程中出现急功近利的现象。一方面存在文化产业开发不足的情况，另一方面又存在着开发过度，使优秀文化失去了文化内涵，过度商品化，导致文化资源受到损害而失去了开发的价值。比如传统村落的开发。凤凰的传统村落保护与开发，相当一部分采取了整体搬迁的保护和开发方式。然而这是一种相对比较失败的方式，这种传统村落保护实际上是将原本真实的鲜活的文化遗产变成空洞的建筑物，失去了文化遗产本来的价值。如果作为旅游开发地，这种保护模式下的传统村落极易过度商业化，反而使传统村落失去了原真性。游客也无法体会民族文化的魅力，最终将影响旅游开发的成败。这种保护方式已经在国际上为人所诟病，违背了文化遗产整体性保护原则所特别强调的，历史文化街区应该包括居住在其中的居民和居民的生活。人及其生活，与其创造的居住场所和周围的环境，是一个整体的文化遗产。

鉴于凤凰县文化产业发展的问题，相应的对策是：

第一，就凤凰县的文化旅游资源来看，丰富但分散，还未能有机地整合在一起，发挥不出资源的规模优势，尚未形成文化经济的合力。发展凤凰的文化产业，要结合自然景观的建设，有针对性地重点研究景区景点的历史文化、民族习俗、传说典故、民族服饰和特色餐饮，依托丰富的物质类和非物质类文化事象，通过宣扬名胜古迹，弘扬优秀的民族民间文化，赋予民族风情以新的活力。搞好科学的开发规划和基本建设，加强促销力度及文化旅游商品的配套开发，精心打造出文化产业的品牌。

第二，将文化作为一个整体进行保护，特别需要遵循国际上的文化整体性保护原则，引入“文化空间”的概念，使文化的保护不至于碎片化，而失去了文化的鲜活性，就会造成文化资源的破坏，使文化产业的发展受损。另外，遵循文化的原真性保护原则，有助于充分展现地方文化的特色，从而更加吸引游客，使文化旅游发展呈现良性循环的态势。

第三，开阔思路，积极创新，开发出既具有地方特色，又具有时代气息的文化商品。比如：饮食文化中的姜糖、装饰文化中的银器、视听文化中的茶灯戏等都深受群众喜爱，加强与高等院校、产品研发企业的合作，形成集开发、生产、销售、信息反馈为一体的产业链。加强研发能力，把传统技艺与现代技术有机结合起来，生产出具有文化内涵的特色产品。

第四，制定出一系列优惠政策。文化产业开发是一项系统工程，涉及方方面面，政府要搞好宏观调控，抓好规划落实，制定出发展文化产业的各种优惠政策。政府各职能部门要切实支持文化产业开发，营造宽松的环境。加强监督管理，拓宽投融资渠道。影响凤凰文化产业开发进程的主要原因是资金不足，必须大力搞活投融资机制，拓宽投融资渠道。在充分积极争取国家投入外，还应该制定出更多的优惠政策，大力招商引资，吸引更多的内资、外资及民间资金投入凤凰的文化产业开发中来。同时建议建立文化产业发展基金，每年从财政收入中拿出一定数额的资金以周转的方式支持文化产业发展。

第五，文化产业并非是将所有的文化都转换成商品。文化有自身的发展规律，如果一味地将所有文化都进行产业化，会对文化造成伤害。因而在发展文化产业的同时，一定注意尊重文化自身的发展规律，避免由于文化的商品化而对文化造成无法挽回的损伤。优良的文化并非是可以用经济来衡量的，因而在发展文化产业的时候，对可以用来商品化的文化合理利用、开阔思路、创新发展、小心开发，对不适宜进行产业化发展的文化则要注重文化的保护与传承，从而在获得经济利益的同时保住文化的根脉。

第二章

内蒙古鄂伦春自治旗文旅融合发展报告[①]

民族文化产业对地方政治、经济、文化等领域的发展具有重要的促进作用。鄂伦春自治旗有着极为丰富的文化旅游资源，近年来旅游产业实现了迅猛发展。鄂伦春族传统文化可以分为萨满文化、狩猎文化、兽皮文化、桦树皮文化、民俗文化、饮食文化、医药文化、森林文化、歌舞文化等九大体系，多元文化融合汇聚，文化旅游产业潜力巨大。利用自身文化底蕴，发挥历史文化和地域文化优势，拓展文化产业领域，促进地方美丽与发展共赢，成为当地政府关注的焦点。鄂伦春自治旗文化产业已逐步形成，部分文化产业初具规模，文化市场日益活跃，并显现出良好的经济效益和社会效益。整合文化生态资源，深入挖掘鄂伦春族传统文化的精神内涵，建立生态文化保护区，打造鄂伦春风情、森林探险、度假、养生、避暑、冰雪、四季旅游等文化品牌，是构建和完善自治旗未来发展目标的系统工程。针对问题，提出对策，为自治旗文化旅游产业创新性发展、创造性转化提供新的思路。

一　文化资源与文化产业现状

鄂伦春自治旗位于内蒙古呼伦贝尔市东北部，大兴安岭南麓，嫩江西岸，辽阔的林海、丰厚的资源和独具特色的民族文化，使这块土地充满了无限的魅力和生机。鄂伦春自治旗于 1951 年 4 月 7 日建立，是新中国成立后建立的第一个少数民族自治旗，素有“鲜卑民族发祥地”“狩猎之乡”“天然氧吧”和“避暑胜地”之美誉。同时还生活着鄂伦春、鄂温

---

① 本章作者：关红英、刘晓春。

克、达斡尔和蒙古等众多少数民族，优越的自然环境和丰富的文化资源是鄂伦春自治旗经济社会发展的基本依托。全旗总面积 59880 平方公里，是呼伦贝尔市面积最大的旗市。鄂伦春自治旗下辖 8 镇 2 乡：阿里河镇、大杨树镇、吉文镇、甘河镇、克一河镇、乌鲁布铁镇、诺敏镇、宜里镇、托扎敏乡、古里乡，82 个行政村，其中 5 个猎区乡镇，7 个鄂伦春族猎民村。境内驻有内蒙古大兴安岭重点国有林管理局所属的 6 个林业局、大兴安岭农场局及所属 4 个国有农场、黑龙江省大兴安岭农工商联合公司；目前，自治旗已被国家和自治区列入国家重点生态功能区、国家优质粮生产基地、绿色农业示范区及自治区粮食安全生产先进旗县、杂豆生产基地、旅游重点旗县。全旗公路总里程 2790 公里，其中省级干线 331 公里，县级公路 707 公里，乡级公路 176 公里，专用公路 1131 公里，村级公路 445 公里。10 个乡镇道路全部通畅，各乡镇已建设客运站，82 个行政村全部通畅。

鄂伦春自治旗地域辽阔，拥有丰富的地上地下资源。自治旗地上资源以耕地、草地、林地、水资源和动植物为主。有耕地面积 413 万亩，占全市 22.9%、全区 3%；天然草场有 1890 万亩，其中宜牧草场 300 多万亩，仅占全市 2.5%；林地面积 4340 万亩，占全市 18%、全区 15.3%，森林覆盖率达到 65.8%；水资源总量 126.4 亿立方米，其中地表水资源总量 113.4 亿立方米，占全市的 35.8%、全区的 22.9%，水能资源理论蕴藏量达 16.38 亿千瓦时，装机容量 61.56 万千瓦。林下资源十分丰富，野生动物 180 多种、植物 500 种以上，其中中草药、山野菜、食用菌、蓝莓等产量可观、经济价值较高。自治旗位于大兴安岭有色金属成矿带，地下资源以有色金属、煤炭等矿产为主，综合评价为大型、特大型矿床 10 余处，开发潜力巨大。

自治旗旅游资源得天独厚，有大兴安岭森林生态、拓跋鲜卑历史、鄂伦春民俗风情、第四纪冰川遗迹、远古彩绘岩画、火山地质地貌、军事基地等资源类型。现有 4A 级景区 2 家、2A 级景区 3 家；3 个国家级森林公园、1 个自治区级森林公园，并建立 2 个自然保护区。其中，全国重点保护文物鲜卑旧墟石室遗址嘎仙洞，是北魏王朝的鲜卑民族发祥地，1988 年被列为“国家重点保护文物”，2006 年被评为“内蒙古自治区十大历史名胜之一”。目前，自治旗主要旅游产品情况如表 2-1。

表 2-1　鄂伦春自治旗主要旅游产品情况

旅游产品类型	旅游产品名称
4A 级景区	布苏里北疆军事文化旅游景区
4A 级景区	达尔滨湖国家森林公园
2A 级景区	拓跋鲜卑民族文化园
2A 级景区	阿里河国家森林公园
2A 级景区	鄂伦春民族博物馆
非 A 级景区	库图尔其广场
非 A 级景区	大杨树多布库尔猎民村
国家森林公园	兴安国家森林公园
节庆活动	兴安杜鹃节
节庆活动	鄂伦春族篝火节
节庆活动	冰雪伊萨仁

自治旗总人口 28 万人，现有鄂伦春、汉、蒙古、达斡尔、鄂温克等 23 个民族，其中鄂伦春族有 2537 人、鄂伦春族猎民有 1072 人。鄂伦春族是国家重点扶持的 28 个 30 万人口以下较少民族之一。1951 年鄂伦春自治旗建立，1958 年鄂伦春族从游猎生活实现了定居，实行社区化管理；1996 年在全旗范围内实施禁猎，走上了现代产业发展道路。

1949 年，中华人民共和国成立时，整个鄂伦春族仍生活在大小兴安岭的密林深处，以狩猎为生。自 1951 年开始，政府在鄂伦春族地区逐步推行建立自治旗和猎民乡镇，定居、转产、禁猎、务农，直至目前的以农为主和多种经营，在这 70 年的时间里，鄂伦春族发生了巨大的变化，其生存的自然环境和人文环境日见变迁。作为森林民族，鄂伦春族在长期的生活实践中，创造了独具特色的游猎文化。20 世纪以前，鄂伦春族基本保持着比较完整的传统社会组织和生活方式，较好地保留了历史文化遗存，构筑了爱护自然、敬畏自然以及“万物有灵”为核心的文化体系。

按照国家文化产业分类标准，自治旗文化产业主要有文化演艺、文化休闲娱乐业、网络文化游戏服务业、文化旅游业、文化用品设备销售业、印刷业等六大类。据 2016 年工商注册数据，全旗共有文化企业 106 个，占企业总数的 5. 1%。其中个人独资企业 36 个，占文化企业的 34%；有限责任公司 53 个，占文化企业的 50%；其他文化企业 17 个，占文化企业的16%。文化企业注册资本金共计5777万元，从业人员1025人。① 具有产业发展基础和规模的文化企业主要集中在文化旅游业领域，包括拓跋鲜卑民族文化园区、布苏里北疆军事文化旅游有限责任公司等13个代表性的文化企业。目前，自治旗文化产业发展良好，基本形成政府引导、部门服务、政策推动、消费拉动、民营主体、开发有序、经营规范、发展势头强劲的局面。

自2014年文化体制改革工作实施以来，自治旗紧紧抓住改革的机遇，创新文化产业发展的制度建设，为文化产业发展营造良好的市场环境。在2014—2016年文化体制改革规划的34项任务中，涉及文化产业改革的内容共5项。

一是完善新闻出版许可准入制度和年审年检制度，细化标准，严格管理，对达不到标准的，责令期限停业整顿或者由原发证机关吊销许可证。二是设立文化产业发展专项扶持资金，按照“抓大扶小”的发展思路，推动文化产业做大做强。根据国家和自治区、呼伦贝尔市相关政策，结合自治旗文化产业发展实际，自2015年开始，自治旗财政设立文化产业专项扶持资金每年100万元。为规范资金管理，提高资金使用效益，制定了《鄂伦春自治旗文化产业发展专项资金管理暂行办法》。确定了文化产业扶持范围，对自治旗培育的重点文化产业集聚区和示范基地、文化与科技融合示范基地、骨干文化企业、重点文化产业项目和小微创意文化企业、成长性好的新兴文化产业项目及具有发展优势的地方民族特色文化产业项目，通过贴息、担保等方式，对文化企业利用银行、非银行金融机构等渠道融资发展予以支持。对文化企业开展高新技术研发与应用、技术装备升级改造、数字化建设、传播渠道建设、公共技术服务平台建设等予以支持。专项资金扶持方式采取贷款贴息、以奖代补、项目补助等多种方式。同时对资金申报管理、监督检查作出明确规定，确保财政扶持资金切实发挥促进文化产业发展的作用。三是贯彻落实自治区文化产业统计办法，加强文化产业统计工作。文化产业属于国民经济领域新列的独立统计产业体系。目前，文化产业统计已经初步建立起统计体系，统计部门设立了专门机构，配备了专业技术人员，但根据目前文化产业统计办

① 资料来源：鄂伦春自治旗统计局。

法，纳入统计的指标尚不完善。四是组建文化产业协会。组建文化产业协会是2016年自治旗文化体制改革的一项任务，目前正在筹备中。五是采取政府引导和市场运作相结合的方式，对自治旗文化资源进行合理开发、整合和利用，积极推进文化产业园区建设，对重点文化企业的成长型、带动型文化产业项目采取多渠道扶持。2013年，通过积极争取和打造项目，自治旗拓跋鲜卑民族文化园获得自治区1000万元文化产业专项资金扶持；乌力楞民族手工艺品作坊得到自治区文化产业专项扶持资金40万元。鄂伦春自治旗拓跋鲜卑民族文化园管理委员会办公室和鄂伦春自治旗莫日根民间艺术有限公司加入了内蒙古自治区文化产业促进会。为进一步支持自治旗文化企业的发展，2015年12月下发了《关于印发〈关于支持文化企业在市场准入、资金支持、土地使用、人才政策方面的相关具体办法〉的通知》。在2016年自治区文化产业资金申报中，“鄂伦春自治旗拓跋鲜卑民族文化园”和“鄂伦春自治旗布苏里北疆军事文化旅游有限责任公司”申报专项扶持资金共计5260万元，两家企业申报项目已经通过自治区评审。

目前，自治旗文化产业发展仍处于起步阶段，演出娱乐、文化旅游、艺术品等文化市场类型初步形成。但产业总量小，水平档次低，对全旗国民经济的贡献及在第三产业中的比重极小，还没有形成产业优势。虽然自治旗在政策、机制等方面加大了对文化产业的重视和投入，但由于文化产业具有涉及面广、效益周期长、市场拓展难等特点，因此还需要长期的培育和发展。一是文化产业数量少，规模小，发展速度缓慢。目前规模文化企业不多，大多分布在服务业领域，具有成长前景、市场拓展、规模经营的龙头企业不多。二是缺少专业技术人员。文化产业在项目谋划、产品研发、生产经营等方面都需要专业技术人才的支撑，目前自治旗缺少这方面专业人才。三是尚未建立起完善的文化产业统计监测体系。目前，自治旗文化产业的统计工作只局限于自治区下达的推算工作，在旗县级没有代表性，对文化产业的监测和分析不足，无法全面掌握全旗文化产业发展动态，预测发展趋势，难以为政府决策提供科学细致的参考。文化产业涉及门类广，需要统计部门按照相关规定进行专业的分类调查统计。四是传统文化产业比重高，集约化程度低，缺乏有效融资手段。五是从业人数较少，综合素质较低，管理理念陈旧，不能适应规范化管理模式的创新和发展。

二 旅游产业的现状和问题

（一）旅游资源丰富与发展不足并存

鄂伦春自治旗主要旅游资源有4A级景区2处（布苏里北疆军事文化旅游景区、达尔滨湖国家森林公园），2A级景区3处（拓跋鲜卑民族文化园、阿里河国家森林公园、鄂伦春民族博物馆），国家级森林公园3处（阿里河国家森林公园、兴安国家森林公园、达尔滨湖国家森林公园），拥有7个自然保护区。独特的气候加良好的生态使鄂伦春自治旗拥有了发展避暑旅游的条件，而在地形适宜的地方，则可发展出冰雪娱乐及滑雪度假产品。鄂伦春民族民俗文化与大兴安岭的独特地理环境、生态、生物资源有着密不可分的关系，作为我国唯一的鄂伦春自治旗，鲜明的鄂伦春民族民俗文化在一些较为偏远的乡镇得到充分保存，依然可见原始的萨满宗教活动、驯鹿驯养、桦树皮生产生活制品等。尽管拥有较为丰富的旅游资源，但鄂伦春自治旗旅游业还处于大发展初期、产业基础相对薄弱。近年来，当地政府加大了对旅游产业的投入力度，旗域旅游产业发展前景十分乐观。

经过几年来的不懈努力，鄂伦春自治旗的旅游业得到了长足的发展，已经初步形成了以嘎仙洞历史文化中心旅游区为龙头，以111国道及其沿线为旅游发展轴，以达尔滨湖自然生态旅游区、诺敏山森林科普旅游区为动力支撑的“一心、一轴、两翼”的旅游发展格局。虽然全旗旅游业呈现良好的发展态势，但是同发达地区相比仍有较大差距。

问题1：旅游商品依然匮乏。由于现代旅游业是一种自愿的消费活动，它具有天然的市场经济个性。纵观鄂伦春自治旗旅游市场，既没有叫得响的本地品牌，也缺乏富有特色的旅游纪念品，各主要景点、景区销售的旅游商品很少，旅游消费品则品种单调，缺乏高质量的新颖产品，不能引导旅游消费，使游客有无物可购的感觉。目前，鄂伦春自治旗的旅游商品主要存在的问题体现在以下三个方面：一是无法满足游客的需求层次。一般旅游者大都来自城市，他们需要的旅游纪念品具有差异性；二是产品在制作、宣传上没有和文化性、民族性、纪念性、独特性、礼品性、艺术性、收藏性有机结合，使得这些品牌旅游商品鲜为人知，难以形成品牌效应；三是旅游纪念品大多深度包装不够。以当前来说，土特产、手工艺品等依然存在商品单一、包装简陋等情况。

问题 2：旅游基础设施相对落后。由于投资少，全旗旅游发展存在旅游基础服务设施滞后、“软硬”环境都不够完善、服务质量差等问题，难以吸引大量的客源，这些都严重制约着全旗旅游业的发展。

问题 3：留不住游客。来此旅游大都是白天一走一过的旅游，如何延长旅游的滞留时间，增加销售一直没有很好解决。这里的旅游都是季节性很强，如何改变淡季旅游的窘状，让淡季不淡也一直没有很好解决。目前的旅游，主要是外地人的旅游，如何拉动本地人的旅游，也一直没有很好解决。

问题 4：旅游业组织结构不合理，缺乏市场竞争机制。由于鄂伦春自治旗在管理体制上的原因，直接导致在为数不多的旅游投资上各自为政，市场分割，重复建设，分散了旅游业竞争力，没有形成合力，导致鄂伦春自治旗旅游业的发展缓慢。

问题 5：鄂伦春民俗是鄂伦春自治旗最为重要的旅游品牌之一，也是游客来鄂伦春旅游最想看到、体验到的旅游产品。目前全旗能够提供游客参观、参与的民俗旅游几乎为零，令大部分游客满怀希望而来却扫兴而归。为了满足旅游市场需求，丰富旅游产品，挖掘和传承鄂伦春民族文化，建议在游客较为集中的阿里河地区建设鄂伦春民俗参观体验区——鄂伦春部落。

（二）旅游市场分析

自治旗坚定不移地把旅游业作为扩大消费、增加就业、聚集人气、提升形象的重要产业、亮点产业来抓，积极推进旅游业各项事业发展，《鄂伦春自治旗旅游发展总体规划（2011—2025）》编制完成，布苏里北疆军事文化旅游景区晋升为国家 4A 级旅游景区，拓跋鲜卑历史文化园被列入“自治区落实中央民族工作会议精神十大工程之一”，“兴安旅游联盟”引领区域旅游一体化发展，鄂伦春族篝火节荣获“2014 中国优秀民族节庆最具民族特色节庆奖”，自治旗被评为“中国最美生态文化旅游胜地”。2015 年全旗共接待国内外游客 54.64 万人次，同比增长 24.2%；实现旅游收入 4.37 亿元，同比增长 25.7%。现有二星级宾馆 4 家（嘎仙宾馆、阿里河林业宾馆、诺敏山庄、鑫磊商务宾馆），旅行社 5 家（森林骄子旅行社、岭上行旅行社、兰天旅行社、大鲜卑山旅行社、天意旅行社），旅游纪念品厂家 4 家（呼伦贝尔鄂伦春自治旗豫蔺山产品有限责任公司、敖日倩民族服饰工艺品研究中心、鄂伦春自治旗原生态制品有限责任公司、大兴安岭诺敏绿业有限责任公司），民族手工艺品作坊 8 处。

总的看来，鄂伦春自治旗旅游产业处于发展初期。长期以来，由于远离国内三大主要客源地，周边市场通行成本太高，本地居民数量过少，全旗旅游市场一直较为弱小。近年来，随着对外交通好转，特别是加格达奇综合交通能力提升，鄂伦春自治旗的旅游市场迎来突破性转变，特别是中远程市场方面；另一项长期趋势是随着国民收入增加，整个中国旅游市场有了质变性突破，从过去的小众化、单一化发展到大众化、多元化、体验化、个性化、度假化。这对于鄂伦春自治旗这样文化古远、地理气候环境独特、大众尚未踏足的旅游地具有重大意义。

鉴于本地市场总量一直较小，周边市场的通行时间在短期内难有突破性改观，项目最应关注的是时间、经济双宽裕的中远程、中高端市场。在中远期，当接待设施配备完善时，可适当关注海外华侨客群以及注重文化探索的国际游客。此外，加格达奇作为大兴安岭地区行署所在地，商旅游客较集中，应大力培育中转市场，同时将项目地融入哈尔滨—漠河以及呼伦贝尔大旅游环线上，带动更多远程夜宿游客。

核心客源地。航空直通区域中高端游客，包括哈尔滨及其他黑龙江重点城市、京津地区、江浙沪地区，主要进行休闲度假、野生动植物观赏等观光旅游。

基本客源地。周边城市，包括鄂伦春自治旗、海拉尔、以加格达奇为核心的周边市场；自驾出行五个小时左右的城市。主要进行生态旅游、民族餐饮、体验原生态的鄂伦春民族风情等。

机会客源地。主要为文化寻根情结浓厚、存在特殊情感联系的地区，包括港澳台及东南亚华侨聚集区；大同、洛阳、广东高要等地（或为北魏都城所在，或与鲜卑有血缘关系）。主要进行探究鲜卑文化、萨满文化、考察学习等。阿里河镇是鄂伦春自治旗旗政府所在地，具有重要的旅游集散功能，周边分布有国家 4A 级景区——布苏里北疆军事文化旅游区，国家 4A 级景区——拓跋鲜卑民族文化园、阿里河国家森林公园、鄂伦春民族博物馆等，这些景区与项目区地缘相近，具有较强的旅游吸引力，客源有保障。阿里河村地处旗政府所在地中心村，市场定位为鄂伦春民俗文化旅游、观光旅游、农家体验旅游等，凭借区位优势以及差异化旅游产品，分流上述客源。随着乡村旅游、休闲旅游、生态旅游升温发展趋势，为项目区的发展带来了较好的市场机遇。

游客量预测。由于所处地理位置，决定了鄂伦春自治旗地区的气候具有冬长夏短的特点，季节限制比较严重，适宜旅游的季节短暂，尤其是旅游旺季持续时间短，游客流量主要集中在气候条件比较舒适、自然景观丰富的夏季，即每年的 6—10 月为旅游旺季，旅游天数约 100 天。近年来，自治旗凭借丰富的农业资源、独特的民俗风情和周边重点旅游区的带动功能，重点发展乡村旅游业，旅游知名度逐渐提高，游客接待量必定有所增加。①

（三）旅游产业成就与经验

近年来，自治旗紧紧抓住国家鼓励旅游产业开发和重点扶持人口较少民族发展的历史机遇，突出拓跋鲜卑历史、鄂伦春民俗、大兴安岭森林生态、军事品牌 4 大特色，着力打造民族历史文化旅游品牌。目前，自治旗拥有二星级宾馆 3 家（嘎仙宾馆、阿里河林业宾馆、鑫磊商务宾馆），旅行社 5 家（森林骄子旅行社、岭上行旅行社、兰天旅行社、大鲜卑山旅行社、天意旅行社），旅游纪念品加工销售企业 15 家。经济指标完成情况良好，旅游人数与旅游收入成绩喜人，如表 2-2。

表 2-2　　鄂伦春自治旗 2010—2018 年旅游人数与旅游收入

年份	旅游接待人数（万人次）	旅游收入（亿元）
2010	18.92	1.15
2011	24.1	1.92
2012	29.7	2.39
2013	36	2.79
2014	44	3.48
2015	54.56	4.37
2016	60.35	4.80
2017	79.3	6.20
2018	97.07	7.93

① 内蒙古联烽工程咨询有限责任公司：《鄂伦春自治旗阿里河镇阿里河村乡村旅游扶贫基础设施建设项目可行性研究报告》，2016 年。

鄂伦春自治旗逐步培育旅游业为自治旗国民经济的战略性支柱产业。旅游重点项目建设、基础设施建设成效显著，编制了《鄂伦春自治旗旅游发展总体规划（2011—2025）》；自治旗“十三五”规划当中将旅游业列为国民经济支柱产业和第三产业的先导，旅游业收入持续高位增长，呈现出强劲的发展态势。鄂伦春自治旗结合实际，突出五张文化名片：鄂伦春民族文化、拓跋鲜卑历史文化、森林生态文化、冰川遗迹地质文化、远古彩绘岩画，着力打造民族历史文化旅游品牌。旅游重点项目推进情况有序进行。

拓跋鲜卑民族文化园。2011 年拓跋鲜卑民族文化园由市政府投资 3068 万元完成一期项目工程，竣工开放。2013 年，旗委、政府决定续建拓跋鲜卑民族文化园二期工程。该项目以拓跋鲜卑旧墟石室嘎仙洞为依托，总规划面积 159 平方公里，核心规划区为 16 平方公里，总投资预计 1.78 亿元。截至 2016 年底，文化园二期规划中，已经建设完成了祭坛、中国北方少数民族研究中心、环景区木栈道等基础设施。拓跋鲜卑历史博物馆已经完成框架主体和装修工作。2017 年，为丰富拓跋鲜卑历史文化园内涵、增加游客参与体验内容，在文化园内实施建设了“鄂伦春乌力楞”项目，包括游客服务中心、狍子、鹿、生态、熊、萨满、渔猎、演艺、弩箭、鄂伦春非遗传承基地等木结构单体建筑和萨满广场神偶雕刻、斜仁柱搭建、铜雕像群及奥伦等民俗设施，完成景区主干道、停车场、通信、亮化、绿化、广播、背景音乐、标识牌、景观小品等基础设施。

布苏里北疆军事文化旅游区。自 2012 年起布苏里景区累计投资 1.3 亿元。2013 年该景区成功申报国家 4A 级旅游景区，景区建有游客服务中心、多功能厅、军湖小筑、军事营房特色住宿区、特色蒙古包餐饮文化区等配套设施，该景区已经于 2014 年 6 月 18 日正式开园营业。

达尔滨湖国家森林公园。毕拉河林业局共计投入 1.04 亿元用于对达尔滨湖国家森林公园进行改扩建。2014 年企业自筹资金进行景区东西两侧门区广场及游客服务站建设，在达尔滨湖建设 6000 平方米游客服务中心、4000 平方米双姊广场、4000 平方米停车场，四方山祭祀广场以及相思树杜鹃林、四方山、石海黄菠萝、神指峡景区栈道等工程，满足基本接待需求。

完成全旗旅游规划编制工作。一是 2011 年自治区旅游局聘请中轩（北京）旅游景观设计院专家为自治旗编制全旗旅游发展总体规划；二是

2015年6月2日，鄂伦春自治旗人大常委会审议通过《鄂伦春自治旗旅游发展总体规划（2011—2025）》。2019年10月制定旅游扶贫产业规划。

借助网络媒介全面宣传旅游资源。开通鄂伦春旅游政务网、鄂伦春旅游微博、鄂伦春旅游公众号等网络平台宣传自治旗旅游资源；成立兴安旅游联盟，打造旅游区域一体化。2013年7月，鄂伦春自治旗、加格达奇区、阿里河林业局、加格达奇林业局、南瓮河国家级自然保护区管理局及松岭林业局横跨2省的六地（部门）“兴安旅游联盟”成立，共同打造无障碍旅游发展环境。

重点项目改造升级。一是积极对拓跋鲜卑历史文化园景区进行改造升级，按照4A级标准进行景区基础配套设施建设，争取晋升为4A级景区；二是2013年布苏里北疆军事文化旅游景区经过两年时间改扩建成功晋升为国家4A级景区；三是2014年达尔滨湖国家森林公园基础设施建设全面竣工，已经成功晋升为国家4A级景区。

旅游服务设施显著提升。一是2012年8月成立了鄂伦春民族工艺研究发展协会，逐步形成了旅游行政主管部门强化管理和指导、旅游企业自主经营、互利共赢的旅游业发展体制；二是2014年1月4日鄂伦春山野户外旅游协会成立；三是2013年6月18日成立了鄂伦春自治旗旅游咨询接待中心，为各地游客免费提供旅游咨询服务，切实提高自治旗旅游咨询服务水平。

荣获国家奖项数量增多。一是鄂伦春族篝火节荣获“2014中国优秀民族节庆最具民族特色节庆奖”；二是2014年9月13日，第二届旅游业融合与创新论坛暨2014最美中国榜发布会在北京举行，自治旗凭借文化旅游、特色魅力荣登2014最美中国目的地城市榜；三是2015年6月15日，由亚洲旅游文化联合主办的“第二十一届亚洲旅游业峰会暨2015金旅奖大中华区旅游文化榜”发布会在北京举行，鄂伦春自治旗荣获“亚洲旅游业金旅奖·首批最富文化魅力旅游目的地”称号；四是7月25日鄂伦春自治旗前往湖南长沙参加由国际休闲经济促进会、中国旅游媒体联盟、中国休闲旅游文化研究中心共同主办的“中国旅游时代——2015品牌推介暨旅游项目融资大会”，被评为“中国最美生态文化旅游胜地”“中国特色民族文化旅游目的地”。布苏里北疆军事文化旅游区、拓跋鲜卑民族文化园、达尔滨湖国家森林公园、鄂伦春民族博物馆荣登“2016内蒙古名片优秀文化旅游景区品牌榜”；鄂伦春族篝火节、鄂伦春冰雪

“伊萨仁”荣登“2016内蒙古名片优秀文化节庆品牌榜”；鄂伦春族篝火节被中国民族节庆委员会评为最具民族特色节庆奖；多布库尔猎民村荣膺国家农业部授予的“2016中国美丽休闲乡村”特色民俗村称号，2017年获得“中国特色民族文化旅游目的地”称号，2019年多布库尔猎民村跻身全国首批旅游重点名录。

实现冬季旅游破题。2014年12月24日成功举办首届中国·鄂伦春冰雪伊萨仁，到2018年已成功举办五届，破解了自治旗冬季无旅游的瓶颈，进一步丰富和扩大了鄂伦春冬季旅游项目和规模。

（四）寒地冰雪经济发展战略

2016年3月，习近平总书记作出“冰天雪地也是金山银山”指示，开启了冰雪经济新篇章。2018年9月，习近平总书记在东北调研时指出：“大力发展寒地冰雪经济，保护生态和发展生态旅游相得益彰，这条路要扎实走下去。”总书记的指示，是探索中国特色冰雪旅游、冰雪休闲、冰雪生活的科学指南。①

为贯彻习近平总书记的指示精神，自治旗充分挖掘鄂伦春冰雪资源、民族文化资源，通过文化与旅游融合，促进资源向产品转化，强力打造鄂伦春“旅游无冬天”的产品，大力改变“冬闲半年”的不利状况，实现了“冷资源变热效应”，繁荣了鄂伦春自治旗冬季旅游市场。

寒地冰雪经济涵盖旅游与文化、体育、教育、时尚、商贸、装备制造等多种产业，在自治旗推动寒地冰雪经济发展，能够延长旅游季节，拉动高端旅游消费，以解决当地适宜旅游的时间较短、淡季大量旅游设施闲置、产品结构不合理、客源分布不均衡、夏季过旺、冬季过淡，难以吸引高端游客等状况。拓展客源市场的同时，积极通过“请进来”提升吸引力，使鄂伦春自治旗在新一轮的东北振兴中加快产业升级，提升产业内涵，从而使自治旗成为投资关注的焦点。

鄂伦春自治旗地处中国的最北方，坐拥良好的资源禀赋，地形地貌适宜，能够从容体验户外冰雪活动。自2014年以来，自治旗依托冬季旅游资源，开展以冰雪体验、弘扬冬季民族文化为主要内容的冰雪“伊萨仁”活动，截至目前，鄂伦春冰雪“伊萨仁”已经成功举办了五届，同时衍

① 戴斌：《旅游 & 文化（五）》，旅游教育出版社2019年版，第188页。

生自治旗各乡镇冰雪“伊萨仁”系列活动同步展开，活动的有效开展，不仅破解了自治旗冬季无旅游的瓶颈，还进一步丰富和扩大了鄂伦春冬季旅游项目和规模。在大力发展寒地冰雪经济的同时、对鄂伦春自然资源推广、民族文化宣传，都起到了积极的推动作用。凭借鄂伦春族篝火节、冰雪“伊萨仁”等特色民族节庆，自治旗已经被国家民委授予“中国品牌节庆示范基地”荣誉称号。冰雪“伊萨仁”活动包括：一是民俗旅游体验产品，主要包括鄂伦春民俗部落展示，鄂伦春民俗技艺展演，重建鄂伦春“仙人柱”，力争用最真实的方式展示鄂伦春族原生态的生活。由猎民做向导带领游客骑马巡山等活动，让游客体验“当一天鄂伦春猎民”。每天在固定时间组织鄂伦春马队在阿里河镇区巡游。二是冰雪体验产品，包括雪滑梯、雪橇、雪上冲浪、冰爬犁、冰雪娱乐项目，大人们可以带上孩子来体验自己儿时玩过的冰雪游戏，可以和孩子们一起堆雪人、打雪仗，感受大自然带来的无尽乐趣。三是观光类产品，包括冰雪艺术景观，主要指观赏雪景、雾凇、雪松、冰河、冰溶景观、林海雪原、冰雪园艺等。在冰雪的世界里游冰雕、雪雕童话王国，赏千里雾凇。四是体育竞技文化交流产品，包括极具鄂伦春民间趣味的足球赛，拉棍、押加等活动和冰上拔河、滑冰、冰面抽陀螺等其他活动。

2017 年 12 月 26 日，自治旗在嘎仙湖隆重举行了鄂伦春自治旗冰雪“伊萨仁”活动启动仪式。启动仪式由旗旅游局局长何元成主持，副区长林雪楠致辞，区各主要委办局领导参加了启动仪式。在启动仪式上进行了拉棍、押加、雪地足球赛等活动，民俗表演、马队表演等节目各具特色。项目设置以趣味形式为主，淡化竞技，从而提高群众的参与度。

然而，鄂伦春自治旗冰雪产业发展存在着很多制约，与其他省份相比较还有一定差距，主要问题是：一是旅游基础发展相对滞后，未形成初步旅游市场，至今尚未纳入呼伦贝尔市常规、热点旅游线路。二是冰雪资源发展和管理存在分散的体制制约。三是发展冰雪经济的综合交通瓶颈和环境制约较大，距离主要客源地较远，如海拉尔、大庆、哈尔滨等城市。四是未形成品牌或区域内拳头产品，尚未形成规模，缺少相关技术和人才，市场知名度、社会影响力低，宣传力度不够。

全面提升冰雪产业层次。要靠冰雪旅游牵动发展，着力打造精品景点、精品线路，不断提升知名冰雪旅游品牌形象，高标准办好鄂伦春旗冬季冰雪“伊萨仁”；要靠冰雪文化提升内涵，让冰雪成为艺术创作的重要源泉。搞好冰雪文艺创作和文化演出，推出“鄂伦春旗冰雪秀”驻场演出精品，用冰雪文化来提升冰雪产业层次、提升美誉度。举办冰雪温泉节，让游客在温泉中欣赏大兴安岭雪景，感受冬季鄂伦春魅力。积极拓展交流与合作。借鉴兄弟省份的成功经验，积极开展调研。加强与旅行社及旅游企业的交流。要深度营销，广泛宣传，使鄂伦春自治旗寒地冰雪经济成为呼伦贝尔市名牌产品。完善基础设施，大力营造良好冰雪旅游环境。要完善冰雪旅游景区的基础设施，完善旅游行业服务水平，提升游客满意度。

提高认识，树立“白雪换白银”的发展理念，将鄂伦春自治旗冰雪旅游纳入呼伦贝尔市旅游规划、热点旅游线路中。旗政府应高规格、大视角、系统性地研究部署发展以冰雪旅游为龙头的冰雪产业，注重冰雪旅游与文化、体育、教育、时尚、商贸、装备制造等产业有机深度融合发展。

将冰雪产业进行高起点的规划、高强度的投入、高标准的建设、高效能的管理以及高水平的宣传，要靠冰雪体育有效推动；加大对专业性和群众性冰雪场地、运动场馆的投入，提高承办冰雪赛事的能力，调动更多群众参与冰雪运动；鼓励社会资本建立青少年冰雪教育机构，扩大嘎仙湖冰雪乐园规模，成立冰雪体育俱乐部，培养冰雪运动师资力量和冰雪运动人才；开通旅游专线，增加航线，建设铁路、公路，增加客源流动，使游客往来更为便捷。

发展冰雪经济，要勇于创新。要打造出具有地域和民族特色的品牌，要让“到大兴安岭体验冬季鄂伦春人生活”“感受 80 度的温差”这些语汇，成为鄂伦春冬季旅游卖点。自治旗可以利用冰雪为核心的资源优势，科学谋划冰雪经济，发展壮大冰雪产业，广泛开展群体性冰雪活动，建设冰雪经济大有可为。

借鉴国外经验，举办冬季灯光节，拓展旅游空间。目前，灯光节已经成为欧洲主要都市的，特别是冬季拉动娱乐和旅游的重要项目。有的灯光节是配合某一个大型的国际展览进行的展示。欧洲最美的灯光艺术节有 25 个，比如，荷兰首都阿姆斯特丹的灯光节非常有影响力，每年 12 月至来年的 1 月举行。这个节日成立于 2012 年，原本是为了给在冬日多雨、黑暗、压抑的人们带来一点活力，但每一年阿姆斯特丹都会因此变成一个灯光剧场。“灯光节”分为水上展览和陆上展览，来自当地和世界各地著名艺术家、建筑师和设计师们展示他们精心设计的作品。虽然灯光节最初在国外出现，但近几年在中国各地灯光节发展迅速，好的灯光节可以大大提升城市的知名度，吸引更多的旅游资源，丰富提高城市居民的生活质量，创造更多的社会财富，是一个城市、地区鲜活的“名片”。[①] 对寒冷地区来说，冬季灯光节意义重大。

三　总体思路与对策建议

一是提高发展文化产业思想认识。当前，自治旗民族文化产业发展后劲不足，不能形成规模，首先应该在思想认识上有大的提高和转变。准确认识文化产业对文化建设、经济建设和社会进步的巨大推动作用，从过去由政府“包办”文化的惯性思维中解脱出来，树立抓文化生产力就是抓经济、抓社会生产力的意识。努力形成全社会参与支持文化产业发展的良好局面和有效机制，大胆尝试发展文化产业的新路子，推动经济社会和谐发展。大力实施“互联网+鄂伦春旅游”行动计划。充分发挥互联网的规模优势和应用优势，推动旅游与互联网融合发展的广度和深度，提高旅游创新能力和创新优势。鼓励各类创新主体充分利用互联网，开展以旅游需求为导向的在线旅游创业创新，通过互联网整合各种旅游资源，发展在线旅游购物和餐饮服务平台，推动在线旅游的创业创新。

二是突出文化优势和特色的发展定位。要想发展民族文化产业，必须进行准确的定位，突出地域特色，打造文化品牌，发挥比较优势，追求最大效益，从而促动产业发展。打造文化品牌，传播鄂伦春传统文化，提高其知名度，是当前需要解决的首要问题。建议通过政策引导、产业运作、学术研讨和媒体宣传等手段，扩大鄂伦春传统文化的社会影响，吸引社会各界人士的广泛关注。以鄂伦春旗为中心，通过文化和资源的整合，打造“鄂伦春旗——兴安岭森林文化”的名片，“鄂伦春旗——北疆避暑天堂”的招牌，“鄂伦春旗——中国北方动植物王国”的优势，“鄂伦春旗——新中国少数民族第一旗”等品牌，通过政策扶持、电视、报纸、网络、广告牌等媒体进行宣传，为文化产业的开发和提升奠定基础。

三是坚持走民营化和可持续发展的模式。实践证明，自治旗个体民营

① 林华：《城市灯光节对文旅产业的意义》，《第三届民族地区文化产业发展论坛主旨发言摘要》，2019 年 7 月。

经济的发展具有广阔的前景，同样，走民营文化发展模式也具有广阔的前景。这就要立足旗情，积极面向市场，大力培育壮大以民营企业、民营资本和文化产品、文化服务为主的文化产业。同时，在确立发展模式时要坚持可持续发展，自觉走全面、协调和可持续发展的道路，使文化资源得到永续利用。

四是整合与创新鄂伦春传统文化。在经济全球化的背景下，只有8000余人口的鄂伦春族传统文化正在快速消失，抢救挖掘和整理保护越发显得紧迫。然而，传统文化的保护和弘扬并不意味着原汁原味地保存，而是要整合出精神层面的文化精髓，通过艺术加工和内涵升华，使之更具有应用价值和教育价值，并能够为社会服务，为大众服务，使狩猎文化更具有生命力。近几年，在鄂伦春旗政府的大力支持下，以旗乌兰牧骑和古里乡莫日根民间艺术团为代表的文化团体唱响祖国大地；以鄂伦春民族文化研究会、博物馆、广电局、文化馆和作家协会为代表的文化部门，组织和开展了各种形式的活动，极大地促进了鄂伦春族传统文化的保护和传播。但是，在财力、物力和人力等方面明显不足的情况下，仅仅依靠鄂伦春旗自身的力量去传播和发展传统文化是不够的，必须加强与国内外文化专家、文艺团体、高等院校的合作，通过整合与创新才能打造出更为优秀的文化和艺术作品。特别强调的是，人才的培养是文化艺术团体走向成功的基本条件，建议通过向自治区和国家民委等上级部门递交申请，建立与中央民族大学、民族歌舞团等高校和艺术团体的联系，请进来、走出去，构架人才交流和培养渠道，不断提升文化艺术产品的质量，为发展文化产业做好铺垫。依靠自治旗丰富的旅游资源，借助“鄂伦春民族博物馆”“乌力楞景区”“拓跋鲜卑民族博物馆”“国家森林公园”“乌兰牧骑”等文化品牌，把文化与旅游紧紧融合起来，用文化品牌丰富旅游业的内涵，提升旅游产品的档次和水平，用旅游发展为文化发展搭建平台，促进文化产业发展，为经济社会发展注入新的活力。

五是建议组建文化教育和森林知识传授基地。近代以来，大兴安岭自然环境受到了很大的破坏，无情的森林火灾曾带来灾难性的后果。大兴安岭是寒温带动植物的摇篮，是人们认识森林和爱护自然的重要场域。作为森林民族，鄂伦春人在生态环境和森林保护方面的作用无法替代。鄂伦春猎民具有丰富的地方性知识和技能，可以在护林防火方面发挥其重要的作用，森林资源管理机构应当充分发挥他们的优势，保护森林和各种野生动物资源。为此，那种认为“狩猎活动是破坏自然环境和滥杀动物的野蛮原始的落后文化”的观点是错误的，必须扭转。鄂伦春族狩猎文化的传承是国家软实力和文化多样性的重要体现，也是各民族共同繁荣和发展的标识。国家和地方政府机构在森林资源管护的现实功用上，可以发挥其在防火护林方面无可替代的作用，在制定其他发展的规划目标和具体实施规划的方式上，也需要尊重他们的主体性、文化认同权利和自由拓展空间。建议通过科学普及工作和民族文化教育工作的开展，建立森林文化保护基地。

六是研发高端生态产品，提高产品附加值。大兴安岭地域辽阔、物产丰富，不仅有各种各样的野菜野果，同时还有很多珍稀的中草药。通过与科研部门合作，可以开发出高端的农副产品和医药产品，从而带动经济产业的发展，增加就业渠道。丰富的自然资源和文化优势，是鄂伦春旗的经济社会发展的基础，整体设计、人才培养、技术引进和资金投入，是促进鄂伦春旗经济社会发展的根本途径。

七是出台优惠政策，扶持产业发展。因地制宜地适时放宽文化市场准入关，并在土地征用、金融扶持、证照办理、税收征收等方面给予适当政策倾斜，特别在保障农村文化市场建设上要有硬投入。政府部门应把自治旗文化产业建设纳入当前经济社会建设的总体目标，进行统筹规划，采取硬措施，加快自治旗文化产业建设步伐，把文化产业建设纳入自治旗经济建设重要范畴，纳入乡镇党委政府的重要议事日程，纳入各有关部门年终目标考核责任制，对公益性较强的文化产业发展进行重点支持。要引导和鼓励企事业单位、社会团体和个人投资兴办文化产业，吸引民间资本和民间文化精英参与文化产业建设，形成以私有制为主的共同发展的文化产业格局。开辟一系列规模化、专业化的文化产业园区。在众多的园区建设中，文化产业园区理应有一席之地，要将文化产业园区建设纳入发展规划，组织进行可行性考察论证，加快文化产业园区建设步伐，做到“筑巢引凤”，带动文化产业发展。整合优化现有文化产业。按照集群化组合、集约化经营、科学化管理的总体要求，做好文化产业升级换代各项基础工作，力促现有文化产业上规模、上水平、上档次，使文化产业真正成为全旗经济社会发展的有效增长点。

八是建议建立鄂伦春族传统文化生态保护区。鄂伦春族是典型的森林民族，适当给予鄂伦春人对森林资源的使用权，赋予鄂伦春人护林和防范偷猎者的职责，是有可能获得保护鄂伦春传统文化和保护生物多样性双赢的。创新的基础在于保护，尤其鄂伦春狩猎文化之系列遗存更是如此。文化产业的发展需要与之相适应的环境，在城镇化快速发展的过程中，鄂伦春族传统文化失去了生存和传承的环境，逐步走向衰落就成为不可避免的现实。面对经济社会发展的困境，鄂伦春旗政府、国有林业和农垦等部门应该联合起来，共渡难关，打造富有地方特色的文化产品，通过招商引资、整合资源等手段，不断进行创新和包装，开发文化产业。而建立鄂伦春族森林游猎文化保护区则是促进文化产业发展的有效手段。选取交通便捷、适合开发的一定面积的林区，通过政策支持、规划设计、资源整合和科学管理，不断完善生态保护区的建设，从而使鄂伦春族传统文化在这里延传。

九是发展生态旅游和养生产业。丰富的森林资源和文化资源是鄂伦春旗经济社会发展的依托。积极开发养生、避暑、度假和旅游等产业，利用地方优势条件，打造开发高端文化产品，促进消费，带动经济产业的发展。不断吸收相关少数民族地区文化产业发展的经验，充分利用生态旅游吸引投资，以此促进经济的全面发展。通过招商引资提高鄂伦春旗旅游基础设施建设，提高服务质量和服务水平，对旅游业进行整体的规划和设计，全面提高文化产业的发展。

十是建议在诺敏建立毕拉河、四方山或神指峡国际狩猎场。加格达奇机场已建成通航，为建设现代化国际狩猎场提供了有利条件。参照国际惯例建设面向全国和全世界的狩猎文化旅游区。毕拉河、四方山、神指峰一带自然景观丰富多样，加上狩猎文化特色，可以打造一流国际狩猎文化旅游区，满足现代人回味狩猎回归自然的梦想。在建设过程中应充分尊重鄂伦春族民族传统文化和权利，优先解决鄂伦春人就业。国际狩猎已有国内外经验可以借鉴，随着经济发展解决温饱之后的中国人狩猎情结有可能复活，迫切需要光明正大的狩猎场所。中国潜在狩猎爱好者可能不会比美洲或欧洲少，狩猎旅游方兴未艾。①

十一是全域旅游要突出狩猎文化。鄂伦春自治旗有开展全域旅游的自然与历史民族文化条件，正在规划中的全域旅游应该突出狩猎文化。嘎仙洞是鲜卑统一中原的历史起点，正是擅长狩猎的鲜卑人从山林进入草原然

---

① 刘晓春：《中国民族地区经济社会发展报告·鄂伦春自治旗卷》，中国社会科学出版社2018年版，第317页。

后逐鹿中原统一北方入主中国。可以开辟嘎仙洞—牛川（呼和浩特）—盛乐（和林格尔）—平城（大同）—洛阳历史旅游线路，加深边疆与中原关系认识。

如今，在全球化背景下，人口较少民族的研究价值和意义凸显。鄂伦春自治旗积极投身国家“一带一路”建设，成为东北亚地区满通古斯语族文化交流的重要纽带。

第三章

香格里拉市文化和旅游产业发展报告[①]

香格里拉市位于云南省西北部，地处青藏高原南缘，横断山脉腹地，东与四川稻城、木里二县相连，西、南与丽江市、维西县隔金沙江相望，北与德钦县一衣带水，是滇、川、藏三省交会处。自20世纪80年代初，以西双版纳热带风光吸引了大批国内外游客光顾为开端，云南旅游伴随着国内、国际旅游的发展而迅速成长。自此，在云南省国民经济和社会发展中，旅游业一直占有重要地位。依据国内国际文化旅游发展情况，结合本地实际，迪庆州确立了“生态立州、文化兴州、产业强州”的发展战略，云南藏族地区经济社会发展也进入了一个新的历史时期。[②]

香格里拉市属云南省迪庆藏族自治州，原名中甸县，为迪庆藏族自治州州府。2001年12月17日，国家民政部致函云南省政府：经国务院批准，同意中甸县更名为香格里拉县。2014年12月16日，香格里拉撤县设市。下辖四个镇、七个乡，分别为建塘镇、小中甸镇、虎跳峡镇、金江镇；上江乡、三坝纳西族乡、洛吉乡、尼西乡、格咱乡、东旺乡、五境乡。迪庆是全国多民族聚居密度最高的地区。除藏族外，仅香格里拉市境内千人以上的世居民族还有纳西族、傈僳族、彝族、白族、苗族5个，另有其他民族共16个。且各少数民族在衣食住行等方面都保留有各自鲜明的特点，他们在此共荣共存，在长期的生产生活中，既形成了每个民族鲜明独特的风情，也能兼容并蓄，形成了各民族同胞、各民族文化美美与共、和谐共存的人文奇观。如图3-1所示，2015年，全市常住人口17.66万人，其中户籍人口147327人。其中，藏族68076人，占户籍人口的46%；纳西族26546人，占户籍人口的18.0%；傈僳族12106人，占户籍

① 本章作者：赵雨洁、刘晓春。

② 勒安旺堆：《当代云南藏族简史》，云南人民出版社2009年版，第154页。

人口的 8%；彝族 12517 人，占户籍人口的 8.5%。千人以上的少数民族有白族 4829 人，苗族 1388 人。

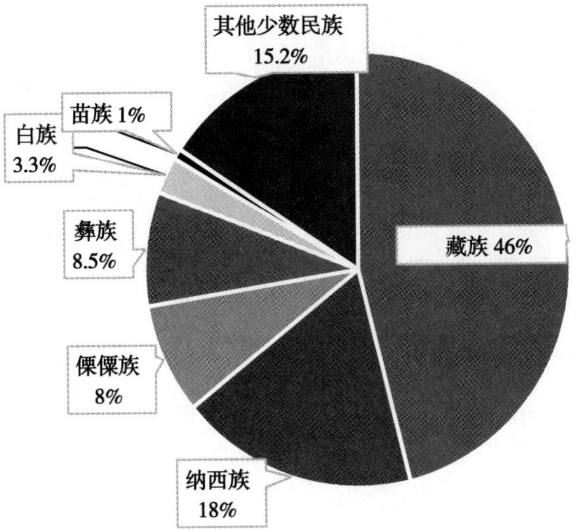

图 3-1　香格里拉市 2015 年各少数民族占户籍人口比例

数据来源：《迪庆统计年鉴 2016》，资料提供单位：香格里拉市史志办公室。

经济发展方面，如图 3-2 所示，2017 年，香格里拉市地区生产总值 1206364 万元，人均生产总值 67244 元，超过同年全国人均 GDP 为 59660 元。城镇居民人均可支配收入 32455 元，农村居民人均可支配收入 7912 元。总体来看，2008 年至 2017 年，地区生产总值总量由 362356 万元增长至 1206364 万元，按可比价计算，年均增长 35.55%，比同期云南省和全国年均增长率分别高出 17.52 个百分点和 2.55 个百分点；人均生产总值由 22537 元增长至 67244 元。人民生活方面，城镇居民年均可支配收入由 14631 元增长至 32455 元；农村居民人均可支配收入由 2008 年的 2696 元增长至 2017 年的 7912 元。2008 年至 2017 年这十年间，香格里拉经济社会发展速度较快，但是城乡居民生活水平差距较大，区域发展不平衡。2017 年全国农村居民人均可支配收入 13432 元，香格里拉市 2017 年农村居民人均可支配收入仍达不到同期全国平均水平。要实现香格里拉经济进一步发展，依托文化旅游业的特色优势，在目前所取得的成效基础之上，发挥文化和旅游业作为香格里拉国民经济主导产业的重要作用，融合各相关产业进一步发展文化旅游产业，是实现全面协调可持续发展的重要道路。

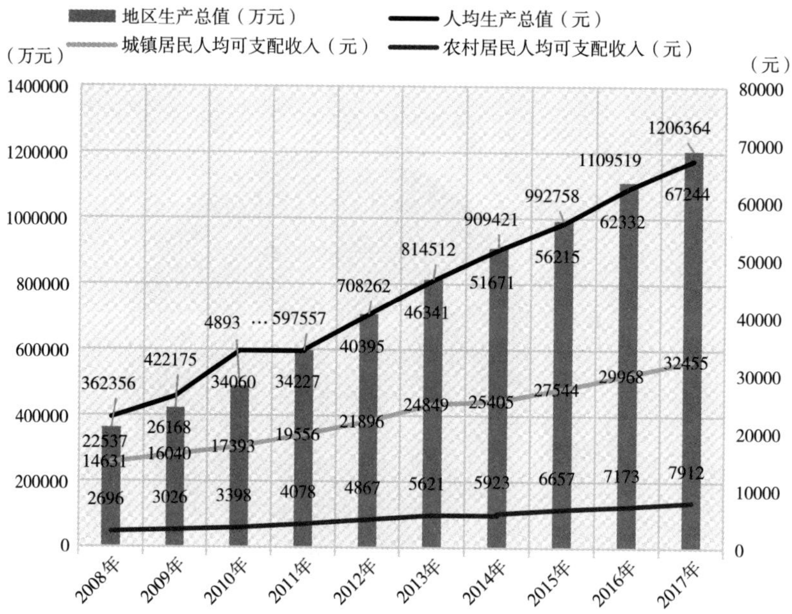

图 3-2　2008—2017 年香格里拉市主要经济数据

资料来源：中国知网，中国年鉴网络出版总库：《香格里拉年鉴》网址：http：//navi. cnki. net/KNavi/YearbookDetail？pcode = CYFD&pykm = YXGLL&bh = N2014070031。

一　民族文化和旅游资源赋存状况

（一）民族文化资源

香格里拉地区少数民族成分众多，各少数民族对其他少数民族有极强的认同感，同时也能保持自己的民族文化特性。在香格里拉，首先，各民族都较好地保持了自己的传统文化，有很强的民族认同感。其次，对于其他民族的文化也保持尊重，承认民族文化的多样性。最后，该地区各少数民族能够和谐共处，各少数民族文化充满了生机与活力，以其鲜明的特性丰富了香格里拉文化，造就了“美美与共、天下大同”的文化奇观。高耸的山脉让高海拔、交通成本高、旅行信息不畅的香格里拉，成为云南省门槛最高的目的地。同时，这种门槛和闭塞也让香格里拉地区把最原始和精华的藏族文明保留了下来，而这正是发展文旅产业的稀缺资源。具体来看，该地区主要的民族文化资源如下。

1. 藏族文化

香格里拉市为迪庆藏族自治州州府驻地，主要世居民族为藏族，聚居于香格里拉市高寒坝区、高寒山区及干热河谷地区。其中，香格里拉市建塘镇、小中甸镇、尼西乡、格咱乡、东旺乡均为藏族主要聚居地，其他乡镇均有藏族杂居。

香格里拉藏族在文化上因地域不同而存在差异，尤以服饰文化最能体现其多样性，香格里拉的藏民，各个乡镇的服饰都具有其明显的特点，女性服饰最为典型，有“隔村不同服”之说；香格里拉藏族语言属汉藏语系藏缅语族藏语支藏语康巴方言，与四川巴塘、理塘、乡城、稻城、得荣以及西藏芒康等地同属康巴方言南路土语群，其中又有香格里拉土语区、东旺土语区，各个乡镇藏民所讲藏语在音调、发音习惯等方面也有所不同；香格里拉藏民的生活生产方式为半牧半农形式，常见畜种有牦牛、绵羊、山羊，农作物主要为青稞、马铃薯、高原油菜。香格里拉藏民主要信仰藏传佛教，境内各个寺院是信教群众重要的活动场所，位于香格里拉市辖区内的寺庙有藏区久负盛名的小布达拉宫——松赞林寺，历史悠久的噶举派寺院承恩寺以及云登寺、归色寺；此外苯教在香格里拉藏族中仍有一定影响力，例如香格里拉市洛吉乡尼汝村的藏民全民信仰苯教。香格里拉的藏民勤劳勇敢、热情团结、能歌善舞，在漫长的历史中创造了丰富灿烂的文化。其中，以说唱为主要形式的《格萨尔》史诗已被列为“世界级非物质文化遗产保护名录”，锅庄舞、藏族黑陶烧制技艺、藏医药（骨伤疗法）被列为国家级非物质文化遗产保护名录。藏族服饰、藏族青稞酒酿制技艺、赛马会、尼汝藏族文化保护区、香格里拉藏族锅庄舞之乡已被列为“州级非物质文化遗产名录”。

2. 纳西族文化

纳西族为香格里拉古老的世居民族。主要分布于香格里拉市三坝纳西族乡、金江镇、虎跳峡镇、上江乡、洛吉乡等地，早在晋代的文献中就记载迪庆地区有“摩梭人”，此为对纳西族最早的称谓。香格里拉纳西语属汉藏语系藏缅语族彝语支，由于受其他民族的影响，各地差异较大，纳西族早在一千年前就创造了象形文字，至今仍被纳西族群众使用。在纳西族村寨亦可见东巴象形文字用于写对联、记录历法等用途，故被国际学术界称为目前“世界上唯一活着的象形文字”。

东巴教是纳西族所特有的宗教。东巴教源于原始宗教，其特点是崇拜自然，崇尚原始崇拜，传统仪式有祭天、丧葬仪式、驱鬼、占卜等。东巴为东巴教的神职人员，执掌各类法事活动，是人、神、鬼三界的媒介，也是东巴文化的传承者。东巴都是村里有威望的人，直至现阶段也是纳西族村寨社会阶层结构的重要一环。纳西族现阶段的社会阶层结构为“行政体制下的村领导——东巴——村民”。纳西族在漫长的历史文化长河中创造出了灿烂悠久的民族文化，《东巴经》和《创世纪》史诗、抒情长诗《鲁般鲁饶》、英雄史诗《黑白战争》等是纳西族优秀文化的代表作。纳西族传统舞蹈有“阿卡巴拉”和“阿哩哩”等。纳西族的传统手工艺东巴造纸术已被列入“首批国家级非物质文化遗产名录”。

3. 傈僳族文化

香格里拉市境内的傈僳族主要分布在金江镇、上江乡、三坝乡、洛吉乡等地。傈僳族是香格里拉的三大世居民族之一。

傈僳族源于古代氐羌民族。在唐代《蛮书》记载：“傈僳族两姓蛮，皆乌蛮之种族”，即迪庆地区居住着“施蛮”和“顺蛮”，即今天的傈僳族先民。在香格里拉地区按照地域分布、风俗习惯和地域差别等，还将傈僳族分为“黑傈僳”“白傈僳”“花傈僳”等支系。傈僳族聚居地均为山区、半山区。以农业为主，畜牧业为辅。民居建筑主要有木楞房、竹木板房和石砌房。代表性歌舞有“阿尺木刮”“瓦器器”，其中“阿尺木刮”已被列入“首批国家级非物质文化遗产名录”。傈僳族信仰原始宗教尼扒教，其主要特点是自然崇拜、祖先崇拜，认为万物皆有灵。傈僳族把执掌宗教祭祀活动或仪式的人称为尼扒。尼扒能为人占卜打卦，也能为人治病，懂得一些医药常识。与此同时，尼扒均为不脱离生产劳动的农民，在傈僳族群众中享有很高的声誉和威望。

4. 彝族文化

香格里拉境内的彝族主要分布在虎跳峡镇、三坝乡、洛吉乡、金江镇、上江乡。根据史料记载，光绪年间至民国年间，彝族从四川省冕宁、盐源和云南宁蒗等地陆续迁入迪庆。香格里拉地区彝族使用彝语凉山方言和彝文。彝族群众信奉原始宗教毕摩教，执掌宗教活动的宗教师称“毕摩”。彝族有毕摩经书，毕摩能诵念毕摩经，还主持祭祀、安灵、做斋、开路、祈祷、诅咒、驱邪、占卜等活动。彝族的信仰中，特别重视对祖宗的祭祀，逢年过节或婚嫁，或驱病，都要祭祀先祖。彝族拥有底蕴深厚的历史文化，有丰富的文字、史诗文学、医药、历算知识，彝族男女服饰多样，独具特色，传统节日“火把节”有较大影响力。

5. 白族文化

白族主要分布于香格里拉市建塘镇和金沙江沿线河谷地区，明朝万历年间，白族迁入迪庆州境内。迪庆白族自称“拉玛人”。文献中或作“那马”“拉玛”。香格里拉市白族主要由大理、剑川、鹤庆及丽江九河迁入。迪庆白族（拉玛人）使用白语剑川方言，由于受汉族影响，白语中有大量汉语借词。白族群众主要信仰汉传佛教及其原始宗教本主教。香格里拉境内白族主要从事农业手工业和商业。白族手工业发达，工匠擅长木、石、砖瓦、铁锡铜制品等手工艺。白族群众中流传着众多民间传说故事和民间小调，白族民居建筑和民族服装都极富特点。此外，白族祭祀习俗等与纳西族相类似，体现出该区民族文化融合的特点。

（二）旅游资源赋存状况

香格里拉市旅游资源划分为自然景观资源和人文景观资源 2 大类，共 7 个亚类 32 个基本类型，包含了《中国旅游资源普查规范》中的全部亚类，旅游资源类型结构的多样性显著。总体来看，香格里拉市旅游资源类型丰富，总量较大；自然与人文并重，生态与文化共长。香格里拉集聚了构成国家公园元素的自然资源景观，还有多元民族文化、建筑文化、宗教文化、锅庄文化、习俗文化等精神文化资源。

1. 自然资源

由于海拔高差较大，高海拔低纬度，气候随海拔变化而变化，有河谷北亚热带、山地暖温带、山地温带、山地寒温带、高山亚寒带和高山寒带 6 个气候类型。立体气候明显。独特的气候和地理环境，为香格里拉禀赋了大量的自然资源。主要自然景观如下。

普达措国家公园位于香格里拉城东北部 22 千米，由国际重要湿地碧塔海自然保护区和都湖景区两部分构成，总面积约 300 平方千米。“普达措”藏语意为神助乘舟到达湖的彼岸。公园的自然旅游资源含地质地貌景观资源、湖泊湿地生态旅游资源、森林草甸生态旅游资源、河谷溪流旅游资源、珍稀动植物和观赏植物资源五大部分。另外，藏族传统文化、宗教文化、农牧文化、民俗风情以及房屋建筑等人文景观资源使普达措国家公园自然生态景观显得更具民族特色。

白水台位于香格里拉三坝纳西族乡白地村，占地约 3 平方千米。由于水中的碳酸氢钙经阳光发生分解反应，形成碳酸钙白色沉淀，日积月累而形成千姿百态的岩溶地貌，是中国最大的泉华台地。据传，纳西东巴教的教祖就在此设坛传教，台上有“释哩达多禅定处”的诗碑。在白水台对面山腰，有个喀斯特溶洞，当地纳西族称其为“阿明尔可”，意即阿明岩洞。当地东巴经师世代相传《阿明什罗学经》的故事，传说东巴祖师阿明，幼时曾到拉萨学经，后来带经逃回白地，隐居岩洞研习经文，创制象形文字，编写东巴经典，创立纳西东巴教。纳西东巴教因此尊奉阿明为祖师。称他为“阿明什罗”，奉他修行过的岩洞为“灵洞”。过去，每年阴历正月初三，东至木里、宁蒗，西至丽江鲁甸、维西的东巴都要来阿明灵洞朝圣供祭。凡学东巴或到白地拜师学经者，都必到这里朝拜，“没到过白地，不算大东巴”。

尼汝位于“三江并流”腹地红山景区，距城区 16 千米（公路里程）。尼汝，全境生态环境保护完好，草木茂密，湖泊星罗棋布，溪流潺潺，花香鸟语，自然风光独具魅力，其中七彩瀑、仙人洞、迪吉牧场、纳波牧场等景区已完成了公厕、路标、警示牌以及接待中心等基础设施建设。尼汝属纯藏族村，藏家的土掌房分布在尼汝河东岸，田园般的风景和绚丽多姿的藏文化令人陶醉。尼汝是世界生物多样性最丰富的地区之一，联合国教科文官员桑塞尔在考察“三江并流”走进尼汝村时称，这是他走过的村庄中自然生态与人文生态保留较为完整的山村，并称尼汝是“世界生态第一村”。

虎跳峡位于香格里拉东南部。峡长 20 千米，落差 213 米，分为上虎跳、中虎跳、下虎峡三段，共有险滩 18 处。江面最窄处仅 20 多米。江心有 13 米高的大石——虎跳石，相传猛虎曾借助此石而跃过大峡，因此得名。虎跳峡是世界上著名的大峡谷，以险、惊、奇、绝闻名天下，有“虎跳峡谷天下险”之说。峡口海拔 1800 米，海拔高差 3900 多米，峡谷之深位居世界前列。

哈巴雪山自然保护区位于香格里拉东南部，保护区总面积 2998 公顷。主峰海拔 5396 米，海拔最低点江边村仅 1550 米，海拔高差 3846 米，海拔 4000 米以上是悬崖陡峭的流石滩，4000 米以下地势较缓，地貌呈阶梯状分布，依次分布着亚热带、温带、寒温带、寒带等气候带，有高山草甸、高山灌木丛、冷杉、云杉、山地常绿阔叶林、干热河谷灌草丛等植被分布，是香格里拉立体气候的缩影，山脚与山顶的气温差达 22.8℃。哈巴雪山拥有雪山主峰、杜鹃花、高山冰碛湖、雪山瀑布群等自然景观，是目前国内唯一一座常人能登顶的雪山。

巴拉格宗大峡谷位于香格里拉市西北峡谷处，巴拉村庄后的巴拉格宗雪山是香格里拉市境内最高峰，海拔5545米，最低点在南部水庄，海拔2000米，相对高差3545米。地形及气候的垂直立体性十分突出，几乎包容了滇西北“三江并流”世界自然遗产地干热河谷到现代冰川带所有的自然垂直带立体生态类型及景观资源。以其原始丰厚的自然生态，雄奇险峻、清秀幽深的自然风光和古老神秘的藏民族风情被中外探险家称为“奇峡”。

2. 主要人文景观

位于香格里拉城东南隅的“独克宗”古城历史悠久，秦汉至隋，乡姐羌以此为据点，在这里建立了部落联盟，史称“建塘古国”。唐仪凤、调露年间（676—679年），吐蕃在建塘古国故地设立寨堡，名“独克宗”，意为月光城，与之相对而立的奶子河边建有“尼旺宗”，意为日光城。香格里拉被称为“日月城”即由此而来。自隋唐时期，“独克宗”古城就是滇、川、藏茶马互市的重镇。“茶马古道”通过这里直达拉萨、印度。在漫长的历史过程中，“独克宗”形成了独特的藏民族文化特色，以大龟山为中心依山而造的藏式住房，民族风格浓郁，是藏区保存最完善的古城之一，可与西藏拉萨市的八廓街相媲美，是珍贵的民族文化遗产。古城内有藏经堂，藏语称“独肯纯巴西康”，属国家级文物保护单位。始建于清雍正二年（1724），咸丰三年（1853）重修。其建筑特点，首先是其整体建筑形式为汉藏合壁，外观呈古朴汉式楼阁，内为典型藏式佛殿。门西边山壁上绘有藏传佛教四大金刚，绘工精美富丽。室内墙上保留有清代藏族艺人所绘壁画，线条流畅，色彩绚丽，它以藏式宗教画为主体，兼收汉族、白族、纳西族绘画特色，是藏区罕见的多文化交融的人文景观。

香格里拉松赞林景区位于香格里拉市区北部，地处大香格里拉旅游区的核心腹地。景区由多个景点组成，包括云南省最大的藏传佛教寺院，著名的藏区十三林，有小布达拉宫之美誉的噶丹·松赞林寺；香格里拉母亲河，藏民族取圣水的水源之地奶子河；藏区著名的神湖，护法金刚白登拉姆的寄魂湖，拉姆央措湖；茶马古道重镇，香格里拉神话的中心，尼旺宗古镇以及尼旺宗湿地等。景区距县城仅两公里路程，是香格里拉旅游区内最具影响力的，以宗教旅游、民俗旅游、湿地旅游为核心的综合型旅游风景区。

2010年初，松赞林景区通过了国家旅游局A评领导小组的评定，评定松赞林景区为国家4A级旅游区。2012年11月底，松赞林景区正式启动5A创建工作，目前在各级政府的大力扶持关怀下，公司正在申报并建设国家5A级旅游景区。

3. 旅游商品资源

香格里拉旅游商品资源主要依托民族风味、土产、工艺品、藏药等四类资源如表3-1。

表3-1 香格里拉旅游商品资源

旅游商品系列	旅游商品资源
地方民族风味	酥油茶、牦牛肉、牦牛干巴、松茸、藏族酸奶、藏青稞面饼、藏式烤猪排、牛排、羊排、藏式火锅、羊肚菌、雪里雪落、虫草、阔要俄勒、贝母鸡、虫草鸭等
特色土产	冬虫夏草、金、银、水晶、青稞酒、酥油、沙棘、木耳、雪茶、藏毯等
民族工艺品	藏族服饰、藏金银手工艺品、藏瓷器、藏土陶器、藏木器、藏骨器、藏石器、藏水晶器、藏竹编、藏地毯、唐卡、东巴画、酥油花、藏传佛教法器、乐器等
藏药资源及产品	冬虫夏草、藏红花、天麻、贝母、当归、红景天、松茸、鹿心血茶、雪茶、麝香等

二 政府促进文旅产业融合发展的具体措施

在政策规划方面，2015年至今，地方政府先后完成了《香格里拉市旅游业“十三五”发展规划》《香格里拉市旅游发展总体规划（2015—2030年）》《香格里拉市乡村旅游发展方案》《香格里拉市产业转型升级三年行动计划》《香格里拉市创建云南省旅游强县工作实施方案》《香格里拉市西环线旅游带总体规划》《尼西乡汤堆村中国传统村落乡村旅游概念规划》等文本的编制及评审工作。草拟出台了《香格里拉旅游产业转型升级实施意见》，为带动全市旅游做大做强做精做优提供了指导意见。积极上报产业转型升级项目、“十三五”时期文化旅游提升工程调整库项目、“十三五”第四批重大建设项目前期工作计划，申报2018年省级旅游发展资金补助旅游扶贫示范村、2018 年招商引资项目等。积极开展及指导国家全域旅游示范区创建，配合开展国家级文明城市、松赞林寺 5A 创建工作。

在旅游市场监督方面，地方政府深入实施“1+4+N+1”的旅游市场综合监管模式，成立了香格里拉旅游市场监管调度指挥中心，联合市场监督管理局、发改局、旅警等职能部门，共出动执法人员 1662 人对全市旅行社、星级饭店、旅游景区（点）等进行旅游市场秩序检查。

为了加快文旅产业融合发展，地方政府联合各文旅企业围绕满足游客“吃、住、行、游、购、娱”需求，不断开发旅游新产品、新业态，并使之成为假日旅游市场的亮点。以观光型景点向体验式景区转型升级的代表——巴拉格宗景区为例，2018 年国庆期间共接待游客 7435 人，是全市游客满意度最高的景区。独克花巷的《遇见——香格里拉秀》2018 年共接待游客 1400 余人次，第 5 颗陨石系列酒店接待游客 2000 余人次，藏文化风情街、非遗体验中心、街道互动演艺、特色美食为一体的特色小镇，堪称“千年古城一夜花巷”，通过努力打造多元化的旅游产品体系，备受游客追捧。

乡村旅游也受到了香格里拉地方政府的重点关注。一是深入开展云南省深度贫困地区旅游规划公益行动，帮扶贫困村制定旅游规划。根据“三区三州”深度扶贫地区的旅游扶贫公益规划要求，编制完成了三坝乡白地村古都、吴树湾、水甲、波湾村民小组等共计 21 个村民小组乡村旅游规划。二是完成格咱乡浪都村、翁水村等 40 个深度贫困脱贫攻坚项目的入库工作。三是按照“政府扶持、企业开发、农户参与”的原则，大力扶持发展乡村旅游业。

具体来看：1. 在小中甸镇联合村深入开展奶思碧水蓝天乡村旅游点建设，由政府通过实施滇沪合作项目，用于建设部分旅游基础设施，由香格里拉市奶思碧水蓝天旅游开发有限公司进行统一经营，农户投工投劳、入股参与，形成了“政府+公司+农户”模式，有效带动当地群众增收致富。2. 推进尼西汤堆村乡村旅游发展，由政府投入扶持资金，着力打造了汤堆村乡村旅游一日游路线，吸引游客前来参观游玩，当地群众通过出售土陶、尼西鸡等方式增加了收入。3. 在建塘镇红坡村建立了娜姆措生态园，通过发展集体经济的方式，由集体投入资金 100 万元，娜姆措生态园旅游服务有限责任公司统一经营，采取“总支+公司+农户”的方式，每年总支分红5万元，当地贫困户及农户可优先到景区打工，进一步带动了当地群众脱贫致富。4. 在金江镇吾竹村发展金沙江流域乡村文化旅游建设项目，通过政府扶持，金沙绿韵金沙江流域生态农业旅游开发有限公司统一经营的方式，对项目区内部分贫困户开展种植、养殖专业知识培训和建立销售体系，并安置就业，项目共带动21户179人增收。5. 在小中甸镇和平村、团结村开展“十里花溪·阳塘曲”旅游点建设，由香格里拉市旅游发展投资公司开发经营，公司目前出资400万元用于景区基础设施建设，当地群众购买马匹后投入景区马场，以此为股份，并通过在景区就业，带动了当地的经济发展。6. 在建塘镇尼史村哈木谷村民小组开发乡村旅游，由政府通过实施滇沪合作项目进行扶持，目前已完成《哈木谷—旅游特色村修建性详细规划》的编制，已通过评审，并开始基础设施建设。乡村旅游成为市场新宠，成为继城市游、景区游之后的强劲增长点。部分乡村旅游点重拳推出雪域秋收文化，让游客感受割青稞、收藜麦、（二牛抬杠）耕地、挖洋芋等活动。国庆黄金周期间，金江镇金沙龙苑乡村旅游康养酒店共接待游客396人，阳塘曲景区共接待国内外游客1213人，奶思·碧水蓝天景区共接待游客5000余人。越来越多的游客、家庭自驾到乡村体验田园生活，感受大自然，寻找童年记忆，休闲养生。

三 文旅融合发展现状与典型案例

（一）文化和旅游产业发展现状

1. 景点景区建设：截至2018年，共有各类景区（点）15个，其中5A级旅游景区1个，4A级旅游景区4个，3A级旅游景区1个，2A级旅游景区9个。共有全导证导游1206人。

2. 规模以上服务业发展成果：截至2018年上半年，香格里拉市目前纳入“企业一套表”规模以上服务业的企业有27家，其中道路运输业2家，仓储业1家，邮政业1家，电信、广播电视和卫星传输服务业3家，商务服务业7家，公共设施管理业6家，卫生业2家，文化艺术业5家，见表3-2。

表 3-2　　2017 年香格里拉市服务业基本经济数据表

指标	营业收入（千元）		营业利润（千元）	
	1—6 月	增速（%）	1—6 月	增速（%）
总计	49770.30	-5.83	-5774.00	-98.00
道路运输业	4867.40	-0.27	31.20	-356.63
仓储业	1421.90	-15.41	-19.50	325.70
邮政业	1538.80	18.06	-153.50	123.44
电信、广播电视和卫星传输服务业	17726.10	1.08	-419.20	-76.36
商务服务业	4690.70	-21.58	-391.90	53.90
公共设施管理业	17053.80	-11.26	-4993.70	99.39
卫生业	763.20	78.36	-139.40	2719.78
文化艺术业	1708.40	-6.20	312.00	-94.91

2017 年上半年，27 家服务业企业各项指标完成情况：应付职工薪酬 10001 千元，比上年同期增长 23.54%；应交增值税 2259.9 千元，比上年同期增长 51.46%；从事服务业活动的从业人员平均人数 2905 人，比上年同期增长 7.87%。比上年同期相对下降的指标有：营业收入 49770.3 千元，比上年同期下降 5.83%；营业利润-5774 千元，比上年同期下降 98%；营业税金及附加 372.3 千元，比上年同期下降 47%；管理费用：税金 91.8 千元，比上年同期下降 58.2%。

总体来看，香格里拉市服务业发展特点为电信、广播电视和卫星传输服务营业收入总量最大，营业收入为 17726.10 千元，占规模以上服务业的比重为 35.6%；其次是公共设施管理业，营业收入为 17053.8 千元，占比 34.2%；最后是道路运输业，营业收入为 4867.40 千元，占比 9.7%。以上三个行业营业收入合计 39647.3 千元，占全部规上服务业的 79.6%。①

3. 旅游基础设施建设成果：截至 2018 年底，香格里拉市共有各类酒店 731 家，非星级酒店 643 家，星级酒店 88 家（其中，五星级 2 家，四星级 6 家，三星级 14 家，二星级 40 家，一星级 10 家，特色民居五

① 香格里拉市统计局：《2017 年上半年香格里拉市规模以上服务业统计分析》，香格里拉市人民政府网，网址：http://zf.xgll.gov.cn/html/2017/zf_zfjg_zs_tjj_gzdt_0831/22680.html，访问时间：2019 年 11 月 28 日。

星级 2 家，四星级 1 家，三星级 4 家，二星级 2 家，经济型酒店三星级 5 家，二星级 2 家）；本年度停业 15 家。有各类旅行社 40 家（其中，有 6 家未开展业务），四星级 1 家，三星级 3 家，二星级 6 家，一星级 15 家。

4. 经济效益：如图 3-3、3-4 所示，2009 年至 2018 年的十年，香格里拉市累计接待国内外游客共 10796.52 万人次，年均增长 18.43%。其中，累计接待国内旅游者 10012.42 万人次，年均增长率为 19.68%，累计接待国外游客 784.27 万人次，年均增长 3.58%。数据显示，香格里拉旅游市场主要面向国内受众。吸引国外旅游者人数无明显增长，且呈现波动状态。经济收益方面，如图 3-4 所示，2009 年至 2018 年，实现旅游总收入 1090.34 亿元，年均增长 19.67%，人均消费 1010 元。其中，国内旅游者人均消费 874 元，国外旅游者人均消费 2630 元。国外旅游者消费较高。

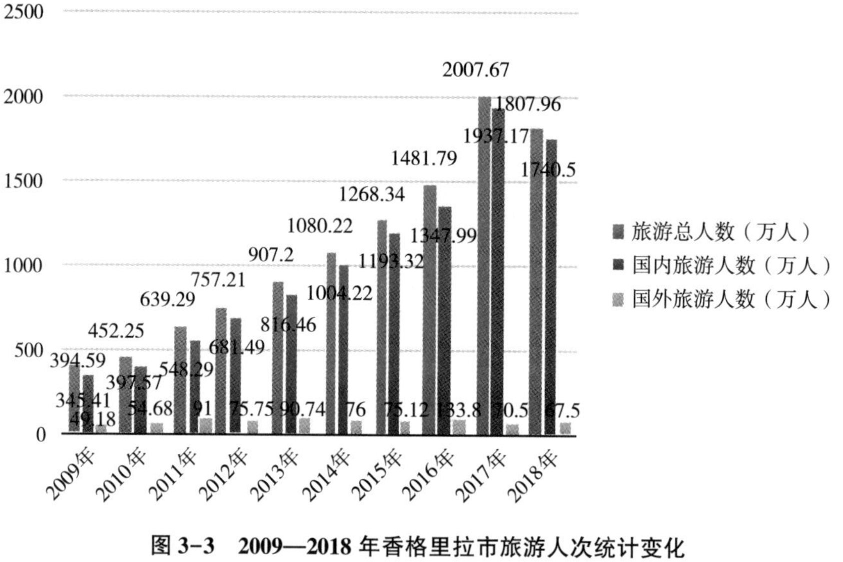

图 3-3 2009—2018 年香格里拉市旅游人次统计变化

资料来源：中国知网，中国年鉴网络出版总库：《香格里拉年鉴》网址：http：//navi.cnki.net/KNavi/YearbookDetail？pcode=CYFD&pykm=YXGLL&bh=N2014070031。

5. 民族文化产业方面："十三五"以来，根据云南省构建"金、木、土、石、布"五位一体的云南民族民间工艺品产业发展体系的总体部署，香格里拉市因地制宜地围绕"金、木、土、石、布、药"，大力发展民族民间工艺、民族医药文化。民族特色文化产品收入已成为当地藏民收入的

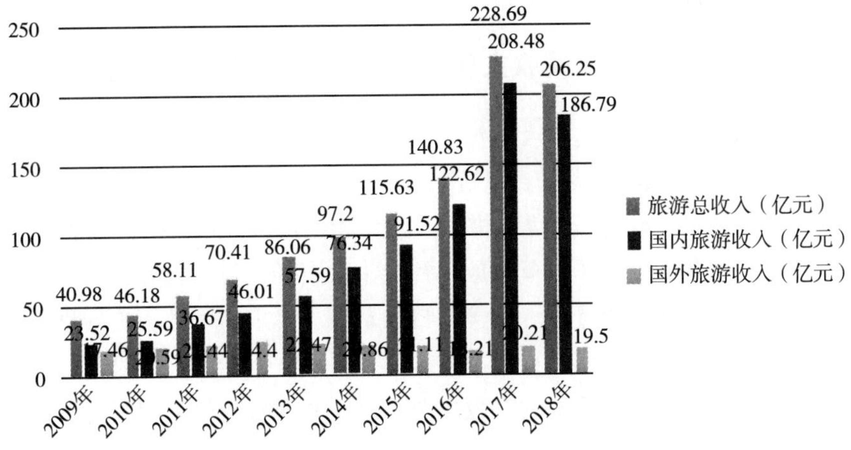

图 3-4　2009—2018 年香格里拉市旅游收入分析

资料来源：中国知网，中国年鉴网络出版总库：《香格里拉年鉴》网址：http：//navi. cnki. net/KNavi/YearbookDetail？pcode=CYFD&pykm=YXGLL&bh=N2014070031。

主要来源之一。首先，迪庆藏族的制陶工艺在全国藏区有较高的声誉，其产品远销其他藏区。香格里拉尼西土陶历史悠久，工艺品典雅大方，图案精巧美观，有着浓郁的藏文化特色。通过加大扶持力度，尼西土陶工艺产品有了长足发展。目前，尼西土陶的品种不断得到开发，已经达到了 109 种，涵盖了生活用品、民族工艺品和宗教用具等三大类。随着尼西黑陶系列产品的热销，尼西乡成立了两家土陶公司，采取“公司+农户”的经营模式。目前生产黑陶制品的农户有 80 多户，从业人员 140 余人，年生产土陶产品 10 万余件，销售收入达 1000 多万元。其次，香格里拉藏族木制品工艺雕刻精细，绘画考究，色彩艳丽，有极强的实用性和装饰性。香格里拉市尼西上桥头生产木碗、糌粑盒等木制品历史悠久，产品在周边藏区有较大影响。位于金江镇的香格里拉雕虫文化传承有限责任公司已拥有木雕工艺品近 20 多个种类，年产值达 200 余万元，产品正在从传统型向创意设计型发展。最后，迪庆州金属工艺古老、传统，具有浓郁的地方民族风格和特色，产品包括服装饰品、生活用品、宗教用品和工艺品四大类，做工精美，工艺独特。享誉国内外的藏族名刀“卡卓刀”“卡萨刀”“卡瓦刀”年产值达数千万元。近年来，以藏族、傈僳族、彝族为代表的民族刺绣发展迅速，尤其是藏族服饰很有特色，彭松措、格玛拉等公司开发的民族服饰、手工地毯已得到市场认可，产品供不应求，彭松措民族服饰有限公司年产值达 500 多万元。

（二）香格里拉市民族文化和旅游产业发展典型案例

1. 松赞林寺

松赞林寺景区依托其古老独特的人文景观和博大精深的藏传佛教文化，现已逐步发展成为一个集旅游、观光、休闲为一体的佛教旅游胜地。寺庙经济的发展，得益于改革开放和社会主义市场经济的发展，商品经济的观念在寺庙展开。松赞林寺优美的自然景观、厚重的宗教历史气息、独特的人文风情，吸引着四方宾客及众多的善男信女。据了解，松赞林景区游客主要分为以朝圣为目的的宗教旅游，以观光为目的的休闲旅游，以及以体验为目的的民俗旅游。

在发展过程中，松赞林寺景区也面临一些挑战与问题：第一，旅游淡旺季明显。每年 11 月至次年 4 月，香格里拉旅游进入淡季，旅游收入仅占全年收入的 2—3 成。该问题的解决，可借鉴西藏自治区依托“冬游西藏·共享地球第三极”活动的经验，激活冬季旅游，开发独具特色的冬季旅游项目。第二，拥有丰富的特色民族文化资源、宗教资源，但是对传统文化资源的开发不足，挖掘不深。缺乏独具特色的文化衍生品，游客参与感较差。第三，景区与游客互动性不强，基础设施建设虽有发展但不够完备。在信息化和技术化的蓬勃发展背景下，纵观全国各个景区，大多都有引进自主语音导览技术，使游客能够方便快捷，甚至免费听到景点解说。对于文化底蕴深厚的松赞林寺，缺少民族文化的普及和传播，无疑是遗憾的。对游客而言，缺少对宗教文化的领悟旅游，体验感即会大打折扣。总之，松赞林寺景区开发仍然处在较初级的水平，没有形成完备的产业链，对周围村民产生的利益不大，缺乏特色体验项目。

2. 藏龙生物有限公司

香格里拉藏龙生物开发股份有限公司荣幸被评为“迪庆州 2017 年度农业产业化先进龙头企业和带动群众增收致富先进企业”。该公司成立于 2001 年，企业资产总额现已达到 1. 3 个亿，现有职工 68 人，公司以做强基地、做精产品、做大市场的发展理念，以雪域高原香格里拉为依托，充分利用现代高新技术与现代经营理念，实现藏区优势再生特色资源的产业化开发与规模化生产。

公司拥有工艺先进的牦牛肉加工、藏香猪肉加工、藏香鸡肉加工、牦牛乳制品加工、野生食用菌加工、野生菜、谷物类加工等特色农产品加工生产流水线，并采用餐饮连锁店、产品专卖连锁店与现代物流系统、冷链物流配送系统为纽带，充分拓展国内外销售市场，努力打造香格里拉民族品牌，经过18年不断提升生产经营模式。公司生产产品有牦牛肉系列、藏香猪肉系列、藏香珍珠鸡肉系列、野生食用菌系列、野生食用野菜系列、青稞系列、藜麦系列、藏龙黄果、核桃油、青稞酒等达78种132个单品，年产值达6500多万元，实现了迪庆再生资源优势向经济优势的转变。通过提高产品质量与技术改造，2004年至2015年，公司产品荣获“云南省名牌农产品”“云南省著名商标”“消费者喜爱的云南食品”“科技产品二等奖”等荣誉称号。同时企业通过了全国工业企业食品安全生产许可认证（QS认证）、ISO9001：2000国际食品质量管理体系认证、ISO22000（HACCP）食品安全管理体系认证。

公司自成立以来，先后荣获“国家级扶贫龙头企业”“全国食品质量安全示范单位”“云南省林业产业化重点龙头企业”“云南省农业产业化重点龙头企业”“云南省双爱双评先进企业”“云南省创新型非公有制企业”“云南省成长型中小企业”“云南省餐饮名牌企业”“云南省首届农村创业之星”“云南省文明单位”“云南省职工经济技术创新活动先进企业”“云南省科技型中小企业认定”等称号；同时，迪庆州委州人民政府授予企业“招商引资先进企业”“迪庆州农业产业化重点龙头企业”“‘十一五’期间优强企业”“科技创新企业”“食品安全示范单位”“迪庆州示范企业‘2011年度’全州农业产业化龙头企业考核一等奖”等荣誉称号。

2018年，按照市委市政府“强龙头、优布局、建基地、提规模、创品牌”产业扶贫思路，香格里拉藏龙生物开发股份有限公司作为香格里拉市“百企帮百村”十佳挂联企业之一，认真履行社会帮扶企业责任，采取政府支持、公司主导带动合作社、专业户合作经营，贫困户和农户参与经营等模式，为自治州的产业扶贫和精准扶贫做贡献。由公司主导，专业合作社和农户参与政府支持，在三坝乡、东坝一村、东坝二村、白地村、瓦刷村、哈巴村海拔在2600米以上的村庄推广种植云当归；在小中甸镇团结乡村委会康斯组种植70个大棚的平菇、香菇、大球干菇；在香格里拉市小中甸镇带动农户313户，农民1252人，其中建档立卡精准扶贫户26户104人；在小中甸镇团结村推广种植食用菌大棚95个；在小中甸镇联合村委会流转土地421亩，其中当归种植318亩，用于培育高原药材示范训化种植 103 亩（16 个品种）；在小中甸镇联合村与和平村推广种植高原藜麦 1333 亩；在建塘镇带动沃土农民专业合作社、吉塘种植农民专业合作社推广种植藜麦 312 亩；在德钦县带动农户数达 320 户，1280 人，其中建档立卡精准扶贫户 72 户 288 人；在奔子栏镇玉杰村、书松村等推广种植藜麦 260 亩；在德钦县佛山乡溜头江村、巴美村推广种植藜麦 160 亩；在维西县，带动农户数达 615 户，农民 2460 人，其中建档立卡精准扶贫户 180 户 720 人；带动维西恒润种养殖农业专业合社，在叶枝镇、巴迪乡、攀天阁乡推广种植藜麦 1230 亩。公司在迪庆州范围内培育了 5 个牦牛养殖合作社，联合培育了 20 个牦牛专业养殖户，年收购中甸牦牛 1300 多头，支付资金 970 多万元。

参与脱贫攻坚产业帮扶合作情况：党中央、国务院高度重视产业扶贫工作，把产业扶贫作为扶贫攻坚的重点任务全力推进。习近平总书记强调指出，“一个地方的发展，关键在于找准路子、突出特色。欠发达地区抓发展，更要立足资源禀赋和产业基础，做好特色文章，实现差异竞争、错位发展”。云南省中药材资源丰富，产业基础好，中药材产业是云南省打造“绿色食品牌”重点培育的 8 大产业之一。迪庆州特殊的地理环境蕴育了种类繁多的中药材资源，是云南这个中药材基因库的核心区。

香格里拉市是生物多样性的代表地，有野生重楼、川贝母、天麻、云当归、藏木香等。特别是云当归、藏木香等高山药材利用历史悠久，但长期以来，以野生资源和零散利用为主，产业化发展相对滞后，资源优势没有转化为经济优势。为搞好农业产业结构调整，优化产业发展，香格里拉市委、市政府发出最强音，出台一系列发展农村产业的政策。三坝纳西族乡党委政府、小中甸党委政府积极落实市委市政府农村产业发展政策，与“百企帮百村”十佳挂联企业的香格里拉藏龙生物开发股份有限公司对接，采取扶贫“龙头企业+总支+合作社+基地+农户”的模式，在三坝纳西族乡和小中甸镇进行云当归和食用菌规模化、标准化种植。

2018 年，该公司共带动贫困户 853 户 4453 人，包含精准农户 532 户 2043 人。其中公司在安南村委会大羊场村民小组和新变洛村民小组流转土地 1012 亩（包含精准扶贫户 70 户 311 人，精准扶贫户 60 户 268 人），同时带动 6 个专业合作社。实施的扶贫产业由政府补贴种苗，公司无偿提供 3K15 的复合肥和 0.1 毫米的银黑地膜，同时提供种植、管理、收储的技术服务，并负责产品回购。2019 年 4—8 月，支付当地精准户及农户劳务工资 43 万元，以现金的形式发放到当地老百姓手中。

企业参与脱贫攻坚劳动就业帮扶及农户增收情况：2018 年香格里拉藏龙生物开发股份有限公司产业扶贫支出详情为：

（1）三坝纳西族乡大羊场和新变洛土地流转 1012 亩，每亩租金 450 元，支付租地费用 45.54 万元；在小中甸镇康斯组流转 23 亩，每亩租金 870 元，支付租金 2.001 万元，合计支付地租 47.54 万元。

（2）三坝乡大羊场和新变洛基地耕地、起垄、覆膜、栽苗、除草、收储总用工数 11963 个，每个工 100 元，共支付人工工资 119.63 万元。

（3）小中甸镇团结村食用菌基地用工 5736 个，每个工 100 元，共支付人工工资 57.36 万元，其中康斯组用工 1215 个，支付康斯组村民工资 12.15 万元。支付食用菌菌种款 360 万元。

（4）从 4 月 1 日起，公司在大羊场和新变洛选用 6 个村民管理人员专业管理基地，每人每月 2000 元工资，共支付工资 10.8 万元。

（5）公司给种植农户无偿提供 1776 袋 3K15 的三元复合肥，每袋单价 186 元，合计 33.03 万元，无偿提供 0.1 毫米的银黑复合膜 3540 卷，每卷单价 95 元，合计 33.63 万元。两项合计 66.66 万元。

（6）小中甸镇团结村集体经济和三坝乡东坝一村精准户产业流动资金入住公司分红金，共计 11.18 万元。

（7）从专业合作社和农户手中回购云当归 263.76 吨，每吨单价 500 元，共计支付收购金 13.19 万元。

（8）推广种植藜麦 3295 亩，支付资金 230 万元。

（9）推广种植云当归 5388 亩，支付资金 550 万元。

（10）收购牦牛 1300 头，平均 7500 元/头，支付资金 975 万元。

公司共支付土地租金、劳动工资、无偿提供和农资、分红金、收购资金等共计 2555.05 万元，带动效果明显，特别是大羊场和新变洛村户均收入在 6500 元以上。

存在的困难和问题：主要体现在融资困难、产品销售费用不断增高、工业化生产条件生产环境不够成熟、民族地区企业员工技能偏低、人力成本不断增高、生产加工原料产品价格不断增高、企业运营成本不断增加、原材料的供需矛盾也不断突出，企业生产成本、运营成本、管理成本增加，严重影响及制约了偏远民族地区企业的健康成长与快速发展。迪庆州生物产业的培养、发展需要得到各级政府的关心和支持，生物产品的研发、生产还需要行业主管部门、监督部门和全社会的关心，特别是需要政府政策、项目、资金方面的支持 。

3. 纳帕海国际重要湿地

纳帕海国际重要湿地行政上隶属云南省迪庆藏族自治州香格里拉市，距市区 8 公里，平均海拔 3260 米。1984 年被云南省人民政府批准成立省级自然保护区，自然保护区总面积 2400 公顷，2004 年 12 月 7 日纳帕海湿地列入“国际重要湿地”名录，国际重要湿地面积为 2083 公顷。纳帕海国际重要湿地周边社区涉及香格里拉市建塘镇解放、北郊和尼史 3 个行政村，共辖 17 个自然村、社。

纳帕海赋存民族文化资源丰富，以高山沼泽和沼泽化草甸，黑颈鹤、黑鹳、白尾海雕为代表的冬候鸟为主体，由藏文化做背景。由依拉草原、春宗草原、达拉草原、依拉山、达达山、落水溶洞、高山植物园、贡比村、奶子河、那赤河等景点组成。现阶段的旅游服务设施主要有沿湖分布在各个村庄的村民自发形成和公司经营的马场 9 个，餐饮服务设施零星分布在高山别庄精品酒店、依拉草原、家庭旅馆等场所，没有形成一定规模，主要还是依靠香格里拉市内的住宿餐饮设施。现阶段的旅游项目以骑马、观光游览为主，其次为高山植物园观光，没有更深层次的开发。

由于人口增长和不合理利用资源，纳帕海湿地存在污染、长期过度放牧、无序旅游、垃圾堆放、湿地破坏等一系列问题，导致纳帕海湿地生物多样性减少，严重威胁到珍稀野生动植物栖息和生长环境，影响到当地的生态质量和可持续发展。近年来，通过国家一系列湿地生态效益补偿项目的实施，纳帕海自然环境已切实得到恢复与重建，进一步改善了黑颈鹤等珍稀水禽栖息地的湿地生态环境。同时，群众自觉保护湿地的意识也有显著提高。

在中央、省、州各级林业主管部门关心、支持下，根据各项相关文件的要求，下达 1500 万元用于纳帕海国际重要湿地生态效益补偿项目，聘请西南林业大学完成《纳帕海国际重要湿地 2015 年湿地生态效益补偿试点项目实施方案》的编制，项目于 2016 年 6 月全面进入实施阶段。另外，为提高纳帕海国际重要湿地生态环境质量，2016 年香格里拉市人民政府启动了环境综合整治工作，针对纳帕海周边违搭乱建及对环境干扰较大的 62 栋建筑进行计划回迁，目前已完成了 80%的回迁，计划投入资金 7000

万元。此项工作完成后将拆除后的空地恢复为湿地，从而提高纳帕海国际重要湿地生态环境质量。

项目成效：

（1）湿地生态效益补偿项目的推进，增加了农户的经济收入，提高了农民对湿地的保护意识，得到村民一致好评，如表 3-3。

表 3-3　纳帕海湿地补偿项目农户收入表

项目名称	实施前农户收入	实施后农户收入
湿地生态效益补偿	每年每户 1500 元左右	每年每户 3000 元
退耕还湿地补偿	每年每亩 800 元左右	每年每亩 1500 元

（2）将湿地生态效益补偿相关协议内容纳入村规民约，加强了对村民的约束力，有利于项目的推进和成效巩固。

（3）通过项目的开展实施，2016 年、2017 年纳帕海水域面积增大，恢复湿地面积 1878. 2 亩，平均水位保持在海拔高度 3265 米左右，越冬水鸟种群数量较往年有所增加，特别是纳帕海重点保护物种黑颈鹤从 2015 年的 300 只增加至 320 只左右。

（4）窝棚拆除及土地恢复完成后，恢复了被侵占的湿地面积和景观，改变了该区域的“脏乱差”现象，减少了游客及马匹活动对湿地的破坏。

（5）马厩的建成，有效地规范了牵马的管理模式，一定程度上减少了骑马旅游活动对纳帕海湿地生态系统造成的破坏，待生态隔离马道建设完成后，将规范牵马路线，从根本上杜绝马匹的践踏和游客踩踏破坏地表植被和土壤。

（6）退耕还湿项目完成后，恢复了纳帕海周边的景观，减少了对水体的人为污染，草地恢复后避免了人类活动对鸟类活动的干扰。

（7）在项目进入全面实施阶段后，通过各类报道、宣传，纳帕海周边村民乃至全市居民都对湿地有了一定认识和了解，提高了湿地保护的意识。①

通过实地考察，现阶段纳帕海生态保护措施已起到一定作用，但在旅游区的基础设施、管理服务等方面还相对滞后。纳帕海旅游仍处在管理不严格、开发不合理的初级阶段。景区内的旅游活动既缺乏规范化、规模化

① 资料来源：《关于 2015 年纳帕海国际重要湿地生态效益补偿试点项目开展情况的报告》，资料提供部门：香格里拉市林业和草原局，资料提供时间：2018 年 12 月 14 日。

管理，旅游项目也缺乏吸引力。由此现状引发对纳帕海保护生态环境和开发生态旅游的如下思考：

（1）纳帕海景区内居民的劳作与景区开发之间关系错综复杂，纳帕海地区处于半农半牧区，长久以来，放牧强度、农田开垦强度不断增加，村民对湿地的保护意识薄弱，导致湿地面积减小，生态环境破坏。随着旅游人数的增多，在缺乏合理规划的前提下，村民在湿地内随意搭建马棚、游客的无序参观，对湿地造成一定破坏。所以，在对旅游开发进行科学规划、合理开发之外，也应该惠及当地居民，要能切实提高其收入，才能顺应人与自然的和谐相处。

（2）配套旅游设施落后，已明显不能满足消费者需求。另外，无序旅游对纳帕海湿地资源也会造成严重破坏，进一步的旅游基础设施规划与开发就要求科学统筹，以资源环境承载力为基础，以自然规律为准则，以资源保护为前提，进一步完善旅游设施建设，提高服务水平。

（3）纳帕海具有重要的生态服务功能，是维持迪庆地区生态安全的重要生态屏障，生态环境敏感脆弱，加之无序的旅游开发已对纳帕海湿地造成一定的破坏和污染，沼泽生态系统受损日益严重。旅游区与保护区应该严格区分，以保护为核心适度发展生态旅游。

（4）突出旅游活动特色，纳帕海民族文化资源、生态旅游资源丰富，在景观、生态、文化内涵等方面都独具特色。且在旅游淡季亦有大量候鸟群云集于此，冬季高原皑皑白雪，湖面碧蓝清澈，与黑颈鹤、灰雁、斑头雁等大量水禽一起构成了纳帕海最佳的“观鸟期”。

（5）依托纳帕海独特的民族文化背景，可开发其藏族传统体育赛事、传统体育项目体验，发展健康旅游；依托纳帕海高原湖泊、高山草甸，可对体育旅游进行进一步规划和开发。通过举办体育赛事（如环湖自行车赛、马拉松、竞走等）提高纳帕海知名度，推动体育旅游开发。

综上所述，对生态旅游资源的开发应该遵循可持续发展原则。科学保护，合理开发。旅游项目的开发和建设要以生态承载力为前提。除纳帕海等自然景观外，在这些独特的生态环境下孕育出的多种野生食品、高档保健品、高原药用植物，也是香格里拉民族文化资源不可或缺的一部分。其中，最具特点且经济效益最为显著的当属野生菌类资源，香格里拉松茸的美名远播海外，作为松茸的主要产地，香格里拉松茸已形成产业化的经营管理模式。由采摘到收购，再到物流服务，已经形成较为完备的产业链。

四　文旅产业融合发展面临的问题及启示

（一）现存问题

对迪庆藏族自治州香格里拉市民族文化产业现状调查显示：香格里拉民族文化多样丰富且具有明显特色。该区民族融合性极强，一户家庭中有两个及以上的少数民族的个例实为常见，正可谓“一户多民族，一村多宗教”，各民族之间能够和睦、融洽相处。自然资源观赏性强，传统民族文化资源独特性强，且自然资源与人文资源契合度高。现阶段，经济因素仍是制约民族文化产业发展的关键因素之一，因多数村镇经济落后，当地年轻人外出务工人数较多，以及年轻学生外出学习后不回家乡的现象也比较突出，加之缺乏发展较好的民族文化产业企业，导致发展乏力。另外，香格里拉属于旅游业发展较早的地区，由于粗放型旅游业曾在此迅猛发展，一些民族文化在商业化浪潮中逐渐失去其本真面貌，走向商品的同质化。具体来说，现阶段香格里拉文化和旅游业发展存在以下问题。

1. 旅游配套设施落后，与消费者需求之间存在一定矛盾。由于地理因素限制，基础设施建设具有一定难度，且经济基础薄弱，各类基础设施建设起步晚。目前，香格里拉市旅游配套设施建设现状与消费者日益增长的需求之间的矛盾日趋明显。

2. 旅游和文化市场监管体系建设不够完备，在某些环节和方面缺乏监管力度。究其根本，是从业人员服务意识不到位，专业人才匮乏，且尚未形成系统的、完备的监督体系。加之该区旅游发展起步较早，粗放型发展观念在一些从业人员观念中根深蒂固，为提高城市形象、为旅游者提供良好的体验、打造香格里拉“理想国”提出了不小的挑战。市场监管问题，是该区发展文化旅游产业以来的遗留问题。

3. 区域间发展不平衡。香格里拉市境内热门景点大多集中在香格里拉城区附近，由于交通等因素的限制，县域内全域旅游辐射范围较小，县域内还未形成固定的、经典的旅游路线。除城区附近几个景点外，其余自然资源、人文资源优渥之地要么“山高水远”，交通不便，要么还未经旅游开发，旅游配套设施不够完善。总之，文化旅游业收益覆盖范围较小，不能惠及更多的群众。

4. 旅游淡旺季明显。和全国其他藏区一样，香格里拉旅游发展受自然条件制约较大，旅游活动季节性明显，主要集中在5—10月。

5. 产业融合发展处于初级阶段。生产自发性、无序性突出，个别初具规模的企业工业化生产条件不成熟，企业员工技能偏低，且生产经营手段相对落后。该地一些民族文化资源市场化程度小，旅游商品存在趋同现象，文化产品自主创新和开发能力较弱，市场竞争力小。

（二）相关对策

1. 完善市场监管体系，促进文化旅游市场规范化，提高行业整体素质。一方面，着力提升导游等一线服务人员服务能力，提高从业人员服务意识和服务水平；另一方面，完善旅游市场管理体制和监管机制，加强综合执法检查，推进旅游市场诚信建设。改善市场环境，保障消费者权益。

2. 明确发展定位，合理利用资源。针对不同的受众群体制定不同层次的旅游路线和服务类型，提升消费者体验感，满足不同层次旅游者的需要。针对旅游活动受制于季节的情况，可借鉴西藏自治区依托“冬游西藏·共享地球第三极”活动激活冬季旅游的经验，结合自身特色和优势，如纳帕海冬季观鸟期、高原冰雪游等，找准目标市场，开发独具特色的冬季旅游项目。

3. 以旅游业发展为契机，积极融合其他产业发展。把特色农牧产品、民族手工业品与旅游纪念品相结合，利用自身优势，拓展“香格里拉”的内涵和外延，打造独特的“香格里拉品牌”，建立品牌共享机制。建立有序的市场体系，对于零散、无序的农牧产品贩卖商，旅游商品生产者，可共用一个品牌。分散生产，集中销售，增强产业抵御市场风险的能力。

4. 文化和旅游相辅相成。一方面，独特的民族文化为香格里拉旅游发展注入内涵与活力；另一方面，旅游为文化发展和传播提供了平台和载体，在旅游业发展过程中，应该注重挖掘其文化内涵，使旅游体验和旅游产品深深地打上香格里拉的烙印，提升旅游品位。发挥自身优势，培养文化自信，与自身实际结合走出特色道路，增强吸引力，促进乡村旅游、全域旅游发展，促进城乡旅游一体化，使旅游业带来的经济效益惠及更多人。

5. 充分利用网络媒体和新兴技术，搭建信息平台，双向提供信息，完善市场营销体制。对旅游开发潜力较大的景点、村庄进行宣传，培育客源市场。此外，推动旅游智能化建设，旅游智能化就是以互联网为基础，以满足消费者的个性化需求为目的，实现旅游资源及社会资源的共享与有效利用的系统化、集约化的管理变革。[①] 基于此，促进景区、酒店、交通等旅游服务信息化，提升消费者体验，合理高效利用资源。

① 李振南、敖姣莉：《云南旅游业发展现状、问题及对策》，《商场现代化》2016 年第 1 期。

第四章

辽宁宽甸满族自治县文旅产业发展报告[①]

辽宁宽甸满族自治县位于辽宁省东南部，鸭绿江畔毗邻朝鲜人民共和国，是丹东市下辖县。作为辽宁省县级行政区域面积最大的县，也是辽宁省最大的边境县，总面积为6193.7平方公里[②]。宽甸满族自治县依据国家发展改革委、国家旅游局2010年共同编制的《东北地区旅游业发展规划》制定了《2013—2025宽甸满族自治县旅游发展总体规划》，因地制宜大力发展文旅产业，特别是有效开发宽甸的自然生态旅游，主要景区接待国内外旅游人数和旅游综合收入不断增加，社会影响力越来越大。

一 文旅游资源概况

旅游资源的吸引力往往是激发旅游动机的重要因素，而资源的吸引力则是人们从事旅游活动的主要动力根据。[③] 文化旅游资源是一个地区文化旅游产业能够长期发展和不断进步的物质基础与保障，高质量和大数量的文化旅游资源有利于增强旅游目的地的竞争力和知名度，并且能够提升该地区的社会地位以及文化历史底蕴。根据《2013—2025宽甸满族自治县旅游发展总体规划》指出，宽甸县目前的旅游资源包括8个主类、20个亚类和45个基本类型，合计74个资源单体（众多名人算一个单体、大型综合性景区算一个单体），其中包含生态文化、红色文化、边疆文化、民族文化、节庆文化等文化旅游资源。根据《旅游资源分类、调查与评价》

---

① 本章作者：冯伊。

② 摘自宽甸满族自治县统计局编《辽宁省宽甸满族自治县统计年鉴（2018年）》。

③ 鲁小波、陈晓颖：《国内自然保护区生态旅游评价研究进展》，《林业调查规划》2014年第5期。

（GB/T 18972—2003）的旅游资源评价体系与标准，对宽甸县旅游资源单体进行评分与定量评价统计后得出，三级以上的优良旅游资源共有 23 个，占该县旅游资源的 31%。① 其旅游资源在总体上可表现为以界江、森林、河川为特色的自然景观和以红色、边境、民族文化为底蕴的人文景观的结合。

（一）自然旅游资源概况

自然旅游资源是旅游资源的重要组成部分，其空间格局深刻影响旅游业的发展战略。② 同时自然旅游资源不仅是旅游目的地经济发展的重要载体，也是游客旅游体验实现的依托，其非使用价值——存在价值、遗产价值和选择价值对于景区可持续发展有着重要的意义。③ 各个地区的自然环境随着时间的推移结合当地的人文风俗形成了具有特殊地缘性的文化特色。

1. 地质地貌旅游资源

地质地貌决定着一个地区自然旅游资源的骨架和气势纹理，对当地人文景观的基调也起着决定性作用，有着间接的育景功能。宽甸满族自治县地处辽东断块山地丘陵区，为长白山脉与千山山脉的过渡地带。地势自北向南、自西北向东南倾斜，呈西北高东南低，依次分为中山、低山、丘陵的阶梯状。境内地形的主要特点为地貌多变，地形复杂，山势险峻，丘陵和谷地相间④。比如由花岗岩为主的侵蚀断块中低山区，由长白山余脉构成的青山沟、天桥沟、天华山等，以及以火山锥、火山口景观为代表的黄椅山、青椅山等，以剥蚀断块丘陵区为主的虎山、白石砬子等。

2. 水体旅游资源

水是自然地理环境的重要组成要素，是天然景观造景美学形成的最基本要求，使自然景观富有观赏性。同时，水体通过自身的造型、声音、味道等形成的各种不同类型的水体景观，可供游客进行观光赏玩，或是拓展更多种类的周边旅游活动。宽甸境内具有代表性的水体旅游资源有河流、

---

① 王志纲工作室，浙江江南旅游规划设计研究院有限公司，宽甸满族自治县人民政府：《宽甸满族自治县旅游发展总体规划（说明书）》，规划资料，2013 年版，第 16 页。

② 汪德根：《呼伦贝尔—阿尔山旅游区旅游资源空间结构研究》，《干旱区地理》2008 年第 3 期。

③ 王中可、张洁：《“绿水青山”自然旅游资源非使用价值几何？——广西德天瀑布景区非使用价值调研报告》，《商业经济》2019 年第 5 期。

④ 宽甸县志编纂委员会编：《宽甸县志》，辽宁科学技术出版社 1993 年版，第 4 页。

湖泊。河网密布是宽甸区别于其他东北县市的重要特点，全境有大小河流549条，其中10公里以上46条，5公里以上的有133条，水系总长2798.7公里。主要过境江河有鸭绿江、浑江、瑷河；主要境内江河有半拉江、蒲石河、北股河、南股河、小雅河、大安平河，俗称“三江六河”，统属鸭绿江水系。宽甸县境内主要的水体旅游资源有鸭绿江、东江景区、绿江景区、河口景区、九水峡、水丰湖、平安河、三道湾、青山湖、东湖、飞瀑涧景区以及小青沟等。

3. 气候旅游资源

宜人的气候条件为旅游地提供强有力的吸引力，是自然旅游资源的重要组成部分，也是旅游环境中最基本的构成元素。旅游地自然景观会随着气候的变化而展现不同的景致，从而吸引不同的游客群，改变当地旅游流向的空间和时间布局。宽甸县北部为季风中温带大陆性气候，中部和南部为季风南温带大陆性气候。主要气候特点是：雨雪丰沛，暴雨特多；四季分明，冬季漫长；冬有严寒，夏无酷暑；南北、高低气候差异大，立体气候带明显，年平均气温为6.5℃。宽甸中部以县城为代表的地带，春季有72天、夏季仅有45天；秋季有56天；冬季高达192天。5月中旬左右，纬度与宽甸县相近的北京已是夏日炎炎，而宽甸的春季要在7月上旬才会结束，可以说宽甸县是理想的避暑胜地。而在冬季，游客可以赏雪滑冰，体味冰雪旅游的乐趣。同时宽甸县空气清新，负氧离子含量高，每立方米超过1万个，最高处可达10万个，空气循环周期短，被誉为辽宁的“绿肺”。

4. 生物旅游资源

宽甸县生物旅游资源种类丰富，最具有代表性的是广阔茂盛的森林，宽甸的林地面积共有730万亩，森林植被覆盖率高达76.1%，其中，杨木川古榆树、青山沟神松是有代表性的树木景观；槐花谷和河口景区的万亩桃花是宽甸县小有名气的花卉景观。

宽甸的山高林密也为野生动物的繁衍生息提供了适宜的生存环境。宽甸在近10年间先后建立了23个野生动物保护站，多年的努力使宽甸县的山林沟壑成为黑熊、鹭鸶、鸳鸯等珍稀野生动物的乐园。宽甸县野生动物栖息地旅游资源单体有白石砬子自然保护区和红铜沟。据丹东市和宽甸满族自治县野生动物保护组织观测，生存在宽甸境内的鹭鸶已达到400多只，黑熊60多只，鸟类126种，其他如獾子、狍子、野鸡、野兔等，已是山林中常见的野生动物。

(二) 人文旅游资源概况

文化作为旅游的内核动力，能够真实细致地展现景区旅游资源的水平和当地社会发展的各个侧面。宽甸满族自治县拥有丰富的文化旅游资源，它们是宽甸县历史文化的结晶，是当地民族风俗风貌的集中展现，是社会中人衣食住行的真实反映。当地人文旅游资源主要可划分为以下四个类型。

1. 边境红色文化旅游资源

近年来，随着旅游业的不断发展，边境旅游作为一种新型旅游产品逐渐受到游客的青睐，同时边境旅游也成为了我国旅游业发展的重要形式之一。[①] 宽甸满族自治县的东南与朝鲜民主主义人民共和国隔江相望，边境线长 216.5 公里，是我国的边陲重镇、国防要枢。宽甸县有 7 个乡镇与朝鲜两道六郡隔江相望，共有 3 个对朝口岸。总体来说，它作为我国最大的边境县，边境旅游资源优势突出。同时，宽甸县也依托解放军抗美援朝战争中遗留下的作战遗址、作战指挥所等红色文化旅游资源，开展红色文化旅游。红色文化旅游是以具有红色基因的纪念地、标志物为载体，以红色基因所承载的革命历史、革命事迹和革命精神为内涵，为旅游者缅怀先烈、参观游览、体验历史、学习红色文化而开展的主题性旅游活动。[②] 红色旅游和边境旅游的融合发展能够使宽甸县在人文旅游资源的开发和规划上拥有更多创新的思路和体验，两相合作与共建也可以使宽甸人文旅游资源共同进步与发展。宽甸县重要的边境红色旅游资源有：

(1) 河口断桥

河口断桥原名清城桥，是鸭绿江上连接中朝两岸最早的一座公路桥。1941 年日本侵略者处于军事侵略和经济掠夺的需要，指令伪满洲国和朝鲜当局建造此桥，全桥总长 709.12 米，桥高 25 米，桥面宽 6 米，设 22 座桥墩，计 21 孔，于 1942 年建成。1951 年 3 月 29 日，美军出动了 6 批次、30 余架飞机轮番轰炸将清城桥炸断。

(2) 国门

国门由沈阳铁路局投资 400 万元，于 2016 年建在沿江铁路大桥中朝

---

① 刘林舒：《黑龙江省中俄边境旅游开发研究》《经济师》2019 年第 8 期。

② 王昆欣：《推进“红色+乡村”融合，提升全域旅游发展质量》，《中国旅游报》2019 年第 12 期。

边界处。国门景点处的沿江铁路大桥修建于1950年，是通往朝鲜清水县的唯一的一条铁路。桥长1500米，桥宽8米，在抗美援朝战争中发挥着主要的铁路运输作用。当年三万多义勇军战士就是从沿江铁路大桥奔赴朝鲜战场作战，成就光辉而难忘的历史印记。

（3）虎山长城

虎山景区位于宽甸满族自治县虎山镇，是鸭绿江国家级风景名胜区的重要景区，国家AAAA级景区，国家级重点文物保护单位，与“朝鲜八大景”之一的统军亭隔江相望。景区内有明万里长城东端起点——虎山长城、中朝边境“一步跨”、睡观音、长城历史博物馆、古道遗址等国内外知名景点，是一处以古代军事文化遗址旅游为主题，以边境旅游和红色旅游为特色的景区。

2. 民族文化旅游资源

宽甸县为多民族聚居地区，有满、汉、朝鲜、蒙古、回、壮、锡伯、苗、瑶、达斡尔、彝、土家、侗、藏、维吾尔、布依、黎、柯尔柯孜等18个民族，其中少数民族以满族为主。由于多民族长期杂居相处，宽甸民情风俗的主流呈满汉交融型。

满族在宽甸的历史悠久，早在明永乐二十一年（1423年）建州女真首领李满住得明朝政府允许，率部迁入今浑江中下游一带居住。清朝顺治六年（1649年），宽甸为边外封禁地，荒烟不治达二百年之久。清同治年间，边外封禁松弛，居民渐集，光绪二年（1876年）左宝贵率兵到宽甸丈放土地，光绪三年宽甸县设治后，满族人口渐增。宣统二年（1910年），宽甸县满族居民人口数为20356人，占全县总人口数的9%。之后，辛亥革命推翻了清王朝，部分满族人在当时的历史条件下“出旗入民”。2002年全国第五次人口普查，宽甸县满族人口为232248人，占全县总人口53.42%。

汉族自古就是宽甸各族人民中居住最早、人口最多的民族。民国前期，军阀混战，灾害频繁，关内灾民闯关东下边外，加之满族人出旗入民，汉族人口急剧增加。1953年第一次人口普查时，汉族人口占总人口的94.2%。1983年落实党中央的民族政策，原改变族属的满族人可恢复满族。1985年，宽甸县人口中汉族人口为253806人，占全县总人口的58.19%。2002年全国第五次人口普查时，宽甸县汉族人口为195346人，占全县总人口数的44.93%。

宽甸县是满族发祥地之一，同时也是朝鲜族的重要聚居区之一，宽甸县朝鲜族人口占比虽不大，但是民族文化特色鲜明。2002 年全国第五次人口普查时，全县朝鲜族人口为 4925 人，占全县人口总数的 1.13%。宽甸县的朝鲜族文化旅游资源融合了抗美援朝、中朝边境、朝鲜族等多角度、多层次元素于一体，形成宽甸独有的一大亮点。宽甸县最具民族特色的旅游文化资源有：

（1）满家寨

青山沟满家寨是国内规模最大的满族村落。由中华满族风情园、满族民俗区、孙奇成美术馆、八旗山水谣大剧院四大板块组成。寨内以古朴典雅的土楼和木阁楼式建筑风格为主调，以萨满曲艺、歌舞和民族风情为主旋律，以满族佳肴大菜为特色，是集民俗文化、观光旅游、休闲度假、餐饮服务于一身的综合旅游服务体。其中八旗山水谣大型满族民俗歌舞表演是东北地区首个具有浓郁满族风情的大型乐舞娱乐表演。节目内容大部分取材于当地满族文化历史留存，其内容和表现形式较为丰富，剧情节奏紧凑，将满族历史和社会民俗等方面的特征以歌舞表演的形式表现出来，并结合现代华丽的舞台布景，给人清新、独特、震撼的观感。

（2）朝鲜族民俗村

下露河乡朝鲜族民俗村内建有辽宁省唯一的朝鲜族民俗博物馆和朝鲜族民俗风情园，朝鲜族民俗博物馆内现有朝鲜族民俗实物 2000 多件，对于保护朝鲜族文化遗产、促进民俗旅游文化产业发展起到了积极作用。

3. 节庆文化旅游资源

节庆文化能够真实再现一个地区人民生活的状态，在记录当地文化生活的同时又能展现出社会发展的进步状态，是十分珍贵的文化财富，并且通过对节庆文化的宣传可以起到对优秀传统文化的保护作用。在旅游开发的背景下，节庆旅游文化资源可以通过自身所具备的文化底蕴，将节庆文化中的社交娱乐功能、教育功能、精神寄托功能提升为促使经济发展的旅游资源。同时节庆文化与文化旅游产业的结合，对于一个地区和民族保持民族性、体现时代性，构建和谐社会都有着十分重要的意义。

宽甸县结合当地气候特点，努力打造“四季有特色、四季皆宜游”的节庆文化，本文将宽甸县的节庆文化旅游按季度分为四类（表 4-1）。

表 4-1 宽甸县节庆活动统计表

季节类别	节庆名称	时间
春季节庆	河口桃花节	4 月下旬—5 月上旬
	鸭绿江油菜花节	6 月上旬
夏季节庆	消夏文化节	7—8 月
秋季节庆	天桥沟枫叶文化节	9 月下旬—10 月上旬
冬季节庆	冰雪节	12 月下旬

（注：表中资料来源于作者实地调查）

（1）春季节庆

宽甸县举办的河口桃花节的高知名度源于 1980 年，词曲作家邬大为和铁源到宽甸县鸭绿江河口村万亩桃园采风体验时，被桃花盛开的美景吸引，由此激发灵感创作了《在那桃花盛开的地方》，后由著名歌唱家蒋大为演唱。桃花节让游客欣赏万亩桃林花海的同时，也能体验河口地区朝鲜族民族风情。桃花节期间也会开展一系列活动，包括宽甸风光及桃花主题摄影大赛、大型自驾游活动以及有奖征文活动等。

而鸭绿江油菜花节的举办场地是浑江村 5000 亩金黄的油菜花田。油菜花的花期为半个月左右，浑江村的油菜花为延长观赏时间，分为两期种植：一期观赏园为浑江口油菜花观赏园，最佳观赏期为 5 月 30 日—6 月 15 日；二期观赏园为土地台油菜花观赏园，最佳观赏期为 6 月 15 日—7 月 2 日。宽甸县以“赏异国风光、品油菜花香”为主题，将鸭绿江千亩油菜花海打造成宽甸旅游的新名片、村民增收的“金名片”，并以此拓宽宽甸春夏旅游的名气与客源。

（2）夏季节庆

消夏文化节以“凉爽宽甸 17℃”为主题，利用宽甸夏季气温低气候凉爽宜人的特色，努力提升宽甸旅游业的知名度和影响力。打造夏季消夏、避暑的旅游品牌，拉动夏季旅游经济增长。消夏节中的篝火晚会、黄椅山漂流节、露营大会、赏水纳凉节、青山沟满族风情文化季、高考学子暑假免费游宽甸等多项活动和多重优惠政策，吸引众多游客来到宽甸避暑游览，显著提升宽甸旅游业的发展。

（3）秋季节庆

天桥沟枫叶文化节期间有摄影大赛、登山比赛、天桥沟画展、高尔夫邀请赛和宽甸地区特产展销及当地民族民俗文化表演等，还有趣味性和娱乐性十足的游客互动活动。

（4）冬季节庆

宽甸冰雪节涵盖春节、元宵节等传统节日，以观雪景、赏花灯、戏冰雪、品民俗为特色，目的是创建出辽东有知名度的花灯冰雪节活动。丰富的冬季旅游项目，将给游客提供冬季旅游的新选择，呈现出优质、独特、刺激的冬日旅游新体验。

4. 饮食文化旅游资源

在当今社会，人们物质水平和消费水平以及文化素养的提升，使生态旅游资源以及历史文化旅游资源不是制约旅游地选择的唯一要素，是否能品尝到当地可口的特色小吃已经成为一项非常重要的资源要素。这体现出饮食概念背景下所蕴含的是博大精深的饮食文化，饮食文化不仅是宝贵的民族文化，更是一项重要的旅游资源。①

（1）绿色食品

宽甸县盛产山珍和野生水果，如山里红、山葡萄、猕猴桃、山核桃等野生干鲜果年产量达 5 万多吨，现有板栗 1100 万株，居全国县级第 6 位，年产板栗 11000 吨，居全国第 5 位，被确定为国家板栗生产基地县。山野菜中的珍品如刺嫩芽、大叶芹、蕨菜等年产量可达 800 万公斤。

（2）林下产业

因宽甸县山高林深的生态环境特点和气候因素符合林蛙繁殖的绝佳条件，所以宽甸县盛产林蛙油，并且其品质远高于全国其他地区。林蛙是一种两栖类野生动物，具有食用和药用两种功能，并且可以美容养颜、保养健康，是东北四大山珍之一。其他较为稀有的松伞蘑、野生香菇、黑木耳、榛蘑等也受到广大游客的欢迎，促使近年来人工栽培香菇、滑菇、木耳等食用菌产品的规模逐渐扩大，年产量可达 2 万吨左右。

二　文旅资源的开发

文化旅游资源开发是将一个地区文化旅游资源中丰富的文化内涵和开发价值转化为潜存的经济价值，并最终将潜存的经济价值转化为实际经济利益的过程。在开发过程中，需要充分发挥当地政府以及投资者的主观能

① 廖树群：《广西毛南族饮食文化旅游资源开发研究初探》，《经济研究导刊》2017 年第 14 期。

动性，以当地现有旅游资源为基础，利用高科技及现代化的工具和方法，将旅游资源在不破坏生态环境的基础上，最大限度地进行整合调配和保护利用，让旅游资源成功转化为优质的旅游产品，并且为我们的社会、经济以及环境做出贡献。旅游资源的开发大体可以分为三类，对具有发掘利用潜能但却并未采取任何开发措施的文化旅游资源进行开发；对已采取开发措施的文化旅游资源进行再度多次的挖掘，力求达到对该文化旅游资源透彻的利用；以及人类自身在生产生活中开发和创造出新兴的、符合大众需求的有经济效益的文化旅游资源，并成功将其转化为可投入市场的旅游产品。

文化旅游资源开发的成果是决定一个地区文化旅游产业发展的保证。随着我国经济水平的不断提高，随之而来的是人民精神生活需求层次也在大幅度递增。多元化、多层次、高质量的旅游产品需求，使过去“一刀切”的规划较为宽疏且受众体单一的旅游资源开发模式已经逐渐被飞速发展的市场所淘汰。所以，怎样高效求质地构建开发旅游资源以吸引数量更多类型更广的游客群体，拉动旅游业发展是各个地区旅游规划的重中之重。

目前，宽甸县将本县的旅游规划格局架构为“一心、一带、两轴、两区”。具体来说即以宽甸镇、石湖沟乡、黄椅山省级森林公园为总核心区域，建设鸭绿江国际旅游经济带（鸭绿江干流沿江一线的虎山长城至浑江口，主要包括古楼子乡、长甸镇、振江镇、大西岔镇，以及红石镇和永甸镇部分地区），并充分利用片区联动轴和综合交通轴，将风格差异显著的北区、南区、东区利用景观高速贯通，提升各区之间的联系，且快速高效地提升宽甸旅游的综合性，最后形成成熟完善的北部山地森林避暑度假区和蒲石河休闲旅游区。

（一）自然旅游资源的开发

宽甸县拥有数量丰富、得天独厚的自然旅游资源。充分利用自然旅游资源来拉动经济的增长，可以有效地提升宽甸县的社会经济水平。通过一系列的人工开发，例如建筑景观以及植物花草栽培的设计来对自然生态景色进行一定程度上的建造升级。宽甸县的生态自然旅游资源若进行单一分析其实并不具有明显的优势，但是正因为各个自然旅游资源较为完备，且都发展较为均等，所以宽甸县采取了生态自然旅游资源整合规划发展，向全方位发展道路前进。

1. 地质地貌旅游资源的开发

宽甸县中评级较高的地质地貌景观有青山沟、天桥沟、天华山、黄椅山、青椅山、花脖山、白石砬子等。其中天桥沟国家森林公园、青山沟国家风景名胜区、天华山风景名胜区、白石砬子国家自然保护区、花脖山森林公园这五处景点均为旅游资源吸引性评价四级的优质景点区。宽甸县政府对这些综合自然旅游区进行宣传造势，吸引许多大型企业进行投资。如天桥沟景区的建设得到了北京碧水庄园房地产开发有限公司的大力投资。宽甸县的大型景区在开发后，基础设施的建设齐全，服务设施配套完善，旅游景观也实现了更新换代的改变，被打造成了集自然风光和休闲度假现代化于一体的旅游服务项目。所有景点也将以生态养护作为发展的基础，在自然保护区的基础上建设公园形式的旅游景点，完善基础设施，并提供相应配套的户外休闲装备，发展低碳环保的旅游方式。

2. 水体旅游资源的开发

鸭绿江流经宽甸内的水域，是宽甸唯一具有国际影响力的水体旅游资源，是宽甸未来发展旅游产业第一品牌。同时宽甸县的旅游规划格局，是以鸭绿江干流沿江一线的虎山长城至浑江口作为未来发展鸭绿江国际旅游经济带的基础，所以沿江建筑以及人工景观的开发是宽甸政府目前大力发展的项目。除此以外，宽甸县在河口景区以及水丰湖、绿江等地设立港口，推出了不同主题的游轮项目供游客参考。其目的是利用游轮度假这种较为新颖的形式，推动鸭绿江水域相关休闲度假产业的发展，如会议度假、高端政务以及婚庆礼仪等。这虽然在水体旅游资源开发中并不新颖，但是在我国边境旅游开发中却是一种创新的模式。

3. 气候旅游资源的开发

宽甸县内一年四季分明，且景观也有着明显的差异，所以非常适合根据不同节气和气候开展丰富多彩的旅游活动和节庆庆典。如宽甸县春季万亩桃花盛开、夏季山间漂流纳凉、秋季赏枫品果、冬季雕冰滑雪。宽甸不仅四季分明，其清新的空气作为难得的旅游资源也能得到有力的开发。面对目前养老产业市场需求量的不断增大，宽甸县依托青椅山宜人的气候条件和优质的空气质量，打造出适合老年人居住，且以度假、运动、休闲，娱乐、医疗等多位一体的老年活动产业中心。青椅山养老活动中心由养老居住区、生活服务区、专业运动区、休闲娱乐区、医疗保健区和管理配套区构成。在扩大知名度后，将服务对象群体的范围扩展到全省。

4. 生物旅游资源的开发

近年来，宽甸县根据“生态立县，旅游强县”的发展战略和“保护优先，生态优先”原则，不断推进建设生态文明，实施植树造林、封山育林、村屯绿化、青山保护、特色产业、森林旅游等工程项目建设，深入推进林业各项改革，取得了较好的成就。目前，全县封山育林 339 万亩，发展速生丰产林 20 万亩，红松果材兼用林 57.7 万亩，板栗 86 万亩，山核桃 60 万亩，水果 19.4 万亩，大榛子 3 万亩，林下参 20.7 万亩，玉竹 7 万亩，山野菜 10.3 万亩，食用菌 5000 万盘，小浆果 1.8 万亩，封沟养林蛙 2100 处，森林公园 4 个，风景名胜区 3 个，自办“农家乐”及自建旅游景点 380 个。

宽甸县也充分利用了当地的花卉旅游资源，槐花谷充分利用鸭绿江沿岸的天然槐花资源，结合遗存下来的朝鲜族和满族的传统医药文化，打造出相关的养生产品和一系列的休闲养生目的地。例如槐花养生水疗、药膳养生文化中心、槐花主题酒店等。河口景区以当地万亩桃花作为宣传重点，同时周边乡村进行民宿改造，充分发展乡村旅游。让游客因桃花对河口地区的乡村有了文化消费的需求，扩展了该地区未来乡村旅游的发展市场。

在野生动物旅游资源开发方面，近 10 年来，宽甸共建立了 23 个野生动物保护站，努力将保护站分布普及到乡，并且县政府出台政策禁止对全县的野生动物进行打猎。并且注重开展对青年一代的教育工作，通过开展宣传活动以及举办夏令营等丰富多彩的活动形式，来提升人们对野生动物保护的主动性和积极性。宽甸县杨木川红铜沟村邹家堡是国家珍稀保护动物鹭鸶的繁殖基地之一，当地村民在政府的积极倡导之下，肩负起保护鹭鸶的职责重任。在保护了野生动物的同时，也使当地成为了小有名气的鹭鸶观赏地之一。

（二）人文旅游资源的开发

人文旅游资源是基于当地特有的文化等所形成的一系列文化景观旅游资源，可以对当地的地域文化的本质和特征进行直观、真实、形象地展现。[①] 随着社会经济的不断发展，人们对于精神文化的追求变成更加直观的渴求。可以说，在当前旅游业的发展过程中，文化是旅游业的精髓所在，自然风景仅仅是旅游资源的表面美，而文化才是旅游资源的内在美。[②] 宽甸县人文旅游资源丰富，并根据人文旅游资源特征的区别来开发出与之相对应的文化旅游产品和服务。

1. 边境红色文化旅游资源的开发

2019 年 9 月，习近平总书记在河南省信阳市新县调研时，就对红色旅游的开发做出了重要指示。习近平总书记强调，要讲好党的故事、革命的故事、根据地的故事、英雄和烈士的故事，加强革命传统教育、爱国主义教育、青少年思想道德教育，把红色基因传承好，确保红色江山永不变色。宽甸县重点发展了河口断桥遗址、毛岸英小学、天桥沟和青山沟抗联遗址、四平村政府旧址、抗美援朝铁路博物馆等红色旅游产品。例如，抗美援朝铁路博物馆是由沈阳铁路局投资建造，通过真实的照片以及遗存下来的遗迹，并利用 CG 动画等现代影像手段向游客们展示了铁路工人们在抗美援朝战争中做出的牺牲和贡献。

在边境旅游资源的开发上，宽甸县依托于鸭绿江以河为界的特殊优势，打造"中朝风情"文化旅游小镇；依托虎山边塞军镇文化打造虎山国际文化旅游聚落等旅游产品；开发热气球观览中朝景色，丰富宽甸旅游水、陆、空三维立体旅游类别。在边境贸易、休闲娱乐、文化交流、工艺品加工等方面扩展开发相关的产业园区。

2. 民族文化旅游资源的开发

宽甸县通过组织建立一些满族、朝鲜族以及其他民族的演出团队，聘请专业人士对团队进行训练和编排，不断地开发优质且有创新感的文化艺术节目。例如具有满族风情的青山沟满家寨的中华满族风情园及《八旗山水谣》演艺节目；展现朝鲜族特色民俗文化的三道河民俗表演以及长甸河口朝鲜族民俗演绎等。这些少数民族演艺精品节目常演不衰，并且给所依托的旅游资源地带来了可观的经济效益。

3. 节庆文化旅游资源的开发

节庆文化的发展能为旅游地带来宝贵的经济价值。除去我国的基本节日之外，宽甸县的节庆文化是以自然旅游资源和气象条件作为依托且只为

① 黎国玉：《基于旅游体验的农家乐构建》，《中国市场》2017 年第 10 期。

② 杨炀：《兴义旅游产品提升研究》，云南大学，2013 年。

旅游业服务而带来经济价值。可以说，宽甸县节庆文化底蕴并不深厚，主要分为观光型和体验型两种节庆旅游文化产品。

宽甸县节庆活动以宽甸一年四季不同的自然景色作为节庆活动的区分，所以具有很强的吸引力和观赏性。春季的桃花节、油菜花节，秋季的枫叶节以及冬季的冰雪节都是以观赏自然景色作为节日的主要内容。同时这些节庆活动被称之为体验型的节庆文化旅游产品，是因为它们在开发举办的过程中不断地被提高了参与度和休闲娱乐效果。例如枫叶节期间，主办方不仅会以观光作为节日的主要活动，还会安排摄影、登山、绘画艺术交流、体育运动项目竞技等活动来提高节日中游客的参与度和兴趣感。并且，节日举办期间还会对当地的特色文化产品以及宽甸地区特产进行展销，在提升节庆知名度的同时也对宽甸县的旅游文化产品进行推广。

4. 饮食文化旅游资源的开发

宽甸县绿色食品农业和林下产业兴盛，北方山奇生物科技有限公司充分利用辽宁东部山区的林下资源，全面开发山区特产，积极发挥龙头企业的带动作用，走产、加、销一条龙，农、工、贸一体化以及“公司+农户”的产业发展之路。企业技术上与科研院校对接，生产与广大农户联合，销售上与国内外市场接轨，相继开发出即食林蛙油系列、食用菌系列、蜂产品系列、山野菜系列、人参系列、山货野果系列、林果饮料系列等七大系列产品。

同时，宽甸县政府也以当地的地理位置和优势为基础，鼓励农民充分利用自己的土地、果园、鱼塘等来向游客展示当地特色农业生产的场景和浓厚淳朴的民风民俗。并且根据各自当前的居住水平，尽量开发出具有“民宿”特点的餐饮接待场所，用地道的鸭绿江鱼宴美食和原汁原味的东北民居体验式住宿，打造出具有宽甸农村风土民情又有周到服务的乡村旅游品牌。其中最有特色并已成功打出品牌的是河口景区的艳红桃，宽甸县秋季的燕红桃产量可高达5000万斤，销往全国各地，并且每年的燕红桃采摘节都能吸引大批游客前往。河口景区休闲农业的发展不仅带动了桃农经济水平的提升，而且也拉动了河口景区旅游业的发展，并促进了当地经济增收。

三　文旅产业的发展现状

2014年国务院出台了《关于推进文化创意和设计服务与相关产业融合发展的若干意见》，文化产业是我国的新兴产业，并且在产业发展进程中始终保持着活力，同时旅游业是现代服务业的重点推动产业，可促进像东北地区这样的资源型工业大省进行转型。文旅产业的融合会提高资源整合的速度和水平，给各个产业带来合作和磨合的机会，这有利于我国在经济发展中寻找创新行业和新型发展形态。宽甸县在发展转型的过程中，大力推动文化和旅游融合，推出优质的文旅产品，发展文旅产业。文化旅游产业发展的过程中，餐饮、住宿、交通、景区管理、购物、娱乐等文旅基础行业的现状将决定消费者对当地文化旅游产业发展水平的评判。

（一）旅游餐饮住宿业

1. 餐饮业

饮食文化和烹饪艺术是文旅产业发展过程中最为重要的一个环节。餐饮的饮食结构反映了一个地区居民收入和生活水平，随着我国经济实力的不断发展，居民消费形式和结构正进行深刻改革，对高品质餐饮食品和环境的需求日益增加。[①] 宽甸县的旅游餐饮业以风味餐饮和特色加工食品为主，风味餐饮包括当地旅游资源景区内或周边的餐饮服务体系，如普通餐厅、民宿农家乐餐馆、小吃摊等。这些餐饮产业主要经营东北地区风味特色美食，如当地特色牛羊肉、海鲜等，以及朝鲜族、满族等少数民族餐饮。而特色加工食品是指当地盛产的林蛙、柱参、蓝莓、树莓和各类野生干果、食用菌等。

根据宽甸县市场监督管理局 2018 年工作总结中得到的数据可知，2018 年宽甸县内的餐饮服务单位共有 1346 家。根据国家食品药品监督管理局在全国范围内推行的餐饮服务食品安全监督量化分级管理体系评定，宽甸县餐饮服务 A 级单位 77 户，B 级单位 253 户，C 级单位 900 户，其他 116 户因许可未满 3 个月无法进行量化分级。由上述数据可得知，宽甸 A 级餐饮单位仅占总数的 5.7%，而 C 级单位数量最多，占比约为 66.9%。结合作者的调查，宽甸县内规模大质量优的餐饮服务业较少，而更多出现的是依托周边景区特色而建立的小规模作坊式经营。这种经营灵活多变且更具当地特色，受到一部分游客的推崇。但是对于餐饮卫生的标准却要靠经营者自身的约束，达不到行业标准，会使大部分游客收获较低

① 任伊、赵娟、熊继红：《武汉旅游餐饮业可持续发展研究》，《城市旅游规划》2019 年第 8 期。

的安全感并且也不利于自身未来的发展和景区未来的规划。宽甸县在集合县内A类餐饮服务单位的各级菜品后，向游客重点推广的特色饮食菜品共有六种（表4–2），这些菜品所在店铺的位置分散到县内各个景区。这些菜品依托了周围的景区资源，同时也提高了宽甸美食的知名度。

表4–2 宽甸县重点推广特色饮食菜品统计表

种类	饮食菜品	官方推荐店铺数量	分布地区	简介
1	鸭绿江鱼宴	2	长甸镇河口村	原料选用鸭绿江野生鱼类，代表菜肴有大锅炖鲤鱼、鲶鱼、鲫鱼、鲢鱼、鲢鱼头、花鲫鱼等
2	长寿山珍宴	2	宽甸镇天华山路、宽甸镇老道排村	原料采用绿色有机的当地山珍野果，用多种方式烹调而成
3	满族八大碗	2	长甸镇河口村、宽甸镇老道排村	八大碗为宴会用菜，上菜时均由海碗呈上。菜色分别为阿玛尊肉、年猪烩菜、扒猪手、蛤蟆锅、笨鸡炖粉条、河蟹豆腐汤、养生豆花、地甲皮汤
4	烤全羊	1	宽甸镇花脖山	食材由宽甸山地里放养的山羊肉制成，肉质口感优于普通羊肉
5	杀猪菜	2	宽甸镇青山沟路北段、宽甸镇过街楼西街	杀猪菜是东北农村过年时吃的一种炖菜，宽甸农家乐中较为经典且受游客欢迎的一种菜品
6	纯正羊汤	1	宽甸镇花脖山路东段	羊汤的食材是辽东特产绒山羊，这种羊在山地放养期间，以野生中草药和山泉水为食

（注：表中资源来源于宽甸满族自治县门户网站）

2. 住宿业

住宿业是一个地区旅游产业的主要构成要素，同样也会对当地旅游产业发展起到一定作用。随着社会经济的发展，人们对于旅游的了解与需求不再仅仅停留在走马观花的浏览景观，深入体验当地文化氛围的融入式体验旅游成为一种更受欢迎的旅游方式。同时，交通运输的便捷快速为游客节省的旅途时间成本也能提升在旅游地留驻的时间，这种种因素都使旅游住宿业的需求不断地被扩大。近些年来，宽甸县各类旅游景区的热度不断升温，游客激增，推动了当地旅游住宿业持续发展，不断完善。

根据《宽甸旅游发展规划说明》和宽甸旅游网中搜集的信息可知，

宽甸县城目前挂牌的星级酒店一共有五家，全部都是三星级酒店。其他的旅游住宿基本以商务酒店、度假村以及民宿为主。其中三星级酒店分别为河口景区的万年春酒店、青山沟景区的东兴大酒店、宽甸县城区内的龙都酒店、东泰大世界酒店以及万豪商务酒店。根据酒店提供的数据，五家酒店可提供不同规格的客房共 545 间，可同时接待游客 900 人左右，酒店的配套设施也都按照标准的三星级酒店进行规格设置，并且内部会设置风味餐厅、洗浴中心、棋牌室、健身房等娱乐体验活动中心。宽甸县的商务酒店与度假村同属一个等级，宽甸县旅游服务网站上共向游客推荐了四家度假村和两家商务酒店，它们分别是天华山景区附近的天华山度假村、黄椅山景区的玉水河度假村和禧福汇商务酒店、河口景区的昌德河口度假村和青山沟风景名胜区内的满家寨，以及市区内的鑫兴大厦。度假村和商务酒店虽在设施和服务上略逊色于三星级酒店，为游客提供的硬件设施较少。但因其与景区位置相近，甚至有些度假村就在景区内设立，使游客提高了便捷度，带动了景区周边旅游产品的开发和利用。宽甸县民宿较多，并大多分布在各个景区附近。根据当地旅游局负责人介绍，在节庆活动等旅游高峰时期，当地各个景区的民宿入住率可达 90%。但民宿目前并未形成标准符合规范的住宿配套体系，缺乏统一的规划安排，且民宿的服务提升水平与当前宽甸县旅游开发的速度并不匹配。

根据宽甸县县政府公布的《宽甸满族自治县国民经济和社会发展统计公报》得到宽甸县在 2014 年至 2018 年这五年间住宿和餐饮业零售额如图 4-1 所示。由图可知，宽甸县 2014 年至 2018 年住宿和餐饮零售额在 4. 8 亿元至 5. 5 亿元范围内上下浮动，但整体呈下降趋势。可以说，消费者近五年来对于宽甸县住宿和餐饮业的需求呈波动式缓慢减少。并且，宽甸县住宿和餐饮业的收入会受到旅游淡旺季影响，其中住宿业受到影响更大。而且不同类型与档次的酒店，经营状况不同，受到旅游淡旺季的影响就更加明显。例如，河口地区的民宿产业在桃花节期间迎来旅游旺季，入住率接近 95%，达到一年中的峰值。

同样受到旅游淡旺季影响的还有住宿餐饮业的从业人数，餐饮业相较住宿业受到旅游淡旺季影响会更为显著，店铺员工数旺季多于淡季。同时，住宿餐饮业的员工多为本地人口，一些规模较小的餐饮业和民宿基本以家庭为单位来营业，所以店铺员工也多为家庭成员。

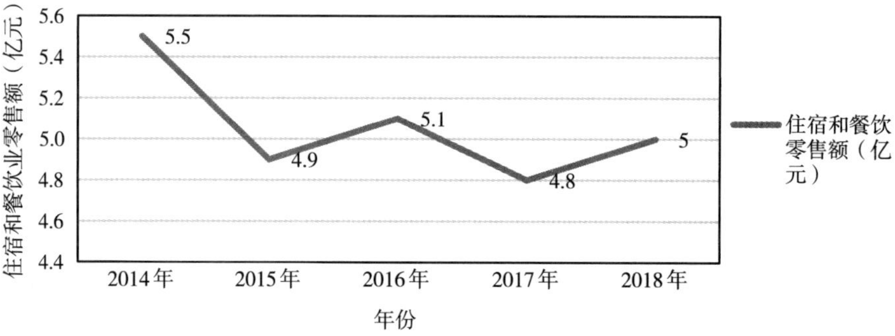

图 4-1 宽甸县 2014 年至 2018 年住宿和餐饮业零售额统计

资料来源于 2014—2018 年《宽甸满族自治县国民经济和社会发展统计公报》

（二）旅游交通运输业

交通的便捷程度既推动了经济的不断进步，同时也是旅游业发展的基石。交通的“通道作用”使旅游地的可达性提升，提高了景区的知名度，减少了旅行时间，而且大幅度地提高了消费者在景区的体验感。可以说旅游交通运输业具备轴线的功能，将消费者从始发地运送到景区的过程，也是带动两地区域经济发展的过程。

宽甸县位于辽宁省东南部，是辽宁交通系统的终端。从航空运输上看，宽甸周边距离最近的机场是位于丹东市西南郊浪头镇的浪头国际机场，距离约 100 公里。浪头国际机场在 2014 年 4 月正式投入使用，并且先后开通了丹东至北京、沈阳、广州、大连、哈尔滨、上海、长春、延吉、成都、深圳、三亚、秦皇岛、青岛等大中城市的空中航线，且浪头机场每年旅客吞吐量约 200 万人次。

在公路运输方面，宽甸县境内以县城为集散中心，有丹通高速、鹤大公路、铁长公路（202 省道）穿境而过。2018 年底宽甸县公路总里程长为 3450.8 公里，其中高速公路长为 111 公里，能够实现旅客周转量 7785 万人/公里、客运量 129 万人次。其中丹东高速通过设立在宽甸境内的六个出入口形成了通达性较强的区域，使宽甸县的交通便捷程度大大提升，基本解决了因季节性天气问题引发的交通不畅问题。同时宽甸县内部是以一条 201 国道和三条省道为交通线路的基础，宽甸县内中部和南部因地势平坦，所以交通网络密度较大，并且与国道和省道距离相近，通行较为便利；北部地区山地面积广阔，交通系统相对密度稀疏，但也已基本实现柏油路通往各个村落，这十分有助于宽甸北部偏远地区和鸭绿江沿岸的旅游资源进一步开发。

最后，在铁路运输方面，根据中国铁路 12306 网站提供的最新宽甸火车站时刻表（表 4-3）所示，途经宽甸火车站的车次只有两班。这两班车全程 360 公里，途经沈阳、苏家屯、石桥子、本溪、南芬、连山关、草河口、通远堡、秋木庄、鸡冠山、凤凰城、大堡、石城、铁佛寺、边沟、佟家、庙阳、天桥、灌水、龙爪沟、宽甸、永甸、长甸共计 23 个站点。宽甸站点车次较少，且车次均为普通快车，耗时较长，游客大多不会优先选择铁路线路进入宽甸。丹东火车站在 2015 年沈丹高铁和丹大快铁建成之后，成为了普通列车、动车组列车、高速动车组列车均可停靠的站点，发车数量也增加至 94 列，和北京、上海、哈尔滨、大连、吉林等主要城市均有直达列车。据统计，来宽甸旅游的大部分游客均会选择由高铁线路到达丹东，再通过公路客运进入宽甸县内。

表 4-3　　宽甸火车站时刻表

序号	车次	等级	始发站	出发时间	到时	发时	到达查询站历时
			终到站	终到时间			
1	4325	普快	沈阳	06：18	13：52	13：54	7 小时 34 分
			长甸	14：41			
2	4326	普快	长甸	09：15	10：05	10：07	50 分
			沈阳	17：50			

（表格数据来源于中国铁路 12306 官方网站）

（三）旅游景区业

旅游景区是一种特殊的社会文化空间载体①。景区的建造水平和对游客的吸引力水平基本决定了该景区甚至周边地区在旅游业上的竞争力水平。为了衡量一个景区的质量水平和为游客提供客观可靠的参考标准，国家制定了“国家 A 级景区”衡量标准，该标准可以督促并且引导我们国家的旅游景区不断地提升自身水平，促进其发展。

---

① 张凌云：《旅游景区景点管理》，旅游教育出版社 2003 年版。

从景区的数量和占地面积来看，根据宽甸县文旅局提供的数据可知，目前宽甸县共有六个国家景区和部分省级风景区。六个国家景区分别是天桥沟森林公园、天华山风景名胜区、黄椅山森林公园、花脖山森林公园、三道湾乡村生态旅游区、青山沟风景名胜区。这六家景区中只有青山沟风景名胜区未被评级，其他均为国家级景区，其中国家4A级景区有天桥沟森林公园和天华山风景名胜区；国家3A级景区有黄椅山森林公园和花脖山森林公园；三道湾乡村生态旅游区为国家1A级景区。在景区属性方面，这六家景区均属于自然景观类景区，其中，青山沟风景名胜区同属自然景观类和人文景观类两种属性。宽甸县六大景区面积共有349.78平方千米，其中青山沟风景名胜区占地面积最广，为147.68平方千米；天华山风景名胜区占地面积最小，为23平方公里。

从景区的旅游人数来看，宽甸县随着景区内容的不断开发，基础设施的不断完善，游乐项目的不断扩展，到宽甸县旅游的人数和获得的收入都在不断地增加。如表4-4所示，除2013年外，宽甸县旅游景区的人数都在呈上升的趋势。2013年4月，宽甸县县委常委会议审议通过《旅游管理体制改革实施方案》，对天华山、黄椅山、花脖山、青山沟四个国有景区和河口一个民营景区进行整合管理，由鸭绿江山水旅游实业有限公司统一规划建设，使宽甸各景区融合成为一个有机整体。2014年是景区资源整合后的第一个年头，所以游客人数同比增长水平是近几年增长幅度最大的。

表4-4　　宽甸县2012—2018年景区旅游人数、旅游收入统计表

年份	旅游人数（万人次）	同比增长（%）	旅游收入（亿元）	同比增长（%）
2012	570	—	62	—
2013	304	-46.7	72	16.1
2014	368	21	82.4	14.5
2015	420	14	91.8	12
2016	465	10.7	103.3	12.5
2017	518	11.3	116.6	12.9
2018	563	8.6	118.9	2.2

（表中数据来源于宽甸县文旅局）

从表4-4景区的总收入上来看，2016年至2018年宽甸景区的收入呈现了稳步上升的趋势，其中2018年相较于前五年增速放缓。同时参考2017年宽甸县国有景区营业收入组成（表4-5）可以得到，六个国有景区中，有四个景区的营业收入单纯依靠门票收入来维持。天桥沟森林公园和青山沟风景名胜区除去门票收入以外，还有其他旅游综合收入计入总营业收入，说明消费者在这两个景区投入了住宿、餐饮等额外环节的旅游支出。

表4-5　　2017年宽甸县国有景区营业收入组成统计表

景区名称	景区门票价格（元）	营业收入（万元）	
		总收入	其中：门票收入
天桥沟森林公园	150	10350	4687
天华山风景名胜区	80	261.03	261.03
黄椅山森林公园	80	261.88	261.88
花脖山森林公园	100	113.62	113.62
三道湾乡村生态旅游区	15	13.2	13.2
青山沟风景名胜区	160	2041.8	1343.5

（表中数据来源于宽甸县文旅局）

（四）旅游购物业

旅游购物是旅游者为了旅游或在旅游活动中购买各种实物商品的经济文化行为，不包括出于商业目的而进行的购物活动。[①] 旅游购物业是旅游消费者在旅游过程的消费环节中的一项重要支出，也代表了旅游消费者的自身需求之一，所以旅游景区中购物业的发展一直是重点和难点。宽甸县景区的旅游景区特色产品购物种类可分为食品类商品、中药材类商品和工艺品类商品。

宽甸县的食品类商品主要包括当地的特色林下农业产品，如食用菌系列、蜂产品系列、山野菜系列、山货野果系列、林果饮料系列等产品。中药材类商品包括林蛙油、石柱参等野生中草药。食品类和中药材类商品的经营者均为本地企业，分为线下企业和线上电商企业两类。线下实体企业

① 石美玉：《关于旅游购物研究的理论思考》，《旅游学刊》2004年第1期。

有辽宁北方山奇生物科技有限公司，是宽甸旅游局首家批准的旅游商品购物店，也是东北地区食用菌产业的龙头企业。北方山奇公司通过充分开发宽甸山区的林下资源，并且创新性地在技术上与高校研发专业合作，生产上采用“公司+农户”的模式，经营上与国内外市场进行对接。根据作者在宽甸县的实地调查，宽甸旅游购物业的线上经营电商具有代表性的企业共有两家，分别是辽宁满乡印象互联网科技有限公司和品味宽甸电商企业。这两家线上电商企业都是以打造宽甸本土的地产产品作为主营业务，通过跟当地的农户直接进行合作，并收购高质量的特色农产品，之后通过网络进行全国销售，价格低廉且质量有保证。当然这两家线上电商在宽甸县内也设有少数实体店来向游客进行特色商品的展示和销售。游客在购买后若有意进行回购，电商物流将会迅速且持续地将旅游产品的购买行为延续下去，将旅游购物业的辐射范围不断扩大。

在工艺类旅游商品方面，宽甸县较为出名的工艺品产品当属黄椅山奇石。黄椅山奇石所属石类型为玉树石。玉树石为宽甸独有特产，因其色彩丰富，石块内肌理天生盘综错杂，不加任何人工雕饰就如同山水画作一般而得名，为全国独有的工艺品原料石。玉树石从2015年开始在宽甸县内进行开采，目前仅有5年的开发历史，宽甸县目前经营玉树石开发与销售的商家有300多家，经营规模较小，因开发和销售时间较短，宽甸县的玉树石销售行业并不专业和成熟。宽甸文旅局计划将为玉树石申请成立专业研究开发的团队，并将其打造为如新疆和田玉品牌效应类似的宽甸旅游购物特色品牌。宽甸县规划未来将对丰富的宝玉石、木材资源进行开发，实现资源的商品转化。整合全县石材加工资源，扩大规模，更新设备，改进生产线，向旅游市场提供档次高、品质优的雕件和工艺品，形成宝玉石、根雕、山核桃工艺品、民间剪纸等5大系列产品。

（五）其他民族文化产业

宽甸县现有文化经营单位200多家，从业人员4000多人，文化产业年销售额近1亿元，打造了一些特色文化产业品牌。除了旅游文化产业以外，宽甸县在公共文化产业以及物质文化遗产、非物质文化遗产这些民族文化产业资源方面也有一定的发展。

根据宽甸文旅局提供的资料显示，目前宽甸县的公共文化产业有一个博物馆、两个公园、一个公共图书馆、一个文化馆和两个电影院，其中除电影院以外，其他文化产业均为政府出资建立。其中，宽甸博物馆旧展厅已于2010年拆除，在2017年开始开展“改陈布展”项目，投资300多万元用于一楼展厅装修和布展，展出4个部分共计10个单元，展示了从新石器时代到清末的宽甸古代史。县政府还在2017年与辽宁省新华书店控股有限公司签订协议，将宽甸县新华书店正式纳入辽宁出版集团发行产业管理体系，打造“最美县级新华书店”。新华书店共投资3500万元，营业面积达到1200多平方米。店内分设文化休闲区、儿童特长区、技能展示区等特色区域，包含电影院、音乐茶座、图书阅览室等文化休闲场所，以满足人们的需求。书店涵盖了“阅读学习、展示交流、聚会休闲、创意生活”四大功能，既是一项文化惠民的基础性工程，也是一项文化产业提升的亮点工程。

宽甸县内物质文化遗产和非物质文化遗产数量众多。其中物质文化遗产共有13项，如表4-6，国家级物质文化遗产共有3项，分别是抗美援朝下河口公路断桥遗址、长城—虎山段遗址和长城—赫甸城城址；其他10项均为省区级物质文化遗产。这13项物质文化遗产中抗美援朝下河口公路断桥遗址和长城—虎山段遗址属于旅游景点，其他均未对外开放。宽甸县内非物质文化遗产共有24项，见表4-7，其中国家级非物质文化遗产共有两项，分别为宽甸民间鼓乐和宽甸朝鲜族花甲礼；省级非物质文化遗产两项，分别为宽甸单鼓和宽甸八河川皮影戏；其他20项均为市级非物质文化遗产。

表4-6　　宽甸县物质文化遗产统计表

名称	国家级	省区级	是否为旅游景点
抗美援朝下河口公路断桥遗址	√		是
长城—虎山段遗址	√		是
长城—赫甸城城址	√		否
小城子山城		√	否
柏林川石刻		√	否
高台堡山城		√	否
白菜地边墙		√	否
鸡冠砬子墓群		√	否

续表

名称	国家级	省区级	是否为旅游景点
崔家堡子墓碑		√	否
奭公德政碑		√	否
创筑大奠堡记碑		√	否
明长城—宽甸段		√	否
大奠堡城址		√	否

（表内数据来源于宽甸文旅局）

表 4-7　　宽甸县非物质文化遗产统计表

序号	类别	名称	批次	级别
1	传统音乐	宽甸民间鼓乐	2007 国一批	国家级（宽甸部分）
2	民　俗	宽甸朝鲜族花甲礼	2008 国二批	国家级（宽甸部分）
3	传统音乐	宽甸单鼓	2007 省一批	省级
4	传统戏剧	宽甸八河川皮影戏	2010	省级
5	民俗	宽甸满族婚礼	—	市级
6	曲艺	宽甸东北大鼓	2008 二	市级
7	传统舞蹈	宽甸朝鲜族顶瓶舞	2008 二	市级
8	传统技艺	宽甸满族靰鞡鞋制作技艺	2008 二	市级
9	传统美术	宽甸满族剪纸	2010 市三批	市级
10	传统美术	宽甸农民画	2010 市三批	市级
11	传统技艺	宽甸蓑衣制作技艺	2010 市三批	市级
12	传统美术	宽甸根雕	2010 市三批	市级
13	曲艺	宽甸满族子弟书	2010 市三批	市级
14	民俗	宽甸柱参种植技艺	2010 市四批	市级
15	传统技艺	宽甸满族绣花鞋	2010 市四批	市级
16	传统技艺	宽甸朝鲜族传统织布技艺	2012 市五批	市级
17	民间文学	宽甸满族民间故事	2012 市五批	市级

续表

序号	类别	名称	批次	级别
18	传统舞蹈	宽甸龙舞	2013 市六批	市级
19	传统技艺	宽甸满族传统盘酱酿造技艺	2014 市七批	市级
20	传统技艺	宽甸柳匠编织技艺	2014 市七批	市级
21	传统技艺	宽甸黄蜡石雕刻技艺	2017 市八批	市级
22	传统医药	宽甸周家祖传膏药	2017 市八批	市级
23	传统技艺	宽甸山核桃核粘贴技艺	2017 市八批	市级
24	传统美术	宽甸线刻石画技艺	2017 市八批	市级

（表内数据来源于宽甸文旅局）

宽甸县政府近几年规划投入资金，对“非遗”项目传承基地和命名传承人进行资金支持和鼓励，并且通过积极地参加各类展览会议和贸易推广活动，将县内的文化遗产和文化传承人进行展示，来为县内旅游产业做活招牌并提升旅游资源的文化内涵。将文化遗产推向市场，进行产业化发展，为宽甸县的文旅产业发展带来新鲜血液和勃勃生机。同时，保护和利用文化遗产也是继承和发扬民族优秀文化传统、增进民族团结、增强民族自信心和凝聚力、建设社会主义核心价值体系的重要表现。

四　文旅产业发展的问题与对策

（一）文化旅游资源问题分析

宽甸县的文化旅游资源是当地旅游发展的基石，当地政府在文化旅游资源开发的过程中有取得傲人的成绩，也有需要完善修改的部分。作者将结合宽甸县当地旅游发展的现状分析，对当地文化旅游资源存在的问题进行概述。

1. 开发水平问题

（1）旅游资源单体内部可选性程度低，开发不完善

宽甸县旅游资源丰富，但因开发时间久远，相关的旅游项目缺乏足够的维护保修和换代升级，使得一些可以进行深度开发而吸引游客数量更

多、覆盖面更广的文化旅游景点渐渐发展成为仅流于表层的观光旅游项目。这些表层旅游观光项目结构单一，多为单纯欣赏观看的景观项目，导致游客参与体验感低，吸引游客数量减少，最典型的例如宽甸县区内的黄椅山森林公园因近年来设施项目更新换代频率低，游乐项目类别单一，导致其游客受众面逐渐变窄，且游客大多为本县居民。根据未来全国文化旅游产业发展速度来看，是无法承受旅游市场的消费能力，且对景区的收入和客流量影响巨大。

（2）旅游资源产品组合弱，形不成专业品牌

宽甸旅游规划中偏重单个旅游景点的开发规划而较为忽视建立旅游集散中心来联通各个景区。例如河口景区、十里桃园等几个景区之间路线规划较远，交通路线也多为乡间观景小路。没有集散中心分流客源导致了这几个景点客源运输不畅，尤其在旅游旺季期间，十里桃园附近交通堵塞、出入不便会经常发生，使得各个景点在旺季期间客源流动差异较大，无法发挥出资源集散组合的优势。宽甸县景区分布较为分散，各景区之间缺乏联动性、整体性，全局意识较弱。所以宽甸县内即使单个景区特色鲜明且能够吸引大量游客，但是对于整个县域内文化旅游产业的发展起到的带动作用微乎其微，获得不了较多的收益和长足的发展。

（3）资金投入不足，文化内涵挖掘不充分

宽甸县人文旅游资源众多，但大多数文化旅游景点都缺乏资金支持。虽然国家每年都有促进旅游发展的专项款项下发，但是文化旅游产业作为近几年的大热产业，自身消耗大，很多项目设施都需要不断地更新完善。资金的短缺使得一些积极创新的想法得不到实践，并且开发设施陈旧得不到修缮和升级，使其发挥不出资源本身的吸引力和综合效应。

同时，宽甸县一些民族文化旅游资源，以当地少数民族满族和朝鲜族等民族的起源和历史传统的文化发展内涵为建立经典的基础。但是因为这些民族历史文化与人们的实际生活有一定的差距，开发者对其文化内涵了解不够深入，且因各方面支持不够，导致对景点文化内涵的了解和开发存在不够充分甚至失真的情况，且呈现给游客的文化背景资料展示也并没有经过专业细致的研究和审核。没有经过深刻挖掘的文化资源会使景点发展得空泛寡淡，没有深度，降低文化旅游资源的品位，无法拓宽游客市场。

（4）开发经营方式单一

宽甸县自然旅游资源开发的基础依存于当地的自然气候，宽甸县四季分明且冬季有极寒天气出现，导致很多景区无法在全年展现其景观，减少接待游客的数量。宽甸县景区开发经营者并没有对旅游淡旺季做出较为积极主动的改进调整措施，例如宽甸县十里桃园的主要营业时间为每年的春夏两季，过季即为淡季。开发者并没有对淡旺季的经营政策做出相对应的调整，使得经营时间仅为两季，无法实现可观的营业收入。

2. 管理水平问题

（1）景区环境保护不够

宽甸县的自然旅游资源和文化旅游资源在管理过程中存在保护程度不够的问题。虽然旅游资源的开发利用过程对于资源本身的破坏是不可避免的，但是开发者应加强对可控资源破坏的前期避免和后期维护，如对文物古迹类旅游资源施加预防保护，以防止其遭到自然或人为的破坏，以及加强生态自然旅游景区的卫生监管，减少景区出现垃圾和人工施工留痕。

（2）景区服务水平不高

旅游业发展提供给游客的是一种无形但直观的服务，景区从业人员的素质受训水平直接影响当地的旅游产业的长期发展。目前宽甸县文化旅游产业的从业者多为当地居民，并未经过正规的专业培训。例如在一些景区的讲解导引员只能做到简单的照本宣科，做不到与游客进行交互式沟通，无法带动游客的情绪，成为不了景区游览时的亮点。目前全球化趋势加深，国外游客也逐渐成为当地消费的一大群体，然而宽甸县当地并不能够提供流畅的外语讲解的高素质人才，长此以往十分不利于当地文化旅游产业的对外扩展。

（二）文化旅游产业问题分析

宽甸县的文化旅游产业有各自的发展特点，并且作为边境县和少数民族自治县，当地文化产业的发展还需要结合当地的民族特色、风土人情对各个行业细分进行逐个分析。

1. 旅游餐饮业

（1）品牌知名度不高

宽甸县作为一个以满族为主要民族的多民族县域，饮食方面体系丰富，历史文化来源悠久复杂，饮食中蕴藏的文化底蕴深厚。但是宽甸县的饮食品牌在丹东、辽宁省一直没有打响，并且没有形成一套自身的菜系分类和理论，缺乏既具有地方特色又具有民族文化特点的知名菜肴品牌。并且，宽甸县位于中朝边境地区，较远地理位置的局限也是导致宽甸饮食文化传播受制的原因之一。

（2）饮食文化开发浅薄

文化旅游产业中饮食的作用是为让消费者品尝不一样的味道，也是在饮食中向人们传达出每一种食物所代表的文化内涵。只有文化内涵足够深刻而给消费者留下印象，那么饮食本身也才会被更广泛地推广。可以说，饮食文化内涵的挖掘和融合才是旅游餐饮业未来想要发展提升层次的正确路径。目前宽甸县对于饮食文化产业发展的现状仅停留在菜肴本身和食材的产地、新鲜程度，对于食物本身所涉及的文化背景还尚未开发。

（3）宣传力度弱

宽甸县在对于当地文化旅游产业的宣传中，还是以传统文化旅游景点作为主打品牌，关于饮食文化的宣传基本只停留在旅游官方网站做简单的介绍和推广，缺少专门介绍宽甸旅游餐饮特色的宣传途径，这是阻碍饮食文化产业发展的一大因素。作者在调研的过程中也同时发现，通过网上等信息渠道搜寻宽甸的美食推荐多为简单概括，宽甸官方旅游网站上提供的详细具体的饮食推荐也并没有及时更新信息，由此可知，宽甸县对于饮食产业宣传方面力度不够。

2. 旅游住宿业

（1）企业管理水平和服务不平衡

宽甸县旅游住宿中只有五家三星级酒店，总体来说是以经济型住宿设施作为发展的主导，住宿行业能够给宽甸县带来的经济效益以及给社会带来的发展贡献并不明显，并且除去星级酒店外，大部分住宿设施并不完善，管理水平和人员素质培训也并不到位。尤其是民宿和农家乐的经营模式为家庭经营，服务质量没有保障，从业人员缺乏专业旅游住宿经营的统一培训和行业规范管理监督，从而使消费者的服务安全和体验得不到保障。

（2）产业结构不合理

宽甸县景区的住宿业是根据服务不同财政状况的游客群而划分了不同的等级，目的是为了更好地满足不同游客群体。但是宽甸县占据主导作用的经济型酒店仅能满足游客的最基本需求，价格虽低廉，但是住宿基础设施不完善，游客体验感差。未来宽甸县大力发展旅游业的过程中，这批仅靠价格来吸引消费等级为中低端客源的经济型酒店将难逃被淘汰的命运。另外，宽甸县目前服务于高端客源的住宿酒店数量太少，随着未来宽甸旅游市场的逐渐打开，来自全国各地经济发达区域有着高收入的消费群体将会快速增加，这类高等级客源群体对于住宿业的要求不仅仅是酒店基础设施的完善，提供多样化、有创新感且能与当地文化旅游特色进行融合的新型酒店才是他们愿意为之消费的目标。目前宽甸县的住宿业无法达到这一标准。

3. 旅游交通业

宽甸县城区至各景区的交通较为便利，但是交通便利性有待提升。宽甸县目前没有正式的游客集散中心，也没有除公共交通外特定的服务车辆来满足游客在各个景点的往返需求，所以大多数游客均会选择自驾出行。这就导致宽甸县在旅游旺季的时间段里，极易出现交通拥堵、出行受阻的情况。比如，河口景区是以当地特色民宿作为景区住宿业的主导，根据景区“闲庭信步”民宿负责人的介绍，河口景区在旅游旺季时接待的游客基本都是开私家车出行，大量私家车的进入导致河口景区交通堵塞严重，为游客以及当地居民的出行带来了极大的不便。

4. 旅游购物业

一般而言，发达国家或地区的旅游购物通常占旅游总收入的 50%左右[①]，而在中国这个数字平均只有 20%左右[②]。所以旅游购物业在我国仍有广阔的前景。同理，宽甸县近几年的旅游购物业发展势头很猛，各种特色旅游购物商品层出不穷。但是宽甸县从事旅游商品销售的商家不够集中并且规模较小，这不利于未来形成能够打响宽甸旅游市场名气的特色品牌，树立市场形象，并且使得政府对其进行管理的难度加大，在市场监管力度不够加之商家易受短期利益驱动下，这些个体经营者可能会出现不规范的市场经营行为。这种行为导致的商场需求量的下降是极其不利于景区未来的发展和宽甸旅游文化产业的长期发展。

① 代珊珊、唐周媛、徐红罡：《中国入境旅游者购物消费的省际差异及影响因素——基于面板数据模型的分析》，《地理科学》2011 年第 1 期。

② 张宏梅、赵忠仲主编：《文化旅游产业概论》，中国科学技术大学出版社 2015 年版，第 257 页。

5. 其他民族文化产业

近几年宽甸县在文化产业发展中关于文化遗产的利用开发方面在不断地推进，但是仍然极度缺乏能够带动和引领文化遗产产业开发，适应未来文化产业发展趋势的复合型文艺人才，致使文化遗产发展进展缓慢且没有长久可持续性的进步。宽甸县文化馆的负责人指出，宽甸县的文化遗产传承的专业人才难以引进，馆内现存人员工资福利也不尽乐观，并且馆内富余人员过多使得机构臃肿形成恶性循环，渐渐使文化产业发展的队伍趋向于老龄化，无法激发发展的活力。

（三）文化旅游资源发展对策

1. 提升开发水平

（1）丰富旅游产品项目，增强游客体验感

在旅游市场发展愈加追求创意展现和品质提升的当下，开发者在开发旅游文化资源的同时，应当结合当地风土人情等因素，提前对当地旅游市场的现状做深入的调研分析。在文化旅游资源开发的过程中，不能一劳永逸，而是应该根据旅游产品不断发展的状况，根据市场的导向和游客的反馈来不断改善产品现有质量和开发新的产品，优化资源结构。例如下露河村的朝鲜民族风情园就很典型地将园内具有民族风情的建筑和陈列的朝鲜族历史遗留并具有日常生活风情的用具不仅仅只是向游客展出，更是每日定点举办各种参与活动，让游客从单纯的静态参观转变为参与感极强的动态式旅游。这样的开发方式可以引导游客参与到文化旅游活动中来，提升体验感，增加兴趣。宽甸县的景区开发都应当借鉴这样的开发方式，不断更新丰富景区项目，增强游客体验感。

（2）挖掘资源文化内涵，打响旅游特色品牌

文化旅游资源在开发的过程中要想突出当地特色，建立当地品牌，首先应当以地域为单位，建立不同于其他地区的文化特色内涵，可以着重突出宽甸特殊的边境文化和民族文化，但是要注意避免同附近市县出现同类型主体的旅游产品。例如可以在景区开发过程中同时融入边境文化和民族文化元素，打造鲜明的旅游形象。同时也要对景区景点的历史文化背景进行专业的考察和鉴定，用经得起推敲和真正经过认定的历史文化内涵吸引游客，也为未来宽甸文化对外扩展打下牢固的基础。

（3）增加景区景观建设

对于宽甸县景区易受天气季节性变化影响较大这一因素，除了在景区内部多设置一些供游客可在淡季进行观光游玩的应季设施之外，还应当在景区开发过程中，不断设计栽种可以在四季欣赏的特色植被以及人工景观，尽量将景区的季节局限性打破。

2. 增强管理水平

（1）加强景区环境治理

景区环境的治理和保护是景区未来能够长远发展的利益保证和建设基础。习近平总书记在任浙江省委书记时，在浙江湖州安吉考察时提出"绿水青山就是金山银山"。一个地区应当将生态发展和环境治理作为可持续发展的重要目标，所以在宽甸旅游文化景区管理的过程中，将环境资源保护排在经济利益之前是为长远发展做打算的明智之举。

宽甸县可以通过有关部门颁布相关规定，对破坏环境的人员进行一定数目的经济处罚。并且可以通过和当地环保部门进行合作，在各个景区甚至是校园、社区、单位举行维护景区环境、保护生态的宣传活动，提高当地居民和外来游客的保护意识和自身素质。同时景区管理者也应当树立起适度开发的意识，以景区的环境承载力作为开发管理的标准，以可持续性发展作为建设原则。

（2）加强旅游行业监管，提高从业人员素质

从景区从业人员的管理上来看，有关部门应当加强对景区服务能力的监管，可以通过线上的平台，如微信公众号、官方旅游网站等平台，设置消费者监督评价的专栏和普及旅游从业人员规范行为规定的专栏，让文化旅游行业的从业人员可以方便快捷地进行专业知识的学习并受到广大消费者的监督，这有利于快速提高旅游行业的服务水平。同时，由政府相关部门主导，在全县范围内为相关从业人员开展课程的培训，这将对旅游行业发展有很大的帮助。

（四）文化旅游产业发展对策

1. 旅游餐饮业

（1）实行科学合理的餐饮开发管理方式

宽甸县物产丰富，有着丰富的天然绿色食材，林下产业比较发达。所以在对这些农产品和林下产品进行开发种植的时候，一定要科学规划，合

理开发，以可持续发展作为宽甸餐饮业发展的第一目标。同时政府部门要发挥积极领导作用，联合景区经营者和餐饮行业协会等部门，对宽甸县目前餐饮业出现的问题进行归纳整合，制定相关的行业规范，使得景区餐饮业向提升品质的方向发展。

（2）注重挖掘饮食文化产品的内涵

相关部门可着重对宽甸县饮食的历史文化背景和民俗风情故事进行整理和归纳，打造出具有民族风情和历史故事的特色美食。对于特色饮食的烹饪方法和背景介绍要力求让消费者做到味觉享受和精神享受的双重合一，提升宽甸县饮食文化产品的内涵。

（3）加强饮食产品的宣传经营

宽甸县餐饮行业的营销宣传工作，力求可以通过餐饮来带动当地旅游产业的发展。例如推动新媒体运营来帮助餐饮行业打造品牌，通过微信公众号、微博等社交媒体品牌，官方整合可以推广的特色饮食品牌进行集中打造和宣传。还可以通过宽甸县每年所举办的各种节庆活动或在一些重要社会事件中，重点推广一些美食，并且开展美食活动，设置美食街，借此打开宽甸美食的知名度，展现具有地域和民族特色的当地美食。

（4）改善景区内用餐环境

如今，旅游者在享受特色美食时，更加注重感受孕育其中的饮食文化和用餐氛围等，显现出当下正普遍存在一种将吃精神化、象征化的消费主义倾向。[①] 因此景区推出的餐饮服务应当结合当地景区特色来设计餐厅的用餐环境和服务，只有提升用餐环境和服务能力，并让游客在用餐过程中真正感受到当地的特色文化，留下深刻印象，实现用餐饮文化带动景区文化发展的目标。

2. 旅游住宿业

（1）加强从业人员培训，提升行业服务水平

当前宽甸县住宿业发展的首要任务应当提升当地住宿业从业人员的职业教育，提高其职业素养。当从业人员熟悉旅游住宿业的行业规范、治理流程以及经营方法以后，才能有效地对当地各种住宿企业有一个标准规范的要求，包括民宿、农家乐住宿体系也应当分门别类地制定一套基础规范

---

① 孙明璐：《舌尖上的象征：当代影视饮食文化与民俗主义》，《教育传媒研究》2016 年第 4 期。

让从业人员学习和借鉴。这样可以有效避免在经营过程中消费者与经营者之间的冲突，促进宽甸县旅游住宿业进一步跟大城市接轨，逐步走向规范化。同时，对服务人员的培训也可以提升酒店的服务质量，有助于住宿企业打开客源市场，进一步可持续发展，获得更好的经济收益。

（2）提升住宿等级结构

目前宽甸县住宿产业多为经济型酒店，笔者认为在未来发展的过程中应该适当增加高端型酒店的建设数量，以满足未来宽甸县旅游产业的长远发展和市场需要。或者提升目前经济型酒店的住宿条件，完善酒店的各项基础设施，为游客带来更多的选择空间。

3. 旅游交通业

（1）设置游客集散中心

宽甸县旅游旺季期间，人数急剧增加，有些景区内部和周边经常会出现交通拥挤的情况，使得游客游玩情绪受到影响，也会影响到当地居民的正常出行。缓解景区交通压力应当首先在宽甸建立统一的游客集散中心，由集散中心来规划游客游览的路线和交通方式。通过集散中心来进行游客出行的引导，可以有效地规划游客的出行方式和数量，避免交通堵塞的出现，可以有效地维持景区秩序，让游客获得更好的体验感。

（2）提升公共交通便捷性

想要分散旅游旺季时期宽甸县的交通压力，同样可以选择提升县内各景区之间的公共交通的便捷度。首先可以适当增加各景区之间公交线路的公交车班次，或者由旅游部门规划开通专供各个旅游重点景区的专项巴士来输送游客，缓解交通压力，提升游客出行便利度。

4. 旅游购物业

宽甸县旅游购物业的发展应该重点整合旅游购物市场，健全市场秩序。规范旅游购物市场秩序，可以首先统一为旅游商品进行明码标价，避免出现漫天要价等欺诈性行为；其次应当推动旅游商品价格线上可追溯工程，例如商品在核价后，游客在购买时，可以通过扫描二维码在网上查询该系列商品的明码标价，让消费者放心。同时也可以起到验证商品真伪的附加作用，尤其是旅游产品中的农产品和林下产品系列，消费者更愿意通过扫描来验别真伪的方法进行安心购物。这些措施可以有效地帮助宽甸县建立一个诚信公平有秩序的市场环境。同时也不要忽略旅游购物销售服务的质量提升，不论是销售时的热情解答还是售后服务的安心保障都可以帮助宽甸县提升旅游商品、购物环境及相关服务人员在内的整体吸引力，把旅游购物场所作为旅游途中的休憩地乃至新的旅游点。①

5. 其他民族文化产业

作为宽甸县文化产业中最有代表性的文化遗产这一项，文化部门应当建立科学可持续的保护传承模式。首先可以着重对当地文化遗产的传承人进行培养，力求培养出既能传承文化技艺，又可以推广文化遗产向外走出去的复合型人才；其次，向政府部门申请相关资金对文化遗产传承人进行资金方面的支持并且为他们提供社会荣誉的奖赏等精神支持，鼓励他们继续将这份事业坚持下去。总的来说，挖掘文化遗产中的文化内涵和产业化价值，寻找保护、传承以及产业化道路，利用其本身的文化张力，来实现文化遗产的历史传承和产业化发展。②

① 李炳武：《发展旅游购物应注重营销创新》，《湖南商学院学报》2002 年第 7 期。

② 黄永林、纪明明：《论非物质文化遗产资源在文化产业中的创造性转化和创新性发展》，《华中师范大学学报》（人文社会科学版）2018 年第 3 期。

第五章

四川平武县文旅产业发展中的文化保护调研报告[①]

本报告以田野民族志深描平武县白马藏族非物质文化遗产保护实践现状，观照政府行为、公益力量、村民态度的话语特点，展示全域旅游背景下藏羌区乡村振兴过程中，民族民间文化保护领域多方协商、互为主体、互为环境、互惠共生。政府、村民、公益（或学术界）三方主体性互补共存，深描当下藏羌区文旅融合与乡村振兴过程中文化保护现状真实呈现。

一　问题的提出：来自工作中的思索

平武县地处川西，古代为氐羌地，今为藏羌区，位于藏彝走廊东北边缘。自古以来，是藏羌等民族迁徙与聚居之地。本人自 2018 年 5 月 7 日前往平武县民宗局挂职副局长以来，因分管民族文化工作，曾前往白马藏族乡帕西加古寨、亚者造祖村、木作藏族乡，在 2018—2019 年度数次下乡开展田野调查工作；就民族文化工作中对当地相关非物质文化遗产保护工作实践进行了入户调查。2019 年 2 月春节“跳朝盖”节日期间进行参与式观察，也曾 3 次参加过县内外白马藏族非遗保护传承相关的会议，了解到当地政府对于非物质文化遗产保护工作的基本思路与态度、措施与困惑。在 2018 年 5 月、2019 年 7 月，调研北川县。通过一年半的调研，发现了在文化保护领域，有如下需要讨论的问题：

在 2018 年平武县脱贫攻坚关键年份，全域旅游背景下，文旅融合、

① 本章作者：卢芳芳。

乡村振兴议题中，平武白马藏族民间文化保护实践现状如何？外部力量的介入又将如何影响本地？本体人的主体性如何呈现，这是笔者关注的议题。借由政府自上而下的保护、传承措施，非遗保护工作成体系、有序铺开。同时，应如何激发本土人的传习主动性，形成自下而上的补充？以及就当地而言，民族民间文化传承保护工作的关键在哪？按照非遗法“保护为主，抢救第一，积极开发合理利用”的原则，如何处理文旅融合与保护传承的关系？族人内部的传承意愿是怎样的？是否有自组织传习的积极性？是否需要外部力量推动？在工作中，笔者关注到政府、民众、公益组织/学者三者话语各有特点，在具体实践中三方协商共生。在文旅融合过程中，中国扶贫基金会在白马藏族乡的扶贫项目成为当下“旅游扶贫”的典型选样，从生成到落地、执行，政府、公益组织、村民三者各有逻辑，交织并置，共同书写非物质文化遗产保护实践的多元芜杂生动篇章。而这三者的话语差异，也折射出全域旅游背景下藏羌区民族民间文化保护领域多重力量交织博弈、互为主体、互为环境、互惠共生的现实样态，通过描述工作实践，试图提出问题与预期建议。①

在县实际工作中，笔者参加的第一次“白马文化保护与传承”的会议中，注意到文化保护与传承情况汇报中，把“保护传承和创新发展民俗文化作为推进县全域旅游行动、聚力实施旅游攻坚工程、实现脱贫致富的主导产业”，这也凸显出当下民族民间文化传承议题与“全域旅游、脱贫致富”等议题的高度相关性。在报告中，基本工作思路包括：对具有特色的传统民俗文化筛选提炼、论证定位，原则为“淘汰一批、精选一批，精选一批、提升一批”的原则，在“特”“精”“新”上下功夫，打造民俗精品品牌。报告重点在于展示“景区带村：旅游扶贫新典范”、民俗文化宣传推介成绩、民俗文化非遗申报深入推进，展示节会成功举办、公布国家级非遗申报成功名录工作。其中包括：国家级非遗代表传承项目

① 笔者挂职平武县民族宗教事务局，负责民族团结示范创建、民族文化工作。曾参与4次关于白马藏族非物质文化遗产保护相关会议，分别为：绵阳市人大来平专项调研平武白马文化保护和传承座谈会（2018年6月）、部分在绵全国、省人大代表专题调研座谈会（2018年10月）、文县前来交流白马藏族民族文化会议（2019年2月），以及2019年元宵节期间陇南文县举行的“甘川两省三市（州）三县创建中国白马文化生态保护区推进会”（2019年2月），在该会议上，两省三县与会代表达成共识：甘肃文县拟联合四川平武、九寨沟三县共同申报大白马生态保护区，显然，这一打破行政划分的合力申报行为，对于族群文化保护、文旅融合、地方文化建设和区域文化交流，意义重大。

1 项（跳朝盖）、省级代表性项目 1 项、市级 14 项、县级 15 项。

在分析民俗文化保护与传承存在的困难与问题时，较之文县，平武县非遗保护工作的现状在于："民族文化保护与传承进展不平衡、民俗文化生存空间不断缩减、民俗文化传承后继乏人，民俗文化传承经费投入不足，并与文县开展的保护实践相比，工作相对落后"。并提到"由于部分传统民俗表演形式单一，缺乏创新，对受众缺乏吸引力，无法适应公众娱乐方式和审美趣味的变化"。这显然是针对旅游受众而言，然而值得追问的是：民间文化传承的主体性是否得到充分的考量。而"淘汰一批、精选一批"的思路又引发了笔者的忧虑，以及对于"原真性""避免当地人他者化"的思考。

在非遗实践中，在全国多地的非遗运动中，不难发现，诸多本土人所在的文化资源地，被当成被管理、规范、提升、打造的对象，呈现模糊的景区背景。从社会历史的角度考量，平武县学者曾维益先生曾撰文指出："和中国历史上曾经入主中原的很多民族和他们中的优秀分子一样，这些接受了汉文化的少数民族中的精英对本民族的传统文化大多再也不感兴趣了，甚至还认为本民族的文化是一种落后的风俗，已经没有保留的必要了。对一些专家、学者向他们提出的要积极地保护传统文化的想法和要求，他们往往都亦'社会要进步''白马也要发展''要与时俱进''游客不喜欢''老歌不好听''老舞不好看''要保护但没得钱咋个保护呢'等正面的冠冕堂皇的大道理来进行回应。"① 由此看见：趋同化、迎合游客心态、经济发展论、经费匮乏成为之前阻碍非遗保护顺利开展的种种理念。

在笔者参加的第二个会议中，有两名白马藏族代表参与讨论，并提议"要有意识、有目的地培养一批传承人、大力度支持组织节会活动、片区的几个乡"，特别提到"引入社会资本，对传统村落进行保护、开发的过程中要保护好传统村落，避免盲目开发"。这也是当下本土人出于现实考量的具体诉求，在引入社会资本的同时如何兼顾村落保护，也是带有普遍性的重要议题。

就当地白马藏族非遗保护实践而言，平武县民宗局开展的工作具体而扎实，在 2018 年民宗局下发的 5 笔省级"民族文化发展资金"中，其中

---

① 曾维益：《撞钟拾音录》，中国文史出版社 2014 年版，第 97 页。

有4笔用来支持基础设施建设，用于民族乡修路；1笔用来支持白马藏族民俗文化展室改建。笔者曾在参加县里第二次“白马文化保护传承会议”上，代表县民宗局汇报如下：“县民宗局全力支持白马文化的挖掘保护传承，比如对上壳子垰堤的投入92万，请省文化艺术学院做规划、修了寨内步行道、广场、老宅恢复性抢救、民俗陈列室等。下一步将成立市级或县级白马文化挖掘保护团队；建立文化传承载体如民族广场、陈列室、博物馆、表演团队；在县乡村社开展经常性民族文化活动；激发白马群众内生动力，支持开展自组织文化传承活动等。”①

针对白马藏族文化保护工作，县民宗局集结白马藏族相关的民间故事、歌谣集中打印并下发村民，同时请相关长者留心翻译是否准确到位，在该会议过后几天，被伊瓦岱惹村村民告知：即将举办一场村民自组织文化传习活动，该活动时间、场地确定、讲习人员、传习内容、后勤保障等全部由村民自行安排，没通过村支两委，无行政人员干预，之前通过微信传播，以村民自觉自愿为基础。

该自组织活动聚集了20多名年轻人，利用祭祀这一公共行为、家族活动机缘，在杀羊、祭祀仪式结束之后聚在火塘边，全程用母语进行白马民歌传习、讲故事等传习活动。一批年轻人认为：“从来没有参加过这样的活动，希望以后能多举办”。也有人反馈：可以通过村支两委介入，号召力会更大。笔者也得到建议：下次活动的时候可以让他们都穿上民族服装，应该提要求。（当时现场穿服装的只有讲述者老人）笔者当时犹豫的是：自己是否有权力要求族人穿民族服装呢？我认为并没有。这场自组织文化实践，也凸显一个问题，即如何处理好“政府引导”与“尊重村民自主传习”的关系。

目前，我国现已推出的文化部18个文化生态保护试验区，投入了大量的经费。成为文化生态保护区的条件有：一是有丰富的传统文化，二是物质和非物质的文化遗产自成系列和体系，三是自然和人文环境有助于多种方式来保护，四是地方民众和社区因为文化保护而获得文化认同感并且热衷于广泛参与保护活动，五是地方政府有很强的保护意识。②而值得思考的是：人文生态保护区的前提是区域性整体保护，人文生态保护区的核

① 来自笔者会议发言。

② http：//www. cssn. cn/wh/wh_whyc/201608/t20160811_3158099_8. shtml 中美非物质文化遗产保护与实践研讨会暨暑期学校系列讲座综述。

心是保护。民族民间文化保护工作做细做实，是文旅融合、乡村振兴工作进一步开展的基础。

另外，在 2018 年 7—9 月间笔者调研中发现问题如下：

1. 就白马藏族村寨而言，家庭传承较好，学校传承断档。2014 年之后，在政府下力气打造的特色村寨，旅游开发颇具规模，精心打造的景区给村民带来相当实惠。随旅游而来，村民收益有大幅度提升，同时白马乡小学并无学生，已全部转入县城小学读书，陪读较为普遍。县上、市上各小学、中学无任何针对白马藏族民族学生的特色课程。

2. 乡里文化传承人招徒不够，传习活动开展不多。个别文化传承人招不到徒弟或者收徒不够，开展传习活动不足，传承人在为生计奔波与传习文化两难间踌躇，在旅游旺季时疲于接待。相关政府工作人员有 1/3 精力用于各级接待来访，无暇专门抽出人力、精力用于文化传承工作，这与乡镇级无文化专干这一现实也密切相关。

3. 非遗保护经费时断时续，县级层面保护乏力。原先针对县非遗保护经费 5 万/年，县上规划拨付两年，自 2017 年、2018 年停止，这笔经费并非年年都有。分管县非遗保护工作的文广新局，只有 6 个编制，其中 1 个局长 2 个副局长。有人认为："搞活动，请人唱歌，有的嫌少，不参加活动"，认为"组织困难，是资金困难"。

4. 各级官方、学术调研诸多，会议不少，但由于各种原因，具体到传习本土传承层面落地的措施鲜见。如曾维益先生所说："国家还将白马跳朝格定位非物质文化遗产，命令要进行保护。但实际的情况却是：身负保护朝格文化责任的归口领导和职能官员、吏员和办事员基本上都是用发文件和开会等官场中传统的例行方式来保护跳朝格。如果有了保护经费，就用考察学习、演出、出差等方式方法来抢救保护白马文化。"6 月市人大就"白马文化保护与传承"的会议，为上述所说的现实注脚，会议发言重在讨论"旅游升级与规划""文旅结合""传播"等层面，缺乏本土人视角与观点。

在平武的邻县北川羌族自治县，2018 年 5 月与 2019 年 7 月北川考察相关非物质文化遗产保护工作期间发现：

1. 在实际工作中，市、县一级的非遗工作没有配套经费；

某些已申请成功的非遗项目，实际空有项目、没有传承人，或者占有项目资源，实际无根无源。

2. 文化领域存在重复投资、浪费资源，乡镇文化站难以发挥原有作用。国家层面对文化资金投入不少，实际起作用的不大。

3. 羌绣领域虚报实际工艺效益，缺乏动态管理，以实际传习现状定期考核。

4. 诸多民族文化做成表演文化，执行层面缺乏细节与灵魂。无论茂县的瓦尔俄足节在北川的表演，还是在县广场还是旅游区五龙寨，均可看到并非来自本地的扮演。

针对藏羌区文旅融合中的非遗保护现状，提出可能的建议与对策如下：

一、从整体性保护视角出发，增强文化尊重意识。尊重村民日常生活，老百姓的日常生活是最高标准，在任何规划时要充分尊重。鼓励村民开展“自组织”传承活动，利用村社农闲时间、废旧校舍等地，组织教学，以自愿为原则开展传习活动。最初可由民宗局或文旅局牵头，由本地代表性传承人、本地白该①、本土学者等轮流参与交流，由县、乡给予适度教学补贴。这过程中，政府要尽量少干预，培养片区协会组织能人，以奖代补。

二、在县小学、初中开展特色课程，如白马藏族民间歌舞、手工艺课程、剪纸教学、面具雕塑等，应组织本土知识人、外请专业人士共同撰写，参考文县相关教程，内容涵盖自然、艺术、传统文化、本土知识等，内容细化，针对不同年级的孩子开设，引导孩子从小熟知本族文化知识、培养文化自觉。除了编写教材，还需进一步协调文教体局、相关学校部门，在不改变目前教制的情况下，增设乡土课程，并为授课老师申请相关补贴。

三、尽快结合当地实际，编写“白马藏族非物质文化遗产保护办法”并形成条例，上报绵阳市批准，形成非遗保护制度化、常态化。按照《非物质文化遗产保护法》第26条明确规定：“对非物质文化遗产代表性项目集中、特色鲜明、形式和内涵保持完整的特定区域，当地文化主管部门可以制定专项保护规划，报经本级人民政府批准后，实行区域性整体保护。确定对非物质文化遗产实行区域性整体保护，应当尊重当地居民的意愿，并保护属于非物质文化遗产组成部分的实物和场所，避免遭受破

① 白该是白马藏族负责祭祀、法事等仪式的人。

坏。”这是可供参考的法律层面的有效依据。

四、除开展上述活动外，文化部门、非遗中心牵头组织民族文化课程培训，利用周末时间，针对市民举办县非遗相关的公益培训活动，除剪纸课程之外，增设歌舞、培训内容。并结合“民族团结示范进步创建工作”，一并推进。

五、对待非物质文化遗产传承人动态管理、以实际传习现状定期考核。对于掌握特殊技艺的传承人不能滥用，应确保其有时间、精力传承技艺，进一步增大对传承人开展传习活动的支持力度。对神圣性仪式相关的展演，要格外慎重，不得随意展示，要充分考虑到仪式的神圣性、天地人神的协调关系，避免任意截取歌舞价值并随意征用。

二　从官方行为到公益力量：交互性存在

在藏羌区乡村振兴的战略中，发展民族特色乡村旅游，带动农民致富，是实现乡村振兴发展的重要抓手。由中国扶贫基金会在平武灾后重建之后介入的民宿修建实践亦是文旅融合的典型选样。在全域旅游背景下，2018 年初，中国扶贫基金会选定在白马藏族乡驼骆加寨子投资修建民宿。中国扶贫基金会相关负责人认为：原定在下壳子修建民宿，政府建议建在上壳子（伊瓦岱惹村上寨，简称“上壳子”），但由于上寨村民反对，没有达成统一意见，最后不得不调回下寨，因为两次的反复、导致重复设计、重出施工图纸，造成一定损失。

扶贫基金会负责人认为：“工作队在这里扎了一年，因为两次反复，造成了差旅费、规划设计费损失”，并希望能够落地，认为这属于人为干涉造成，因进度延误造成损失。

中国扶贫基金会之所以选择驼骆加寨子，看重的也是当地白马藏族文化独具特色，不料落地平武，进展缓慢，成为扶贫基金会管理的 20 多个项目当中进展最慢的一个。然而上寨村民认为（如建在上寨）“破坏了古寨原有的风貌，装修了之后再恢复就难了”，不认同基金会要在原先旧寨的基础上装修的条件，要求对方保留老寨原貌、另外选址另建新寨用于接待游客，建新寨的要求使扶贫基金会难以满足。

最终，几经博弈，由于村民与乡政府的意见未达成一致，最终尊重村民决定：确定为在下壳子修建，就传统建筑而言，保留传统元素，保护白马藏族文化特色。

在这场古寨修建实践中，不难看到：村民的主体性在这场民宿修建实践中得到充分呈现，在表达利益诉求中，村民们的博弈能力在增强。通过与各地游客交流，他们既意识到老寨潜在的文化价值，将老寨改名为“云端部落”（这是可向游客推介的时尚称谓），并向前来测绘地图的百度人员提出将地名标示，又自发组成旅游合作社，轮流向到达2600米老寨的游客、专家、领导介绍老寨的历史、特色。在与外界各色人等的交流中，逐渐获得对老寨文化价值的判断与认知，并合理、合法表达诉求，面对“被开发”的选择，作出符合自身利益的表达。（除了作为村民代表表达诉求外，还向媒体、学者表达文化保护意愿）在这场博弈中，政府试图干预基金会的落地选择，而村民的诉求又反作用于最后的抉择，扶贫基金会带着善款、作为外来资源方，既要尊重政府又要尊重当地老百姓，在这两者满意之间开展工作。这三方互为主体，互为环境，互惠共生。

有学者指出：“人类学注重在文化研究中的主客位互渗，对于‘非遗’保护与传承，同样需要关注到不同群体的声音，呈现出各种‘非物质文化遗产保护’中的多重话语。”①

而在实际生活中，少数民族民众在交往交流交融中，也会站在人类学者角度看问题，站在文化持有者的角度、文化自觉的角度审视自身文化，当然在全域旅游背景下，背后不排除有利益驱动的角度，这几方人士共同参与了白马藏族“非遗”保护工程和过程，在互动、冲突、妥协、和解中共同长进，体现交互性存在，甚使人人之“非遗”真正得到无须遮蔽的呈现。这也是该文旅融合案例给予我们的启示。

藏羌地区的文旅融合与乡村振兴，如何结合非物质文化保护实践，使得民族文化在交流中获得价值，同时尊重文化持有者的主体性、分层次、差异化地开展工作，这是新时代向我们提出的挑战。

三　全域旅游背景下的“非遗”呈现

白马藏人的新年从腊月初八持续到正月十五，跳朝盖是过年活动的一部分，是以血缘家族为单位举行的祭祀活动。跳朝盖是白马人的一种包罗

---

① 纳日碧力戈：《“非遗”中的互为主体与人类学的社会担当》，《中央民族大学学报》2016年第6期。

万象的宗教祭祀舞蹈和文化娱乐活动。对曹盖内容的理解、来源、说法，两省三县的白马人说法各不相同，纷纭复杂。三县白马人的朝盖面具和跳朝盖，尽管差别很大，但有一共同的也是最为重要的特点，即是都把面具成为鬼脸壳子。白马人心目中的鬼，其最重要的一个特点是：对外家族而言是鬼，对本家族来说则是神，是家神，是祖先。对于为什么要跳朝盖，除敬神请神、撵鬼驱邪，以求诸神保佑人丁兴旺、六畜平安。除此之外，白马人还认为，跳朝盖是跳的他们老祖先的业绩和故事——演示白马人自己的民族历史，乃至更为具体的部落和家族的历史。

通常，在每年的正月初五到正月十六日，是跳朝盖的日子，但各地、各部落、各寨子、各家族等，皆有自己跳朝盖的时间。具体的时间则是一个对时（即 24 小时），也就是从头天日落开始，到次日的日落时止。跳朝盖程序包括：准备阶段、念经请神、驱邪撵鬼、神人共乐这几个组成部分①

2019 年春节期间，对于白马藏族国家级非物质文化遗产“跳朝盖”两个村寨的观察，笔者发现：对比没有进行旅游开发的寨子与深度开发的寨子，二者差别明显。在没有进行旅游开发的伊瓦岱惹寨子，笔者观察到：

> 大年初五早上，在长长的念经之后，白莫开始跳朝盖，人们聚集院坝，挥舞各种彩色经幡迎风招展、齐声高呼、相互应答之后，人们成群结队祭拜山神，到了神山祭拜处，女生止步于木门外，不可近前，男生浩浩荡荡前去祭祀，唱歌列队而归。祭祀神山后，并没有告一段落，而是继续一家一家入户，这活动集合全村所有的男女老少，全部参与其间。每到一家，只见朝盖、白莫们率领村民盛装成群结队而入，鞭炮声此起彼伏，一边大声呼喊一边舞蹈、挥舞手中木剑、每到一家用力拍打木门，这拍打意为祛除邪祟，迎接新年。男生列队在前，女生在后，进屋之后围着火炉绕三圈，继续唱歌跳舞，主事的白莫要在剪纸底下说对这家的祝福语，每家每户讲的祝福都不同。每家每户要准备好酒（或可乐）人人要喝。朝盖、白莫先进门，女生在门外两侧列队迎接，一边口中念念有词，待白莫做完法事出门后，人

① 曾维益：《白马藏族研究文集》，四川省民族研究所 2002 年版，第 502 页。

们继续唱歌、喝酒、把人扔向天空、彼此祝福。一直走完寨子里的每户人家，之后由一人背着一背篓叶子朝村口走去，倾倒在山下，鞭炮声再起。人们继续列队跳舞，舞步模仿蛙、熊等各种动物，神圣与世俗、庄严与活泼、敬畏与祝福、祭祀与狂欢，诸多元素全部奇妙地混杂在一起，体现在外在生命形态上是刚健清新、古朴稚拙，经文里勾连着天地人神一套体系。这里的人们千百年来用这种方式。辞旧迎新，祭拜了山神、祖宗、家神、灶神的人们自然而然地感到一阵欢畅。

而在旅游开发较为成熟的亚者造组村，则在初七、初八举办，活动的娱乐性质更为明显，村里自发组织杀羊、朝盖活动，村里出资、各家各户集资、投工。年轻人除了跳民族传统舞蹈，还有各种游戏，也有网络主播游客在篝火旁趁着活动直播，兜售山货。传统上，跳朝盖的活动，一旦开始就要连续跳三年。该村与之前描述的自然传承的伊瓦岱惹村不同之处在于：在文旅融合背景下以旅游为目的而恢复传统，作为吸引游客的景观存在。这也折射出社区传统的关联性与当下的市场需求，演化为相互依存的现实存在。

“跳朝盖”活动省级非物质文化遗产传承人的儿子田虎塔，掌握雕刻朝盖面具技艺，“用这个方式来传承，我还是有很多矛盾，因为一家人要生存，老爸从小开始就爱好这方面，作为一个白马人，我也想把这个手艺传承下去，但是我们这个不是机械化，是纯手工，所以比较慢，但是我是一直跟老爸学，还有两个小孩，也喜欢艺术这方面，我们这个传承，能融到他们学习中不是很好嘛”，他提到生计压力，“现在不能全心全意融入到这个学习当中去”，要一面保障家里的生计，一边传承，现在年轻人多外出打工，愿意在家里学手艺的锐减，像诸多的传统文化传习者一样，在一边保障生计、一边传承文化的矛盾中两相犹豫。“如果完全投入，娃娃读书供不上”。

对于朝盖本身，田虎塔指出神圣性与开发潜力所在：“朝盖这个面具，对于我们来说很神圣，不是娃娃耍家家这种，所以舍不得弄成产品推销出去，如果做成产品出去推销，对我们是个很好的副业。包括这些农产品，但是这些都没有开发出去，如果开发出去，旅游和非遗项目结合，应该是很不错的。”对于朝盖神圣性的尊重、不宜做成产品兜售的考量，也给出了可能性的建议：转化为纪念品的形式出售，是其潜在可能。2014年之后，旅游使村子发生翻天覆地的变化，26户中有22户旅游经营。他希望能够把白马文化衔接旅游，手工制作朝盖面具的话，“造价高、工期长、人工高，但是如果用另一种方式转化，如果是纪念品这种，应该是很不错的”。

对于在给游客播放的、CCTV7套某期节目中提到的“有游客来，就会有跳起朝盖这种舞蹈”的解说，他认为：“朝盖本来是我们白马人心中很神圣、很佩服、很崇拜的一种神灵，但是用儿戏搞成表演，这是不可以的，如果为了旅游，搞成简单的表演性质的是可以的。但是，真正的这种开光的朝盖，是不可以拿来儿戏的。如果表演性质很简单、随便，像个样就可以了。但是真正的开光、祈福，这是看不到的，这是从山上请下来。”对于实际传承，他希望能做成一个传承点的工作室，试图得到政府支持，实际得到口头鼓励，但尚未得到实质支持，认为“从文化方面来讲，很多人不理解（本地文化）内在含义，很多人只知道挣钱就是好事，现在这个金钱诱惑很大，把很多人都诱惑进去了。只要有钱，什么都肯干，没有固定的灵魂、价值。这样他也不懂得这个文化意识、灵魂他就不知道。好多不翻译，他根本不懂，只看图片他根本不知道做什么、什么原因”。这也凸显了跨文化传播民族文化、背后整套价值观、象征系统的理解，需要一定的背景知识，也同样凸显非遗保护领域的特殊性与复杂性。他认为：“学校里面没有这个课程，全部是学汉语、可以学科学，可以学进步，有的人认为我们的没得进步，有些，误认为这样理解。但是我想，这是错误的，各个民族的灵魂，你只要好生地学，都有灵魂，都有前进的方向。”

从白马藏族的价值观、原始性相关的特殊性与复杂性，可以窥见：藏羌地区的非物质文化遗产保护工作呈动态流变、日新月异、多元复杂的过程。我们也看到：政府、村民、公益力量（或学术界）三方主体性的相互呈现，三者互补共存，交相生成、博弈共生。这既是文旅融合民族地区乡村振兴的浓描，也是当下全域旅游背景下文化保护工作的真实呈现。

第六章

广西五县文旅产业助力脱贫案例分析报告[①]

一 隆安县打铁技艺助力扶贫

（一）打铁技艺的传承

隆安作为地处珠江水系支流右江流经的壮族聚居区域，是一个农业大县。著名壮族学者梁庭望认为，隆安是世界稻作文明的发源地之一，孕育了丰富的稻作文化。因此，当地长期以来对农具的大量需求催生了铁制农具技艺的发展和产业形成。隆安县雁江镇红良村的打铁技艺 2010 年就被列入自治区级非物质文化遗产代表性项目，如今，广西首府南宁周边市场上销售的铁制农具依然大多是红良村的铁匠们打造的。

雁江镇红良村那瓜屯是红良铁匠最为集中的地方，被誉为广西打铁第一村，也叫铁匠之村。这里的制铁技艺据称始于 1828 年道光年间，外乡人林宽瑞逃难并落脚于此，为了自己的生计，重操旧业做起了铁匠，并逐渐因勤劳致富，娶妻生子安定于此，并将手艺传给了后人。约民国初年（1912 年），在林氏家族的影响和传授下，当地生产力相对较落后的壮族村民学会了这种相对先进的外来打铁技艺，也开始了专门性的铁器生产活动。从此，通过代代相传习得技艺，大部分村民都会打铁制作农具，至今已传承了 7 代人。由于人多田少，打铁铺子就成了村民收入的重要来源。当地几乎每家都成立自己的家庭作坊，并经由父子、兄弟分家形成各自的铁匠铺子[②]。

---

① 本章作者：张辉、陆霓。

② 资料来源：访谈隆安县文化新闻出版广电和体育局副局长黄涛。

经过世代传承，生产工艺的不断升级使得红良村生产的铁制农具质量上有很大提高，匠人们也大大减轻了劳动强度，提高了工作效率。更进一步地，在近现代产业的影响下，工匠们的生产也出现细分，形成一定程度上的专门化生产。他们不是每种农具都打，基本上都有自己擅长的品类。如笔者访谈的铁匠张氏父子中，儿子擅长打制镰刀，父亲现在年纪大了，只能接一些小型农具的订单，如种花种菜园的小锄头等。

但应当看到的是，即便有了政策扶持和工艺改进，红良村大部分铁匠的生意仍然仅仅是用部分现代化生产方式替代了传统，没有大力变革生产关系，转型程度不高，创新不足，仍然以家庭为基础的小型作坊制造传统农具为主要经营模式，没有走出制作技艺本体性的囹圄，使得产品缺乏多样性，也没有着力于拓宽产品种类和销售渠道，以适应现代化的生产和消费，对区域市场甚至更大市场的需求变化适应不足，产业化程度依然不高。因此，即使从家庭式手工作坊进化成为小规模生产工厂，也就止步于此，在生产和销售上都受到很大限制。

举例来说，铁匠张氏父子谈到①，一次有一位经营农具的老板向儿子定制了 2000 把镰刀，这对他们来说已经是一个大订单了。这样的镰刀，张大坚一天能够制作 30 把左右。受制于生产力，他们不得不推掉很多订单："晚上电话过来的话都懒得接，接电话你又没货，给人家又挨骂了。"但即使如此，对于已经接下的订单，他们也不得不延长劳动时间，每天要工作 12 个小时以上。

这种供不应求的情况还是少数，在更多时间里，铁匠们的生意是大不如前的。现在张铁匠一般到下午 3 点左右就收工了。一是因为天气太热，二是因为他正在做的订单，是他近半年来收到的唯一一笔订单，大概三个月左右就可以完成。随着中国工业化进程的逐步深入，农业生产也逐渐机械化了。在红良村也成立了水稻种植的专业合作社，水稻成片种植、收割，传统农具逐渐被淘汰，红良村制作农具的打铁手艺渐渐派不上用场，这给铁匠们带来了生存危机。

（二）打铁技艺的新发展及助力减贫

这场随着现代社会结构和生产方式的转型带来的危机让人们不得不积

① 资料来源：访谈红良村制铁从业者张大坚父子。

极思考变通之计。到 2017 年 12 月底，隆安县还有贫困人口 11106 户，39662 人，隆安县立足实际、转换思路，着眼于解决更多贫困劳动力及留守妇女就业为目标，积极推进就业扶贫车间建设。据了解，隆安县对企业、个体工商户在乡镇、村屯设立加工点、经营点等，吸纳 5 名以上建档立卡贫困家庭劳动力，从事手工工艺、种养殖等生产活动的，实行专门的扶持政策，帮助建档立卡贫困劳动力在家门口实现就近、就地转移就业，实现扶贫有新招，就业有保障，达到群众、企业、政府多赢局面，让原来一家一户分散经营的贫困农民逐渐转变为产业工人，培育新型的职业农民。红良村有 3500 人左右，共 880 户，其中 2018 年确定脱贫的重点帮扶有 13 户，共 40 人左右。它虽不是贫困村，但贫困发生率依然居高不下，村民主要是因病、因学等各种原因致贫①。作为远近闻名的打铁村，当地政府重视将脱贫工作和当地实际结合，充分发挥打铁技艺这个自治区级非物质文化遗产代表性项目在改善人民生活中的重要作用。

在这样的政策扶持下，今天，红良村那瓜屯共有 38 户人家，有 25 户开炉打铁，每家雇有 10—30 名工人。除传统的夫妻炉、兄弟炉、父子炉等家庭式的铁匠作坊外，当地还有三个小型加工厂。村里的铁匠一般都会邀请村里贫困或者是比较困难的群众来做帮工，这在一定程度上接济了他们，让他们在农闲时有一定的收入。除此之外，过去红良村的铁匠会走村串户收集破铜烂铁，现在他们会到附近的汽车修理厂专门购买报废的钢板，作为打制农具的原材料。这样，这些铁匠就初步串联起了铁制农具制作的上下游，形成简单的产业链条，成为当地村民增加收入的重要来源，带动地方就业百余人。

此外，靠传统的打铁业逐渐富裕起来的村民不满足于现状，他们购买了空气锤、鼓风机、电焊机、切割机、砂轮、冲床、钻床等现代机械工具，购进成批的钢铁、焦炭等原材料，在传统作坊的基础上不断扩大更新产品。除了从事生产圆柄沙锄、方形沙锄头、回齿锄、十字锄、帐篷锄、花生锄、甘蔗锄、鱼尾锄、斧头、扁刀、大砖刀、直柴刀、勾柴刀、小勾柴刀、草镰刀、鱼叉、菜刀等各种铁制农具和小五金外，还从事相关农机具制造业，自行研制了多功能脱粒机，产品用于稻谷、玉米农作物的脱粒，还生产了多种型号的吊车、拖拉机铁轮、滚轮、铁犁头架等配件。这

① 资料来源：访谈隆安县雁江镇红良村扶贫工作队队员梁根。

些产品锻打密实，冷处理得当，铁器坚硬耐用，刀口坚韧锋利，质量上乘，产品十分畅销，有不少外地客商上门订货，产品远销南宁、百色、云南，甚至越南等地。据不完全统计，那瓜屯铁制产品年销售产值200多万元，获利近120万元。

第六代非物质文化遗产传承人林仁超就是一个很好的例子。他16岁开始跟随父亲学习传统手工打铁技艺，经过艰苦锻炼和勤奋好学，掌握了传统的生产技术。1992年，他在那瓜屯第一个办起了个体手工业厂，招收工人，带徒授技，打造的农具产品质量上乘，销量很大。2001年，林仁超联合几家打铁厂坊，向国家有关部门申请注册“大雁”牌商标，成立了“大雁农机修造厂”，产品越做越多，销路也越来越广。当地人说：“林仁超使那瓜屯手工打铁从传统手工发展到现代机械生产，是一位具有眼光和胆略、勇于开拓市场、承前启后的领军人物。”目前他的厂招收工人二十余位，有下岗工人、返乡农民工和本村青年人，他既是老板又是师傅，给工人传艺授技，不但带动了村民脱贫致富，还吸引流出青壮年劳动力回流，带动本地产业发展。①

红良村传统打铁技艺历史悠久，在整个南宁市及其周边地区民族手工业制作中独占一席，是南宁及周边地区壮、汉民族近代手工业文化的遗存。而今，经过200多年的发展，打铁业在一代又一代传承人的发扬壮大下，其发展进程蕴含着深厚的历史文化内涵，比如壮族非但农产品能自给自足，对铁农具和小五金亦可自给自足，这对研究我国壮族工业兴起和发展有参考价值和研究价值。传承、挖掘和保护红良村打铁技艺，对弘扬民族传统文化、推动地方旅游业、丰富和发展民族产业都有积极的促进作用。

二 南丹县瑶族服饰技艺助力扶贫

白裤瑶是瑶族的一个支系，因男子穿齐膝白裤，所以被称为白裤瑶。其总人口近5万人，其中4.2万人主要聚居在广西西北的南丹县、八圩、里湖瑶族乡和贵州省荔波县瑶山乡一带。由于居住地自然环境相对封闭，受外界影响较小，作为由原始社会形态直接跨入现代社会形态的族群，白

① 资料来源：访谈隆安县文化新闻出版广电和体育局副局长黄涛。

裤瑶保留了完整的民族文化生态，被联合国教科文组织称为“人类文明的活化石”。其民族服饰同样得以保留其最原始的形态，在图案、纹饰中体现着人们世代传承的信仰、历史印迹及对生活的理解，饱含对自然、祖先的崇拜之情。白裤瑶妇女精于纺织，至今在南丹县的瑶族聚居区仍保留着一套完整的瑶族服饰手工制作技术，作为入选第一批国家非物质文化遗产名录的项目，它为南丹县脱贫工作提供了有力的帮助。

白裤瑶的服饰工艺精湛，样式古朴，且手工烦琐。一整套传统服饰的制作过程至少需要一年的时间，包括织布、纺纱、描图、刺绣、制衣等30多道工序，几乎每一道工序都受季节的影响，因为在这些工序里会用到很多的植物染料，而这些天然植物染料的采集是受到时令气候影响的。就拿染布这一项工序来说，操作就十分费时费力。瑶民们通常在农历三月到山上采集被他们称为“都药”的染料，“都药”在当地都是野生的，一般生长在密集的树林里，采集非常困难。“都药”被采集回来之后，就需要立即切成碎片，进行熬煮。随着山地开发、气候变化和人类活动等多种因素影响，现在采集“都药”越来越困难。据瑶民们介绍，就连熬煮都药用的水，他们也习惯到离家几公里外的一口泉水那里去挑。尽管现在村里有政府支持修建的饮水工程，但水源地的水从山上被引入村中时，要经过一定的处理，人们担心会影响染布的质量，所以在染布的几个关键工序里，瑶民们还是习惯直接到祖辈吃水的泉眼那里挑水染布。要绘制妇女服装背后最具代表性的图案“瑶王印”，也需要瑶民从陪伴了他们千年的黏膏树上取其汁液，经反复浓缩后制得黏膏，再小心绘制。①

在白裤瑶的传统中，孩子们从小就要向长辈学会带有浓郁民族特色的基本生存技艺：男孩要学会砍柴，放牛，犁土；女孩要学会插秧，绣花，染布，画裙子，因此基本每家每户的女主人都会学习传统服饰的制作。但一方面，整套传统制作流程复杂，又脏又累，费时费力，还需要花费不小投资置备一套完整的制衣工具；另一方面，在改革开放以后，白裤瑶人也和其他农村地区一样，年轻人愿意出去打工，而不愿意在家务农，制作自家服饰的传统正逐渐消失，但他们依然保留了在节庆期间和重要场合身穿全套民族服饰的习惯。因此，人们越来越多地倾向于购买而非自制，于是在白裤瑶聚居区出现了一些专门制作民族服饰的手工工坊，形成了一定程

① 资料来源：参与式观察瑶族服饰非遗传承人黎凤珍生产过程。

度上的专业化和规模化①。

黎凤珍就是这些专门制作民族服饰的手工工坊的突出经营者之一。作为瑶族服饰非遗传承人，她创建了家庭瑶族服饰传承基地，也被政府列入贫困攻坚的产业扶持对象。有一年，黎凤珍祖传的染布坊被冰雹损毁殆尽，乡书记了解情况后非常重视，随即到县里民宗局汇报，民宗局用少数民族发展资金进行扶助，重建了她的蜡染坊②。就这样，在当地政府的扶持下，前几年还是属于贫困状态的黎凤珍现在有了属于自己几十平方米的染布作坊，并逐步扩大规模。中堡、月里、八圩、里湖乡要做的传统服饰，都在她这里进行染色加工了。

黎凤珍接受政府的民族产业发展资金，办起了染布房。她还牢牢记住了政府对她的嘱托，有带动周边群众一起脱贫的责任。于是黎凤珍就将制作服饰的一些环节委托给周边生活比较贫困的留守妇女。这些周边的留守妇女，由于需要照顾家中的老人小孩，无法外出务工，家庭收入受到很大限制。如今，传统服饰制作这一项产业让她们在家中也能进行工作，增加收入，贴补家用，尤其是因病因残致贫的留守妇女，更是会受到特别关照，受益于这项产业。驻村扶贫指导员将对当地贫困人口的脱贫工作和黎凤珍的产业结合，指导当地贫困妇女参与瑶族传统服饰制作，将服饰和工艺品成品形成商品向外推介，为当地扶贫工作的开展提供了很好的思路和范例。如今，黎凤珍的工作坊每年能生产瑶族服饰40多套，每人每月在这项产业上至少有三四百元的纯收入，带动了周边十多户贫困群众脱贫。③

南丹是广西54个脱贫攻坚重点县之一。过去，白裤瑶群众大多生活在大山深处，生存条件恶劣。人们连温饱问题都难以解决，更不要说固守传统，传承极尽烦琐的传统制衣技艺了。在“十三五”期间，经识别有贫困村47个，贫困户11527户，贫困人口50656人，贫困发生率达11.4%。里湖、八圩等白裤瑶聚居区是广西典型深度贫困地区，一些行政村的贫困发生率高达80%，属全区最高。2017年，在全县上下的共同努力下，共减贫35522人，贫困发生率下降至2.58%。2017年6月，南丹县启动总投资13.7亿元的“千家瑶寨·万户瑶乡”项目，规划了里湖王尚、八圩社区、八圩瑶寨3个易地扶贫搬迁安置点，安置白裤瑶群众

① 资料来源：访谈黎凤珍。
② 资料来源：访谈南丹县民族宗教事务局局长黄爱玲。
③ 资料来源：访谈南丹县财政局驻瑶寨村驻村指导员何文洋。

2471户，约1.35万人。白裤瑶群众告别深山茅草屋，搬进位于县城不远的景区“小别墅”，过上了幸福生活。①

如今，南丹的脱贫攻坚工作已初具成效。尤其在党的十九大召开之后，广西践行精准扶贫，响应“决不让一个少数民族，一个地区掉队”的号召，南丹瑶族人民生活的变化，就是一个很好的贯彻党的十九大报告中提出的实施“乡村振兴战略”的实践例证。人们生活改善了，就有能力、有信心重拾文化传统，并且运用于现代生活，为人们的生活增光添彩了。尤其在国家将文化和旅游融合发展纳入国家制度体系建设的战略高度来进行定位和统筹谋划以来，南丹更是积极响应号召，不拘泥于白裤瑶服饰的本体性和原真性，将白裤瑶文化的传承和发展与当地旅游实践有机融合起来，形成了独特而新颖的新文旅产业态势。

2018年4月18日，农历三月初三，“南丹脱贫奔小康，白裤瑶乡换新颜”旅游嘉年华活动，在河池市南丹县里湖瑶族乡王尚移民新村举行②。南丹县各族同胞以特色的民俗活动，欢庆三月三的到来。白裤瑶族的跑纱表演是会场最具特色的一道风景。跑纱，其实就是白裤瑶妇女纺纱织布的一个环节。瑶族人民将在现代生活中逐渐退出舞台的传统劳作方式抽象化和艺术化，并结合瑶族在重要节庆或五谷丰登之时进行的传统铜鼓表演，并在保持本民族原有特色的基础上加入现代人们喜爱的其他艺术元素，汇编成完整的舞蹈演出。现在，当地组建了大大小小的舞蹈队，并经常进行专门性的训练，通过外出巡演或在当地文化节中表演等形式，不但传承了原本可能被人们遗忘的传统民族文化技艺，还向更广大的市场展示了他们的民族文化，并通过文化带动当地旅游业、传统服饰行业，以及其他相关民族产业的发展。

三　三江县木结构建筑营造和刺绣技艺助力扶贫

（一）木结构建筑营造技艺助力扶贫

随着旅游经济的发展，各地兴起了修建传统建筑的风潮。这一变化让

① 来源：新华网．广西南丹：白裤瑶群众的幸福家园［OL］．（2019-07-06）．http://m.xinhuanet.com/gx/2019-07/06/c_1124718885_2.htm。

② 资料来源：参与嘉年华活动，并访谈非遗传承人黎凤珍之女黎秋忆及其舞蹈队队员。

三江侗寨的木构建筑技艺得以传承，民族传统文化得以传播，木匠的贫困生活得以改善。三江是广西唯一的侗族县，拥有中国最完好、数量最多、分布最集中的侗族建筑群，三江侗族自治县境内共有侗族风雨桥 108 座，鼓楼 159 座，还有大量的侗族民居建筑群。其中，三江侗族自治县高友村是三江侗寨的木构建筑技艺的典型代表，全寨所有建筑都是按照侗家风格建造的传统木结构建筑，也是我国唯一一个将侗家建筑作为要求列入民约村规里的地区。因此，高友村既保持了具有民族特色的村落结构，沿袭了侗家民族文化风格，又造就了一批具有民族技艺的匠人①。

高友村位于三江县最北端，距离县城约四十公里，位于广西与湖南的交界上，地处长江洞庭湖水系的发源地。它是一个典型的侗族聚居的寨子，民居建筑为传统侗族木质建筑结构，布局合理有致，包括 6 座鼓楼（最早的一座距今已有 200 多年历史）、1 座风雨桥（接龙桥）、3 个寨门、1 座戏台、1 座古庙、27 个凉亭、13 个古井亭和 400 多座吊脚楼等，与石板古道、古井、古树、石雕、古庙、古墓群等保存完好的建筑物和人文自然景观形成了一个有机的建筑文化空间整体，凝聚了侗族千百年的聚居建筑智慧。2012 年高友村被国家列入第一批中国传统村落名录中，广西壮族自治区三江侗族自治县侗族木构建筑营造技艺更是早在 2006 年就列入了第一批国家级非物质文化遗产名录。

作为宝贵的非物质文化遗产，传统的三江侗族自治县侗族木构建筑营造技艺有其独特的构成和要素，除了建造出有机的建筑文化空间外，建筑技艺本身呈现的人文生态也具有其丰富的内涵②。首先，在成员组成上，有掌墨师、有学徒、有帮工、有风水师，这些人组成了一个完整的木结构建筑施工体系。传承通常为师徒制，施工人员主体由 1—2 个掌墨师和他们的徒弟们组成。一般来说，一个师傅可以带 10—20 个徒弟，接了活，由这些人自由组队共同完成。所谓掌墨师就是掌握墨盒、画线的师傅。对于建造侗族木构建筑来说，掌墨师就是一个建筑工地的设计师、工程师。房子建多大，每个构件需要什么样的尺寸，构件与构件之间怎么连接，全在掌墨师的脑子里。其次，在建筑技艺上，侗族人建造木楼、风雨桥和民居时，不用一张图纸，不用一根铁钉，仅仅通过掌墨师用简单的竹签做标尺，用独特的墨斗做标注，运用中国传统的榫卯结构，就能建造整栋的木

---

① 资料来源：访谈高友村驻村第一书记莫中山。

② 资料来源：参与式观察高友村木结构建筑生产过程。

结构房屋。最后，在建筑过程中，除了施工本身，传统民俗仪式的进行也是另一个重要部分。

上梁仪式是侗族木构建筑营造技艺中最重要的环节。上梁，即是上房屋框架最上面的那根横梁。在侗寨人心目中，这根最顶上的横梁有沟通天地、神灵和祖先的作用，关系到家里主人的运道，所以需要在良辰吉日举行一个仪式，趋吉避凶，祈求祖先神灵保佑。在这根横梁上会附加很多代表吉祥意义的其他物件，如五彩丝线、文房四宝、历书、五谷、香椿树枝等，整个上梁仪式要持续整整一天。

高友侗寨所有的建筑活动都是从风水先生与掌墨师的祭祀活动开始的，风水先生主要是祈求这方天地的护佑，而掌墨师主要是祈求鲁班祖师爷保佑工程顺利。当风水先生和掌墨师拼接好第一个榫卯结构的构建后，前来帮忙的亲友们才可以进场。在掌墨师的指挥下，开始整个木结构房子框架的搭建工作。而侗寨木结构房屋的建造一般分为两个阶段，以上梁仪式为分界点，搭好梁柱的木结构，直至上完最后一根横梁的上梁仪式，为第一阶段，这个阶段由掌墨师负责。而楼板的铺设，厢板的镶嵌，以及装修为第二阶段，由另外的木匠团队负责。

由于高友侗寨都是木楼，使用年限一般仅限两代人居住，往往需要经常更新换代，所以几乎每年农闲季节都有家庭需要建木楼。每年到了农闲季节，在侗寨都会有很多的木匠工地，寨子里的男人们都会一些简单的木匠技能，进行如梁柱榫卯的拼接等掌墨师不亲自动手的简单重复部分。在村子里修建木楼的传统中，前来帮忙的人是没有工钱的，主人只需要在鼓楼广场摆上几十桌，为帮忙的村民们提供饭食即可。

高友村有着美丽的自然风光、精巧的村落建筑结构和深厚的民族文化传统。2012 年，高友村被授予柳州市“十大精品美丽乡村”荣誉称号。而这样一个历史文化厚重的小村庄，却因地势高、路难行、土地少等因素，阻碍了自身的发展，当年贫困人口就占了常住人口的 32%。2015 年，高友村总户数 494 户，总人口 2129 人，建档立卡户 159 户 682 人。当地政府一直积极解放思想，寻求脱贫致富之路。高友村“两委”班子采取“党支部+”模式，结合危房改造、寨改工程进行镇村旅游风貌改造，积极发展生态旅游，每年吸引大批游客来到高友村，享受侗乡民族风情。依托优美的自然生态环境、古朴的民族特色建筑和纯朴的民风民俗等丰富的旅游资源，开发了韭菜节、红薯节、多耶舞、吹芦笙等形式多样的民族风情文旅活动；并组织当地村民成立了农业旅游合作社，通过每年举办文化旅游节暨旅游扶贫农产品推介会等活动，带动贫困户脱贫。[①] 2018年，部分贫困户通过易地搬迁扶贫政策搬迁至县城，高友村将无人居住的旧房改造成民宿。项目建成后，引进致富带头人进行经营，高友村每年获取红利作为集体经济收入，年增收可达8万元左右，同时也将带动贫困户在家门口进行农副产品销售。2019年脱贫7户21人，剩余9户33人计划在2020年脱贫致富。目前，全村164户建档立卡贫困户已脱贫155户，脱贫攻坚工作取得了显著成效[②]。全县通过旅游扶贫带动了1.2万多名贫困群众走上脱贫致富之路。

除了将游客“引进来”外，高友村还凭借侗族木构建筑营造技艺这一国家级非物质文化遗产，大做“走出去”的文章。随着人们文旅需求的日益增长，对民族风情建筑的审美需求也不断提升，越来越多的旅游景区开始建造具有民族特色的木质结构建筑。正是这一市场需求，让传承千年的侗族木构建筑艺术得以在现代社会继续传承下去，生活贫困的侗族木工匠人，能够看到新的生活机遇。

目前三江侗族地区长期从事木构建筑的公司有10多家，具有木构建筑营造资质的工匠有200多人。在政府部门的带动下，侗族地区原有的乡村工程队开始转型为正规建筑企业。据统计，2016年三江县旅游社会总收入42亿元，这里面以侗族木构技艺为代表的传统手工技艺功不可没。一个成熟的工匠师，可以带20个徒弟。据初步的统计，全县有近200位成熟的工匠师，可以带动将近4000人通过工程队就业创收，侗族传统木构建筑技艺在现代社会获得了新的产业化发展。[③]

（二）侗族刺绣技艺助力脱贫

侗绣是广西壮族自治区三江侗族自治县另一个助力扶贫的少数民族非物质文化遗产项目，于2008年被列入广西壮族自治区非物质文化遗产名录。以同乐苗族乡同乐村的侗绣为典型，这里多民族大杂居、小聚居的居住格局，孕育了独特的侗绣文化。在当地侗绣制品中，其图案宗教崇拜色

① 资料来源：访谈三江侗族自治县扶贫办主任刘光达。

② 来源：三江侗族自治县人民政府网站《县医保局到高友村开展关爱脱贫攻坚工作动员活动》，（2020－01－21），http://www.sjx.gov.cn/a/xinwenzhongxin/bumendongtai/2020/0121/28544.html。

③ 资料来源：访谈三江侗族自治县扶贫办主任刘光达。

彩较浓，体现了人们的多神崇拜。在侗族人心目中，万物有灵，他们认为无论是龙凤花鸟，山川河流，古树巨石，桥梁水井等，都是崇拜对象。穿上附有这些图案的衣服，人们以祈求众神庇佑，平安无灾。侗绣中的图样花纹常见蛇图腾崇拜、雷神崇拜、河神崇拜、鱼图腾崇拜、蜘蛛崇拜，还有许多织锦中手牵手的人物花边图案，正是侗族祭祖母“萨岁”等，多是由侗族崇拜的多神进行抽象和夸张，具有浪漫的艺术效果，精美细腻，常常用来装饰围腰、袖口、背带、鞋面。

覃家是三江县同乐乡侗绣技艺的非遗传承人，包括第二代传承人覃奶时青，第三代传承人覃奶时青的儿媳杨甜、韦清花妯娌，都是当地出名的“绣娘”。覃家保留了整套的传统刺绣手工制作流程，从棉花纺成线、棉线织成布、棉布染成侗布，再在侗布上绣上民族特点的传统图案，这一整套手工艺，覃家依然传承至今。此外，覃家还在她们居住的木楼中开办了三江侗绣博物馆，这是她们制作侗绣作品、传承侗绣文化的地方，同时也吸引了很多学者、游客前来访问、参观。

三江侗族自治县的民族传统文化、民族传统手工艺资源丰富，保存完整。其中，同乐村虽然不是贫困村，但贫困发生率在县内依然属于偏上，主要为因病、因学、因残致贫。当地政府助推脱贫攻坚的过程当中多管齐下，如何有效地利用资源让贫困人口脱贫，让地方传统产业得到发展，是政府非常关注的领域，当地传统的侗绣就是一个很好的切入点。①

2013 年 1 月，当地政府启动了“锦绣三江”民族刺绣产品项目。该项目充分发挥三江侗族刺绣的传统优势，有效整合自治区国资委、扶贫办、人社厅等部门的专项扶贫、培训等资金，以“企业+协会+人才+农户”的经营模式和“设计+生产+销售”的一条龙服务方式，产品由广西工艺美术研究所研究设计，经济联合社组织农户生产，广西中国国际旅行社等相关企业对外推广销售，扶持侗绣产业走向规模化发展、专业化经营、规范化管理道路，独辟一条“产业扶贫+文化传承+旅游发展”的特色多赢新路子，全力引导“绣娘”集智聚力、抱团发展，打破“一盘散沙”式的落后生产模式，确保每位“绣娘”月收入不低于 2000 元②。

多年来，相关部门为推动侗绣产业的发展，经常会举办一些传统手工

① 资料来源：访谈三江侗族自治县扶贫办主任刘光达。

② 龚普康：《三江县：扶持侗绣快致富》，(2013-08-29). http://www.gxcounty.com/tour/tscp/20130829/84080.html。

艺品的博览会、展销会。这样的博览会、展销会对于杨甜、韦清花这些侗绣技艺的传承人来说也是一个特别利好的平台。2017 年夏天，在南宁国际会展中心举办的广西工艺美术作品展中，民族元素作为主打产品，是这次展会上的一大商机。在这次展会中，就有企业找到韦清花商讨民族服饰电商平台的建立，通过现代“互联网+”的平台将像侗绣这样民间将要失传的技艺传递给更多的人。现在，第四代侗绣技艺的非遗传承人杨甜的女儿覃桂珍，在大学毕业后回乡学习和传承侗绣技艺，并利用电商平台进行创业。覃桂珍将侗绣元素相关的手工艺品在网店中出售，有不错的销路，目前到快递点寄快递，已经成了她日常生活中的重要组成部分。

除了直接出售侗绣手工艺品外，侗绣制作技艺还以许多其他形式获得发展。这些传承人时常参与其他社会活动，如韦清花在柳州市第二职业技术学校兼任侗绣的特聘大师，深度参与学校的一些课程设计、教学以及其他相关活动；现代时尚界也越来越多地从像侗绣这样的民族传统文化元素中获得灵感，让侗绣从小众市场越来越多地在现代产业中获得生存空间；与时尚界设计师的近距离接触，也让杨甜、韦清花这样的技艺人有了更多的机会发展她们的侗绣事业，并带动周边留守妇女获得创收途径。①

随着三江旅游业的发展，以及侗绣产业化道路的逐步形成，侗绣已经不仅仅局限于美丽的民族特色手工艺制品，而是将其作为一种文化元素，和旅游融合，二者相互助力，共同发展。2018 年 6 月 9 日，也是“文化和自然遗产日”，韦清花和女儿覃桂珍一起，在三江县城开了一家名为“清花绣坊”的体验店。经过了一年多时间的推广和打磨，“清花绣坊”成为了展示三江传统服饰制作、侗绣、剪纸等多种传统手工艺对内传承和对外展示的平台。同乐乡有 50 多位绣娘承接着来自“清花绣坊”的订单，在农闲之余，这些绣娘通过刺绣人均至少可增收 2000 元②，使得三江县同乐乡 4 万多少数民族群众受益。目前光同乐乡境内就有 500 多妇女熟练从事刺绣行业，2019 年三江侗绣年产量达 10 万件，向欧美市场销售绣品 4000 余件，年产值达到 2000 万元。

---

① 资料来源：参与式观察三江县同乐乡侗绣技艺非遗传承人覃家的工作和生活。

② 人物专访：《走进侗绣世家 触摸指尖上的非遗》，（2018-10-01），https：//www. sohu. com/a/257360657_747495。

四　靖西县壮族织锦和绣球制作助力扶贫

（一）壮族织锦技艺助力扶贫

“七月山城灯火明，家家织锦到三更。”这是清朝广西举人莫震写壮锦的两句诗。与云锦、蜀锦、宋锦并称中国四大名锦的壮锦，是广西民族文化的瑰宝，主要产地分布于广西靖西、忻城、宾阳等县。它由棉线或丝线编织而成，图案生动，结构严谨，色彩斑斓，在其中体现了壮族人民对天地的崇拜和对美好生活的追求与向往。在满足生活基本需要的同时，把物质的实用功能与精神需求紧密结合，兼具实用性和欣赏性，是承载民族文化记忆的“活化石”。2006 年，由广西壮族自治区靖西县申报的“壮族织锦技艺”荣登第一批国家级非物质文化遗产名录。2011 年 10 月，靖西壮锦厂被列为广西首家非物质文化遗产生产性保护示范基地，同年 11 月被国家文化部授予“国家级非物质文化遗产生产性保护示范基地”称号。

壮锦多以原色棉纱为经，染色丝绒为纬，用本地木制的土织机手工精制而成，质地结实耐用，图案配色别致，花纹精美，传统图案有：框边回字形饰纹、莲花、牡丹、蝴蝶纹、云纹、葫芦纹、水纹、“卍”字形、双喜等。壮锦是广西人最精彩的文化创造之一，其生产历史悠久，最早可追溯到汉代。然而，壮锦的传承曾遭遇过危机。一方面，传统壮锦一直以来都是沿袭古法手工制作，纺线、染线、浆线、卷纱、拉纱、梳纱、穿棕穿扣、结花板织壮锦，每一道工序都需要花费不少时间，无法实现量产，使得许多壮锦生产者一度难以为继；另一方面，壮锦在解放前为民间个人手工编织，产品种类单一，仅有被面、背带心两种，图案式样单调，中华人民共和国成立后曾一度陷于外来机织品的冲击。此外，过去专门从事织锦技艺的人员不多，大多为终身不嫁和吃斋的妇女，传承遭遇后继无人的险境。

随后，由于国家实行民族政策，提倡发掘民间民族工艺品，1956 年组成绣织社，1960 年改称壮锦厂后，逐渐引进半自动纺织机，招工培训，品种增加了床单、台布、坐垫、壁挂、背带、头巾、披巾、挂包等 10 多种，花式图案也增加了玫瑰、蝴蝶、熊猫翠竹和民族花边等几十种。多次参加全国、全区举办的民族工艺品展览，产品远销中国香港、澳门、新加坡、日本、美国、加拿大等地区和国家，深受外商青睐。1976 年靖西壮锦厂生产的民族织锦获自治区质量第一名，1987 年壮锦厂生产的绣球被评为全国轻工业少数民族用品优质产品奖，1989 年壮锦系列产品被评为广西少数民族用品优质奖。

靖西壮锦第六代传承人李村灵就是 1987 年进入靖西壮锦厂的年轻壮族绣娘，一干就是数十载。现在的她已是靖西市壮锦厂厂长。在她的带领下，靖西市壮锦厂织锦产品先后荣获国家、省级、市级授予的各种荣誉称号。靖西市壮锦厂继承、发扬壮族民间优秀的传统手工艺技术精华，主要生产的“锦绚牌”绣球和壮锦挂、壁画、被面、真丝绣花披巾等产品均获得消费者的广泛喜爱，畅销国内外。而李村灵并不满足现状，她认为不仅要让壮锦工艺发展，还要有传承的脉络，她千方百计想点子、闯路子，立志擦亮靖西壮锦品牌，让其拥有源源不断的生命力。为了使壮锦在现代生活中获得新的生命，李村灵从多个方面进行创新：向有经验的织锦者请教，在工艺设计、工艺程序上不断提高生产效率；在产品多样性创新上，她创新实施“靖西壮锦、绣球制作技术装备提升创新项目”，使现代科技与传统的壮锦、绣球制作工艺相结合，设计和开发出集纪念性、知识性、趣味性、观赏性、实用性于一体的壮锦、绣球，还有壮锦服装、壮锦旗袍、壮锦围巾等特色产品；最重要的是她在图式审美上的不断追求，她积极与现代美术家、设计师合作，开发新的图案样式，不断提升作品的艺术价值，将其从日常用品向文化用品和艺术精品转变。①

例如，在靖西壮锦厂陈列馆中的镇馆之宝，九幅反映壮族历史与传统民俗的壮锦组图《越风》，就是李村灵和曾丹 20 年前成功合作的一次壮锦在艺术格局上求变的成果。曾丹是靖西一所中学的美术教师，他对于图案设计有着丰富的经验。设计这样的图案，源于曾丹老师一次北京之行，受到来自塞内加尔前来北京参展的壁挂等令人惊艳的具有民族特色的装饰。他们深感本民族自身素材丰富，但挖掘并不充分。传统的壮锦基本上都是一些用不断重复的带有吉祥含义的图案组成的日常用品，已经不能满足现代人的审美需求，现在的壮锦则是一幅幅有文化含义的画。②

在图案纹饰的设计上，除了一代代织锦人口口相传而来的传统图案外，他们不断从壮族本土文化中寻找灵感，回归到壮族的历史，从壮族自

① 资料来源：访谈广西壮族非遗项目壮锦传承人李村灵。

② 资料来源：访谈靖西市美术教师、李村灵壮锦艺术合作者曾丹。

身的传统中寻找力量。包括从广西优美的山水风景中获得灵感，或是将抽象的传说故事具体化，或是从传统的铜鼓花纹中获得启发，或是重新设计广西花山岩画——这种壮族先民骆越人群体祭祀留下来的遗迹，是壮族祖先留下最典型的文化痕迹。[①] 要做好壮锦的文化产品，李村灵努力的方向就是发掘人们的文化消费需求，满足人们的文化品位，尤其是乡愁、情怀、文化认同等，这正是壮锦产业转型的目标。

壮锦作为国家级非物质文化遗产，是壮族传统文化的精粹。同时，在当前“非遗+扶贫”的产业模式下，这门传承已久的手工技艺，也是靖西脱贫致富的重要途径，有效助力当前的扶贫工作。靖西市是一个县级市，总人口 67 万，壮族人口占总人口的 99. 4%。靖西壮锦随着旅游业的发展取得了较为快速的增长。以靖西壮锦厂等传统手工企业为代表，靖西壮锦刺绣产业高峰时期能接纳上万劳动力，特别是为贫困、失业、待业、返乡妇女提供就业创收机会，为农村贫困妇女脱贫提供了支撑。2017 年，广西区妇联授予上述企业“自治区级巾帼脱贫示范基地”称号。

许多被靖西市扶贫开发办公室认定的脱贫攻坚精准帮扶对象，受益于当地文化馆、扶贫办与壮锦厂合办的壮族织锦技艺培训班，这样的培训目的就是为了让当地贫困人口通过学习提高织锦技艺，获得新的收入来源。对于普通农村留守妇女来说，能够提高织锦的手工工艺，在家就能挣到钱。

以大金村为例，大金村一共 6 个自然屯，16 个村民小组，一共 556 户，2398 人，是国家认定的壮族聚居一类的贫困村。浓金屯是大金村最贫困的屯。由于山多地少，以前主要是靠劳动转移就业增加收入。但农村留守妇女上有老下有小，走不出去，只能在家务农。当地政府发掘出浓金屯的留守妇女还保有一定的刺绣、织锦技艺能力，就积极联系靖西市壮锦厂、文化馆等相关部门举办培训活动提高留守妇女织锦手工艺。技艺提高了，就会有人收购她们的手工作品，利用每天的农闲时间，还可以做刺绣、织壮锦卖出去贴补家用，有效地解决当地农民贫困问题。[②]

农业社会的传统市场培育了优秀的壮锦技艺，李村灵的努力正是让壮锦这种优秀的壮族非物质文化遗产，适应工业社会新的市场，让这种珍贵的传统文化在新的多元文化社会中找到它自身的位置。

---

① 资料来源：访谈靖西市文化馆馆长莫福校。

② 资料来源：访谈大金村驻村第一书记韦寿坚。

（二）壮族绣球制作技艺助力脱贫

旧州街位于广西百色地区靖西市，距市区 9 公里，号称“中国绣球之乡”，是广西绣球的主要产地。当地有 400 多户，将近有 1800 人，基本上家家户户老老少少都会制作绣球。2006 年，包括绣球、壮锦在内的壮族织锦技艺被列入“第一批国家级非物质文化遗产代表性项目名录”。绣球制作技艺的国家级非物质文化遗产传承人黄肖琴就住在旧州景区街上，她家一层大厅，既是销售绣球的门脸，也是制作绣球的工作间。黄老师已经年近七十，依然每天坚持制作绣球，传承并向世人展示着古老的壮族文化。①

绣球有 2000 多年的历史，它的前身由青铜制成，史书上称其为“飞砣”，用于狩猎和作战。后来，能歌善舞的壮族人逐渐将飞砣改为绣花囊，包裹豆粟、棉花籽或谷物等农作物种子，寓意将情感的种子抛给爱人，祈求爱情像粮食一样丰收。解放前每逢三、六、九的街圩，年轻男女相约从附近村庄上旧州赶圩，经过对歌、问歌、答歌、踩歌等一番山歌传情，接着就是女方拿出早已备好的绣球，公开向男方抛绣球传情，或是私下赠送绣球定情了。② 如今，民间自发组织的抛绣球的民俗，也已经很少见到了，大多已经演变成为一种舞台表演，或是在当地结合文旅产业，成为特色旅游项目之一。

旧州，如今不再是一个普通的村庄，而是一个著名的旅游景区，吸引着来自各地的游客。旧州的绣球不但从男女定情之物变为工艺品和礼品，更是已经演变成一种民族符号，成为壮民族的象征。制作绣球已经成为旧州旅游产业的一部分。在旧州做绣球没有明确的师徒传承，按照当地人的说法，看着看着就学会了。绣球产业制作工艺简单的特点，在当地精准扶贫的工作中，发挥着巨大的作用，对当地许多留守妇女，尤其是因病因残无法离家务工的，做绣球的收入就成了她们必不可少的经济来源。

和广西其他贫困地区类似，由于喀斯特地貌影响，当地农业用地很少，不适宜耕种稻米，或是种植果蔬或桑树等经济作物，也无法进行养殖。绣球的制作产业能让当地人在农忙之余增添许多收入，人均每月能产

① 资料来源：参与式观察靖西壮族绣球制作技艺国家级非遗传承人黄肖琴。

② 资料来源：访谈靖西市民间文艺家协会名誉主席梁福昌。

出绣球 20—30 个，增收 300—400 余元①。除此之外，旧州本地的绣球产量已经不足以满足市场的需求，这种产业已经扩散到周边的村镇。在离旧州不远的金龙村，也可以看到家家户户制作绣球的景象。旧州绣球产业的外溢现象，也使得周边村落的扶贫工作深受其益，特别是对一些只能够留在家里的妇女来讲，制作绣球简直就是一种量身打造的赚钱的工作。这种工作随时随地都能做，而且既能挣钱又能顾家。金龙村里的留守妇女和贫困户，每天能挣 60 块钱左右。②

旧州的绣球产业给当地和附近贫困地区的扶贫工作带来了新的希望。为了响应党的十八大提出的推动文化产业快速发展，到 2020 年全面建成小康社会，使文化产业成为国民经济支柱性产业目标的号召，靖西县政府积极带领和引导旧州群众，实施旅游与文化相结合的发展战略，大力发展绣球文化产业，努力打造绣球一条街。随着市场需求量的不断扩大，旧州的绣球生产已经走上了产业化发展的道路，取得了较快的发展，为促进旧州当地经济发展和农民增收发挥了重要作用。绣球文化产业也成为旧州经济发展的重要支柱之一。

在旧州及其周边村镇，当地居民纷纷积极发挥能动性，把制作绣球当作产业来发展，建立了绣球协会，对绣球制作者进行培训，现在协会已经发展到 800 多人，培训人员达 2000 多人次。如今，旧州绣球年产量达到 50 多万个，销售收入达 1000 多万元③，已经形成了完备的产业链条。有原材料供应商，有包括家庭妇女和大量精准扶贫的对象在内的制作群体，有走街串巷的收购商，以及固定的销售渠道。其中被当地人称为“绣球贩子”的收购商在串起整个产业链的过程中起到了重要的作用。他们从城里的店铺批发原材料，送货上门，给各个村制作绣球的妇女，同时又从这些妇女手上收购制作好的绣球，固定发货给旅游工艺品商店，为绣球产业的发展起到了至关重要的作用。

现在，旧州当地的绣球经营产业大致有以下几种形式：“公司+协会+农户”模式，就是相关企业与客户建立销售网络，并和当地绣球协会合作，按照市场需求下订单，协会把订单交与绣球制作手工艺者，然后其按

① 资料来源：访谈旧州街道党总支部书记赵斌。

② 资料来源：访谈靖西市金龙村党总支部成员邓其青。

③ 方莉、周仕兴：《靖西：绣球抛出致富路》，（2018-11-28），http：//epaper. gmw. cn/gmrb/html/2018-11/28/nw. D110000gmrb_20181128_4-01. htm。

照订单需求进行生产；“能人+农户”模式，如绣球制作技艺的国家级非物质文化遗产传承人黄肖琴这样远近闻名的典型手工艺者，一些来自企业或团体的大订单经常会通过和她联系发出，这些能人随后可将订单任务分派给其他手工艺者，按照客户需求对生产者进行培训指导，并协同生产，统一交货。这些“能人”不但凭借声望更易接到外来订单，同时如前文所述，会在景区进行工艺的展示和商品的销售，也会在周围村屯的手工艺者处收购绣球成品，类似的绣球经营店在旧州有20多家；“商店+农户”模式，当地及区内的文旅相关企业直接跟绣球制作者订货或是收购成品回店销售，这些方式都让绣球产业形成了良性运转。

同时，在绣球产业链条上，当地政府发现，只要在特定的环节给予一定的优惠政策，就是一条精准扶贫的有效途径。在扶贫攻坚重要时期，当地政府将加大对返乡、创业和在家留守的妇女，以农业综合开发为主，手工刺绣为辅的扶贫脱贫模式，传承发扬手工刺绣的传统文化，留住更多的边民妇女在家就业。近几年来，政府也大力发展与绣球相关的旅游产业，投入8000多万元资金用于改善旧州与旅游相关的基础设施，全面升级改造旧州景区，重点挖掘绣球文化、壮族那文化，争取将文化和旅游结合起来，共同发展。并吸引成熟企业带领群众组建民宿，形成规模，让村民有了新的致富路径。①

近年来，广西不断加强绣球技艺的保护和传承，在传承与创新中让绣球技艺活起来。2005年9月，靖西旧州壮族生态博物馆开馆。2006年，包括壮锦、绣球等编织技艺在内的壮族织锦技艺被列入“第一批国家级非物质文化遗产代表性项目名录”。2007年，靖西开展民族生态文化型文化致富工程，以生态博物馆推动民俗旅游，将传统手工艺与现代旅游结合起来，把绣球发展成旅游产品，通过农民致富带动绣球技艺的传承。2012年，绣球被列入“自治区级非物质文化遗产保护名录”。近几年，靖西因村施策，把绣球产业确立为旧州街精准脱贫的主导产业，着力打造绣球一条街，促进绣球制作技艺不断与时俱进。

一个小小的绣球，从青年男女的定情物渐渐演变成为壮族的民族象征符号，再到旅游商品，最后成为帮助壮族贫困群众脱贫的产业。如今，旧州绣球已成为壮族人民传递爱情、亲情、友情的文化使者，成为让世界了

① 资料来源：访谈靖西市扶贫开发办公室副主任赵朝帅。

解靖西、让靖西走向世界的文化名片。靖西把绣球产业确立为旧州街精准脱贫的主导产业，着力打造绣球一条街，让绣球的技艺得以进一步传承和发扬光大，有力促进了非物质文化遗产保护传承和文化旅游产业联动发展。绣球村如今以崭新的姿态迎接海内外的游客到旧州了解壮族绣球文化。祖先留下来的文化遗产，再一次焕发了新的生机。

五 梧州苍梧六堡茶制作技艺助力扶贫

珠江的支流西江穿梧州市而过。历史上，这条江曾经是广西特产六堡茶外销的交通主干道之一。相传六堡茶已有1500年的历史，是中国黑茶的重要组成部分。在清嘉庆年间就入选全国二十四名茶，以其独特的“槟榔香”和“红、浓、醇、陈”的品质特征深受广大消费者喜爱，尤其是在持续百年的“下南洋”风潮中，成为奔赴海外的华工们必备的日常饮品以及化解乡愁的信物。明朝以来，尤其是清中期至今，六堡茶依托独特的“茶船古道”在西江走廊沿线快速传播，并连接海上丝绸之路输出到我国的港澳地区以及东南亚各国、日韩及欧美各地。

在梧州市西江的岸边有一条经营六堡茶的茶街。六堡茶制茶技艺的非遗传承人陈奎香和她的女儿在此经营一家名叫“大生六堡茶”的茶叶专卖店，她们的茶叶生意关系着六堡茶专业合作社85位苍梧县茶民的生计。在广西壮族自治区的扶贫工作中，政府正在探索民族地区“企业+专业合作社+扶贫对象”的扶贫模式。非遗传承人陈奎香就是六堡茶专业合作社的理事长。在六堡镇，“茶叶专业合作社+贫困户”是精准扶贫的重要方式之一。以陈奎香为带头人的专业合作社里，就有10户是精准扶贫的帮扶对象。如果这种模式具有成效，将有助于民族地区贫困群众在当地转移就业，增加收入，培育新型的职业农民。

在六堡镇的塘平村，有一个叫大朗的地方，有一家名叫“大生”的老字号茶厂，见证了六堡茶在政府帮助下产业链发展的历史。大朗山多田少，世代村民主要以经营茶叶为生。过去主要以农户分散经营为主，自产自销的农家茶产量低，销售渠道也不太通畅，劳动力过剩的家庭往往会陷入贫困状态。但是，在非遗传承人陈奎香的带动下，成立了茶民六堡茶专业合作社，同时经营着几家六堡茶专卖店，这样茶叶销路就有了一定保障。政府建档立卡的精准扶贫对象由于加入了茶民专业合作社，自家茶山的茶叶由合作社统一经营，收入也随之有了持续稳定的保障。

陈奎香年轻的时候就在六堡镇的茶厂工作。后来茶厂解散以后，自己就继承祖业恢复了大生茶厂。陈奎香的制茶技艺被当地人称为“古法制茶”，要经过杀青、初揉、堆闷、复揉、干燥等复杂过程。这一技艺完全继承了六堡茶的传统制茶方法。除此之外，六堡茶作为一种典型的外销茶，过去主要依靠水运，形成了著名的茶船古道，起点就在六堡镇的合口码头。在每年的产茶季节，大量优质茶叶从六堡的合口码头装上尖头船，经梨埠换成大木船，途经西江、珠江运抵广州，最后通过广州转口用海船运至南洋。在茶船古道整个缓慢的水运过程中，受水面湿度、温度、阳光照射的影响，孕育形成了六堡茶独特的口味：红、浓、陈、醇。①

然而，现代物流中快捷的陆运空运方式基本取代了耗时漫长的传统水路运输，为保持六堡茶独特的口味，政府高度重视和相关部门切实做好服务企业工作。例如，六堡茶龙头企业之一的梧州市茂圣茶业有限公司在广西壮族自治区科学技术厅、广西壮族自治区工业和信息化委员会、广西壮族自治区发展和改革委员会的联合支持下，设立了广西六堡茶工程技术中心，一直致力于将传统工艺与现代科技相结合，在保持六堡茶传统口味方面下足了功夫，利用现代科技实现发酵过程的人为控制，在六堡茶的机械化大规模生产过程中保持六堡茶的传统口味。茂圣茶业公司攻关研制出的六堡茶发酵罐机技术荣获了中国杨凌农业高新科技成果博览会“后稷奖”。这一科研成果使得六堡茶生产工艺在最为关键的发酵环节，实现了大规模机械化生产。另外，在生产的双蒸、双压、包装等环节也都逐渐实现了机械化生产，生产效率大大提高。②

同样地，为了响应梧州市政府扩大六堡茶生产规模的要求，茂圣公司特意设立茶叶育苗基地。六堡茶产业急速发展的趋势，单靠传统手工作坊式的生产是完全无法满足需求的。所以，政府大力扶持像茂圣公司这样的机械化大规模生产的企业。茂圣茶业有限公司被认定为广西农业产业化重点龙头企业，产业的发展也让茂圣公司有更大的能力来助力扶贫。和茂圣公司合作的茶农，需要满足两个要求：一是贫困村，二是少数民族村。③

---

① 资料来源：访谈苍梧六堡茶制茶技艺非遗传承人陈奎香之子梁家耀。

② 资料来源：参与式观察广西梧州市茂圣茶业有限公司生产研发过程，访谈广西茶叶大师、高级工程师郭维深，广西六堡茶标准技术化委员会成员吴平。

③ 资料来源：访谈广西梧州市茂圣茶业有限公司董事长苏淑梅。

梧州市龙圩区寨中村，山形、地貌、水质、气候比较适合种植六堡茶。茂圣茶叶有限公司就在此发展自己的茶园。龙圩镇寨中村是“十三五”时期的贫困村，在2015年精准识别了54户197人的贫困人口。近些年引进了茂圣旗下的一个子公司业胜公司到寨中村种植六堡茶。2016年，茂圣公司通过土地流转的方式与农民达成种植茶园的协议。首期种植1500亩，总规划达到3000亩。以前村民要出门打工，青壮年劳动力外流严重。现在当地有了茶业，农民在茶园的月收入达两三千元，对实现当地脱贫致富发挥了重要作用。①

近年来，梧州市委市政府提出，把六堡茶产业作为精准扶贫的重要抓手，把六堡茶产业打造成梧州市农业支柱产业，专门出台《关于促进六堡茶产业发展的实施方案》。几年的扶贫实践证明，“政府+龙头企业+茶叶专业合作社+精准扶贫对象”的扶贫模式，由于政府的产业扶持政策得当，龙头企业发展迅速，扶贫对象的个人收入也持续稳定。这样的模式，让六堡茶产业从一家一户的分散经营，发展为产业化、规模化经营，从而使得普通茶农逐渐成长为六堡茶产业链中新型的职业农民。

六堡茶作为梧州乃至广西特色优势产业，符合中央提出的“绿水青山就是金山银山”、“一带一路”倡议、产业扶贫和“乡村振兴”战略。2011年，国家质检总局根据《地理标志产品保护规定》下发公告正式批准梧州六堡茶实施地理标志产品保护。习近平总书记高度重视茶产业发展和茶文化交流。2017年5月18日，习近平总书记在致首届中国国际茶叶博览会的贺信中指出：中国是茶的故乡。茶叶深深融入中国人生活，成为传承中华文化的重要载体。从古代丝绸之路、茶马古道、茶船古道，到今天丝绸之路经济带、21世纪海上丝绸之路，茶穿越历史、跨越国界，深受世界各国人民喜爱。当地政府抓住当前文旅融合的契机，以茶为媒，以茶会友，加大宣传和招商引资力度，加快基础设施建设，大力提升文化品位，实现茶旅文化融合发展，以重现茶船古道昔日盛况。围绕国家“一带一路”倡议，结合六堡茶发展历史及梧州的区位优势，梧州市形成了“茶船古道·新丝路”“中国品质六堡茶”“梧州六堡·黑茶瑰宝”等公共品牌宣传口号，积极参加海内外各种展销活动，大力推动茶企“走出去”，极大地提升梧州六堡茶在海内外市场的影响力、公信力，产品畅销

① 资料来源：访谈广西梧州市龙圩区寨中村党支部第一书记梁梅、村民邓火焕。

东南亚、日本、欧美等国家和地区。

随着六堡茶产业的发展，市场的扩大，六堡镇的茶叶种植面积也是一年比一年大。现在，六堡茶量价齐升，形势喜人。2019 年官方数据显示，梧州市茶园面积 11.6 万亩，同比增长 15.88%，六堡茶产量超 1.7 万吨，同比增长 11.84%，产值超 25.5 亿元，同比增长 34.21%，综合产值 68 亿元，同比增长 23.64%，产业税收 3418 万元，同比增长 33%。通过 SC 认证的茶业企业 74 家，比 2018 年新增 17 家，其中新增农业产业化国家重点龙头企业 1 家（茂圣公司），具有年销售额超亿元茶叶龙头企业 2 家（梧州中茶超 1.5 亿元，广西梧州茶厂超 2 亿元），自治区级农业龙头企业 5 家（新增 1 家），“中华老字号”企业 2 家，规模以上企业 7 家（新增 2 家），出口备案企业 6 家。农民专业合作社 122 户，从业人员 47000 多人。现有国家农村产业融合发展示范园 1 个（新增），六堡茶中国特色农产品优势区 1 个（新增），国家特色小镇（六堡镇）1 个，自治区四星级现代农业核心示范区 2 个（新增 1 个），自治区级有机六堡茶综合标准化示范区 2 个。有国家级非物质文化遗产传承人 1 人，自治区级非物质文化遗产传承人 6 人（新增 5 人）。标准体系不断完善，有国家标准 1 项，广西地方标准 14 项（新增 4 项）。2019 年六堡茶品牌价值达 23.4 亿元（比 2018 年增加 3.23 亿元），稳居全国黑茶类前三位；广西梧州茶厂“三鹤”、茂圣公司“茂圣”和天誉公司“熹誉”2019 年品牌价值分别为 3.83 亿元、3.48 亿元和 1.15 亿元，分别列于广西第 1、第 2 和第 6 位，全国第 32、第 39 和第 94 位①。

六堡镇孕育了六堡茶，而六堡茶又用绿水青山装扮了六堡镇这方水土。绿水青山，就是金山银山，习近平总书记关于“一片叶子，成就了一个产业，富裕了一方百姓”的经典论述，已成为梧州市六堡茶产业发展的方向。如今，六堡茶产业产销两旺，人民生活更加富足。

六 经验、对策与建议

国家从战略层面推动文化和旅游融合发展的有力举措，其目的是增强和彰显文化自信，统筹文化事业、文化产业发展和旅游资源开发，提高国

① 刘伊琳、陈茜：《六堡茶产销两旺，发展形势喜人》，（2020-02-21），http://www.gxny.gov.cn/xwdt/gxlb/wz/t605587.html。

家文化软实力和中华文化影响力，推动文化事业、文化产业和旅游业融合发展。尤其在党的十九届四中全会通过的《中共中央关于坚持和完善中国特色社会主义制度 推进国家治理体系和治理能力现代化若干重大问题的决定》明确提出“完善文化和旅游融合发展体制机制”以来，首次将文化和旅游融合发展纳入国家制度体系建设的战略高度来进行定位和统筹谋划，对于完善和发展中国特色社会主义制度、推进国家治理体系和治理能力现代化具有十分重要的意义。

在此背景下，我国少数民族地区脱贫致富的工作有了更多可能性。我国是一个多民族国家，各民族文化丰富多样，形成了各有特色的瑰丽遗产，作为我国传统文化的重要组成部分，应当得到发展传承，也更应该看到其在现代社会中具有的新功能，帮助人们过上更好的生活。因此，要想真正保护好民族地区的非物质文化遗产，不能只是把对其认识和保护局限在原型研究之内，而应该看到其在更宏观的社会结构中所具有的功能，找到二者有机结合的途径，并发挥更长远的作用。

习近平总书记在 2017 年 6 月 23 日的太原座谈会上指出：“要坚持扶贫同扶智、扶志相结合，注重激发贫困地区和贫困群众脱贫致富的内在活力，注重提高贫困地区和贫困群众的自我发展能力。”“贫困地区发展要靠内生动力……内在活力不行，劳动力不能回流，没有经济上的持续来源，这个地方下一步发展还是有问题。”总书记的讲话指出了传统文化作为内生动力在扶贫开发和区域经济发展过程中的重要意义。中国地大物博，各地区的文化千差万别，形成的非物质文化遗产更是各具独特之处，在漫长岁月中流传至今的非物质文化遗产，是一种内生的、自发的，源于当地人民群众日常生活劳动并将这种智慧凝聚传习下来的内源型文化，是能在当地长久以来的社会结构变迁中生存、适应并发展的，就证明其本身的功能是能够在其所处的场域中的操作性实践获得成功的，是具有适应性和长久生命力的。因此，各地在发展当地经济产业时，利用当地非物质文化遗产作为内生动力，能更好地从内部形成长足驱动力。

所以说，对于像少数民族地区这样的发展中地区来说，简单地对发达地区成功模式的模仿和复制不一定能够获得成功，应该鼓励各地区因地制宜地创造适合自身的产业发展模式。少数民族地区将非物质文化遗产作为内源性动力进行产业化运作，在现代环境发展中不仅可能以不同的形式表现新的功能，而且可能形成不同形式的新的结构，以新的结构—功能作用于现代产业，影响资源配置，推动形成现代化产业的产业链条并形成竞争性优势。以上案例中的实践，贯彻了习近平总书记的重要指示，激发了地区内在活力，提高了地区和民众的自我发展能力，实现了发展不是依靠“外来输血”而是“自我造血”的目标。我国在扶贫过程中要充分认识到我国多元化社会的特点，这让我们的扶贫工作可以利用这个特点扶持相关产业，打通产业链，培养相关人才，从而帮助欠发达地区可以在多元经济形态中找到脱贫的更多可能。

第七章

民族地区县域文旅产业发展指标体系的构建和分析[①]

习近平总书记在十九大报告中指出，“要健全现代文化产业体系和市场体系，创新生产经营机制，完善文化经济政策，培育新型文化业态”。我国当前13.9亿的人口规模[②]和上下五千年深厚的文化历史积淀使得我国具有发展文化产业的巨大潜力和独特优势。文化产业在经济政策和社会政策领域越来越重要，不仅是因为文化产业自身可以直接产生巨大的经济价值，同时还可以渗透到其他产业，融合形成很多新的产业形态，创造出更多高附加值的新产品，因而成为转变经济发展方式、复兴地方经济和增强竞争优势的有效途径。近年来，文化产业逐步成为我国国民经济增长的重要亮点，文化产业的年增速远高于GDP的平均年增速[③]。

民族地区各民族独特的风俗、习惯、信仰、建筑等形成了丰富多彩的民族文化，根据国家民委统计的数据，自2001—2016年，我国共有39项非遗项目入选“联合国教科文组织非物质文化遗产名录”，其中少数民族占据14项，比例达到1/3强，而我国少数民族人口仅占全国总人口的8.5%；不仅世界级非遗如此，在国家级非遗项目和非遗传承人中，少数民族地区项目和传承人所占的比例也都远远超过其人口比例，民族地区文

---

① 本文是中国社会科学院A类创新课题《中华民族传统文化创造性转化创新性发展研究》的阶段性成果，在课题组方勇研究员主持下多次讨论后成稿，丁赛执笔，王国洪负责指标体系的测算，王经绫和冯伊进行了数据整理，课题组其他成员不仅参加了论文讨论还对本文提出了宝贵的修改意见。

② 摘自中华人民共和国统计局网站，http：//data. stats. gov. cn/easyquery. htm？cn=C01。

③ 范周、齐骥执行主编：《中国文化产业年度报告2017》，知识产权出版社2017年版，第1页。

化资源的富集程度可见一斑。[①] 从民族地区经济发展看，民族地区总体上参与国际国内分工能力弱，科技引领发展能力不强的现状短期内不易改变，在既要守好生态底线还要走出发展新路的要求下，发展文旅产业显然最符合振兴县域经济、建设特色小镇、美丽乡村的要求，因而已经或正在成为民族地区区域协调发展和乡村振兴的重要途径。

一　问题的提出

很显然，一个民族所形成的文化必然对其经济生活产生多维和复杂的影响，而这种影响又是动态和持续的[②]。对民族相关的许多问题的解决，也只有在联系民族文化的基础上才能解决。如我国少数民族市场经济基础薄弱，商品意识、竞争意识淡薄，这些都不可避免地涉及民族文化及其价值观念、生活方式等。只有结合这些文化因素，才能解释一定经济状况的历史成因，也只有结合这些文化因素，才能找到民族经济发展的契机[③]。在区域联系日趋紧密的当下，文化已成为区域竞争力的重要组成部分，区域经济的发展对文化的依赖性也越来越强。将文化资本有效地转换为经济资本，也就是民族文化与当地产业发展有机融合，是民族文化和当地经济发展的双赢，同时也是民族地区创新性发展的基础与核心所在[④]。但现实中文化资源的富足程度与文化产业的发达程度并非呈正相关关系，在有些民族地区甚至表现为负相关，即民族文化资源丰富的地区文旅产业发展往往较为落后。形成这一现状的重要原因是将文化资源转变成确实可以增值的文化资本并不容易，涉及人力资本积累、经济发展环境、自由宽松的文化氛围等前提条件。在我国全面小康社会建设的关键期和乡镇振兴战略开始实施的重要交汇节点上，大力发

① 参见《文化产业在“十三五”到民族地区去》，http：//www.sohu.com/a/126195164_161623。

② 李忠斌：《论民族文化之经济价值及实现方式》，《民族研究》2018 年第 2 期。

③ 李忠斌、李军、文晓国：《基于产权视角下的民族文化旅游可持续发展研究》，《中南民族大学学报》2016 年第 4 期。

④ 见陆平《文化资本视域下中国边境地区民族文化产业发展研究——以云南省普洱市为例》，《西南民族大学学报》（人文社会科学版）2018 年第 9 期；洪涛、毛中根《文化消费的结构性与层次：一个提升路径》，《改革》2016 年第 1 期；金星晔、伏霖、赵文哲《基于经济观念视角的文化与经济研究》，《经济研究》2018 年第 2 期；龙良富《文化资本视角下民族青年传统技艺的积累和转化——旅游发展中个体的社会实践》，《广西民族研究》2018 年第 5 期。

展民族地区文旅产业已成为必然趋势。目前对国家和省市层面抑或微观的文化产业园区的文旅产业研究越来越丰富，但对于民族地区县域文旅产业发展的定量研究并不多见。本文基于民族地区71个民族县（市）/旗的文旅产业问卷调查，旨在通过构建民族地区县域文旅产业发展指标体系予以具体说明和论证民族地区不同县域文旅产业发展差异，并对未来文旅产业发展提供借鉴。本文的结构主要包括：第二部分文献综述；第三部分县域文旅产业发展指标体系的构建说明；第四部分指标测算方法和数据来源；第五部分基于71个民族地区县域的不同地区文旅产业发展比较；最后给出简要结论和政策建议。

通过构建指标体系对文化产业进行定量研究是学术界目前比较通行的研究方法。联合国教科文组织（UNESCO）1997年的《发展的文化要素》[①] 报告中，基于数据的可获得性对文化指标的设计包括了4个一级指标和11个二级指标。在借鉴联合国教科文组织的指标体系基础上，Ahurea T & Aotearoa M在2006年构建了包括5个一级指标和14个二级指标的新西兰文化指数。[②]

在国内，上海交通大学发布的2012年中国文化产业发展指数（CCIDI），基于文化产业外部关联度与产业内部发展要素的复杂性，立足特征与内涵评价，形成了16个一级指标、52个二级指标、91个三级指标与151个四级指标体系，并据此将我国文化产业发展划分为“三大梯队”与“五种类型”[③]。

中国人民大学创意产业技术研究院的彭翊等以指标体系衡量全国31个省自治区和直辖市的文化产业发展水平，迄今已经连续发布了2010—2015年的文化产业发展指标。该指标体系从文化产业的投入、驱动、产出三个环节出发，构建了产业生产力、产业影响力、产业驱动力三个一级评价指标；文化资源、文化资本、人力资源、经济影响、社会影响、市场环境、公共环境、创新环境等八个二级指标，再选取46个测度变量计算

① McKinley, T. Cultural Indicators of Development [EB/OL]. www.unesco.org, 1997.

② Ahurea T & Aotearoa M, Cultural indicators for New Zealand, [EB/OL]. 2013-12-14. www.stats.govt.nz.

③ 胡惠林、王婧主编：《2014：中国文化产业发展指数报告（CCIDI）》，上海人民出版社2014年版。

了具体指数[①]。其主要结论为我国文化产业的区域发展不平衡依然存在，但各省市文化产业发展的均衡性在2010—2015年不断有所提升。

除了上述两个宏观性、综合性文化产业发展指数，还有不少学者从文化资本、全面小康社会建设中的文化小康、不同区域的文化产业竞争力等视角基于指标体系进行分析研究。

总体上，指标体系构建的方法主要分为五类：

一是以波特的钻石模型或对其稍加改进的模型为基础构建相应的指标体系。这种构建思路是最为普遍的［见祁述裕等（2005），康小明、向勇（2005），李宜春（2006），顾江等（2008），毕小青等（2009），等］[②]，其中以祁述裕提出的文化产业国际竞争力评价模型和相关指标体系最具有代表性。与波特钻石模型不同的是，祁述裕模型将政府行为纳入整个评价模型，成为影响文化产业国际竞争力的一个非常重要的决定因素，而不像在波特模型中仅仅只是个辅助因素。这无疑使得该模型更符合中国国情，更具有本土化应用价值，但该模型一是囿于波特钻石模型固有的局限性，偏重于国家文化产业的外部竞争力方面的评价，而较少关注产业内部运作的竞争力评价；二是主要从国际宏观视角出发，缺少中观和微观的考量。

二是以显性指标（绩效）—潜在能力—潜在能力的决定因素（隐性指标）这一因果关系为基础，从产业竞争力的最终结果出发，向前追溯，寻找决定产业竞争力的原因，以此构造竞争力的评价指标体系。其把竞争力分为三个层次，即微观、中观和宏观竞争力层次，并且沿着“具体性—综合性”和“经营性—社会性”两个维度，阐述了不同层面竞争力内涵和特点的发展演变。如花建[③]等提出的指标框架着重于文化产业的实力、效益、资源、能力、结构、关联等产业内部竞争力的评价，而对与产

① 彭翊主编：《中国省市文化产业发展指数报告2016》，中国人民大学出版社2017年版，第21页。

② 祁述裕、殷国俊：《中国文化产业竞争力评价和若干建议》，《国家行政学院学报》2005年第2期；康小明、向勇：《产业集群与文化产业竞争力的提升》，《北京大学学报》（哲学社会科学版）2005年第2期；李宜春：《省域文化产业竞争力评价指标体系初探——以安徽省为例》，《社会经济体制比较》2006年第2期；顾江、胡静：《江苏文化产业发展综合竞争力研究》，《江苏社会科学》2008年第4期；毕小青、王代丽：《基于“钻石模型”的文化产业竞争力评价方法探析》，《华北电力大学学报》（社会科学版）2009年第3期。

③ 花建：《文化产业竞争力的内涵、结构和战略重点》，《北京大学学报》（哲学社会科学版）2005年第2期；《“一带一路”战略与提升中国文化产业国际竞争力研究》，《同济大学学报》（哲学社会科学版）2016年第5期。

业竞争力密切关联的产业经济、文化、政治等外部环境的关注不够。对处于转型期的中国而言，外部环境特别是政府政策及行为成为影响文化产业发展的重要因素，甚至直接决定着文化产业发展的方向和深度。

三是基于杰恩·巴尼（Jay B. Barney，1997）的 VRIO 分析框架建构相应的评价体系。波特的钻石模型理论属于竞争优势的外生理论，而杰恩·巴尼的 VRIO 模型属于内生理论，强调对组织内部资源和能力的价值（value）、稀缺（rareness）、模仿性（imitability）和组织（organization）进行评估。VRIO 模型着重于内部资源与能力的分析，可以有效突出发展潜力、创新性和稀缺性等文化产业竞争力评价时的特性，李雪茹等学者①对该模型稍加修正，重新设计了文化产业竞争力评价指标体系。但该体系也只考虑了文化产业发展内部因素的影响，忽略了外部因素的影响，而且该体系一些具体的细分指标设置也似乎值得推敲。

四是以对文化产业运行过程或内在逻辑机理的分析，按照过程的观点形成的评价模型和指标体系。如王颖、支大林（2007）② 的“3×3”二维结构模型从文化产业发展的内在逻辑机理，更深入地刻画了文化产业竞争力发展的内部原因和影响结果，比较全面地评价了文化产业竞争力，但仅仅满足于对竞争力目前现状的评估，缺乏对竞争力来源以及形成机制的研究。而且该模型没有进一步给出相关的评价指标体系和实证研究，仅限于理论上的探讨。

五是将隐性指标和显性指标并列，对竞争力结果指标和竞争力决定要素指标进行混合评价［见金相郁、武鹏（2009）③，叶丽君、李琳（2009）④，胡惠林等（2012）⑤，彭翊等（2017）⑥，等］，分别从现实竞争力和潜在竞争力两个层面构建了评价指标体系。

---

① 李雪茹：《区域巍峨产业竞争力评价分析：基于 VRIO 模型的修正》，《人文地理》2009 年第 5 期；陈成吨：《基于修正的 VRIO 模型的市域文化产业竞争力及其评价——来自福建省三明市的经验研究》，《发展研究》2015 年第 8 期。

② 王颖、支大林：《文化产业竞争力理论模型构建》，《社会科学战线》2012 年第 10 期。

③ 金相郁、武鹏：《文化资本与区域经济发展的关系研究》，《统计研究》26 卷第 2 期，2009 年 2 月。

④ 叶丽君、李琳：《我国区域文化产业竞争力评价与差异分析》，《科技管理研究》2009 年第 3 期。

⑤ 胡惠林：《文化产业理性发展的尺度——构建具有路标导向的中国文化产业发展指标体系》，《上海交通大学学报》（哲学社会科学版）2014 年第 4 期。

⑥ 彭翊主编：《中国省市文化产业发展指数报告 2016》，中国人民大学出版社 2017 年版。

随着我国经济进入从高速增长转向中高速增长的新常态，文旅产业等现代服务业正成为推动我国经济发展转型升级的重要力量。对文旅产业的分析已经不局限于竞争力，还应关注地区间的差异，重点对其未来发展潜力和趋势加以研判，这也正是本文构建民族地区县域文旅产业发展指标体系的努力目标。

二　少数民族地区县域文旅产业发展指标体系的建构

民族地区县域文旅产业指标体系建构的目的：一是通过了解不同民族地区县域文旅产业发展的差距以全面把握民族地区县域文旅产业发展的现状与特点；二是了解文旅产业发展的潜力，并预期未来发展方向及趋势，以期对民族地区县域文旅产业发展提供借鉴，因而包括了全面性、可操作性、开放性和导向性四个原则。2018 年国家组建文化和旅游部，旨在增强和彰显文化自信，统筹文化事业，文化产业发展和旅游资源开发，提高国家文化软实力和中华文化影响力，推动文化事业、文化产业和旅游业融合发展①。因此，民族地区县域文旅产业发展指标体系也包括了文化产业和旅游业②。

本书在借鉴已有研究成果的基础上根据课题组长期的实地调研经验，重点关注民族地区县域文旅产业的竞争力（显性竞争力及结果、隐性竞争力、竞争力影响因素）和政府行为两大方面。首先在课题组获得的县域整体经济社会数据和文旅产业相关数据基础上，以 OLS 法分析得出民族地区县域文旅产业相关因素，结合专家法和层次分析法最后确定了五个一级指标：民族地区县域经济发展水平、道路交通基础设施状况、文化资源的丰富程度和未来开放潜力以及政府对文化产业发展的作用。在此基础上，再通过专家打分法和 AHP 层次分析法估算权重。民族地区县域文旅产业发展指标体系共包括三级指标：一级指标有经济发展、道路交通、文旅产业发展现状、文旅产业资源和县级政府扶持五大类；二级指标 26 个；三级指标 109 个（见表 7-1）。具体为：

① 摘自新京报每日旅游新闻《聚焦两会组建文化和旅游部》，https：//baijiahao. baidu. com/s? id=1594839101692696738&wfr=spider&for=pc。

② 本书以下所指文化产业均包括旅游业。

表 7-1　　民族地区县域文旅产业发展指标体系

一级指标	二级指标	三级指标
经济发展（10）	总体水平（4）	GDP 总值、人均 GDP、产业结构
	城镇化进程（2.7）	城镇化进程（城镇人口比例）、就业结构
	城乡差异（2）	城乡居民收入比例
	企业发展（1.3）	规模以上企业数量，其中：本地企业数量、本地企业所占比例、外地企业数量、外地企业所占比例、本县就业人数占就业人数比例
道路交通（10）	便利程度（1.5）	距离火车站的距离、距离机场的距离、距离高铁站的距离
	基础设施（4.5）	是否有国道、国道的公路等级、国道公路里程、省道数量、省道的公路等级、省道公路里程、是否有高速公路通过、高速公路里程
	交通区位（3）	距离最近的城市如果是地级市，具体公里数；距离最近的城市是省会首府，具体公里数
	交通成本（1）	高速公路收费标准
文旅产业发展现状（35）	文化产业规模和增速（2015—2017 年）（6）	文化产业产值（三年均值）、人均文化产业产值（三年均值）、文化产业产值年均增速
	旅游产业规模和增速（2015—2017 年）（3）	旅游产业产值（三年均值）、人均旅游产业产值（三年均值）、旅游产业产值年均增速
	特色小镇（2）	特色小镇数量，是否在打造特色小镇
	文化旅游产业规模（3）	文化旅游产业三年占第三产业 GDP 比例均值
	旅游业从业情况（3）	从业人数占第三产业就业人数比例、2015—2017 年旅游从业人员年均增长比例
	文化旅游企业（4.5）	规模以上文化旅游企业数量、其中盈利企业比例、本地就业人数占旅游业就业人数比例；规模以下文化旅游企业数量、其中盈利企业比例、本地就业人数占旅游业就业人数比例
	旅游接待规模（6）	接待游客人数（三年均值）、接待游客人数与当地常住人口的比例、2017 年乡村旅游接待人数、占接待游客人数的比例、农家乐数量、农家乐接待人数、农家乐客人最多留宿时间
	旅游景区情况（7.5）	自然景区数量、其中国家级自然景区所占比例、本地就业人数占旅游从业人数比例、收费景区所占比例、自然景区面积、人文景观数量、其中国家级人文景观所占比例、本地就业人数占旅游从业人数比例、收费景区所占比例

续表

一级指标	二级指标	三级指标
文旅产业资源（20）	文旅产品品牌（1.5）	已形成经营性品牌数量
	节庆资源（1）	具有节庆为主题的旅游活动
	文旅产业基础设施（2.6）	博物馆数量与常住人口比例、艺术馆或文化馆数量与常住人口比例、电影院或剧院数量与常住人口比例、爱国主义教育基地数量与常住人口比例、特色小镇数量与常住人口比例
	文化遗产资源（3.7）	物质性文化遗产数量与常住人口比例、其中国家级所占比例、省级所占比例、地市级所占比例、成为旅游景点的比例
	非物质文化遗产资源（3.7）	非物质文化遗产资源与常住人口比例、其中国家级所占比例、省级所占比例、地市级所占比例、文化产业化或商业化的比例
	自然环境资源（1.5）	森林覆盖情况（面积与行政区域比例）、河流数量、地势多样性（所占比例）
	未来可开发资源（6）	近期正在打造的经营性品牌数量、文化传承人数量、其中国家级所占比例、省级所占比例、地市级所占比例、物质文化遗产中未成为景点的比例、非物质文化遗产中未产业化或商业化比例
县级政府扶持（25）	总体主导或规划（5.5）	文化产业是否为当地支柱产业、如果不是，未来是否打造为支柱产业
	资金扶持（10）	是否有文化产业园区、是否有文化产业基金、是否有民族发展基金、是否有文化保护与非物质文化保护经费、人均文化保护与非物质文化保护经费、文化保护与非物质文化保护经费今后是否增加
	具体操作（9.5）	近期是否有打造的经营性文化产业品牌、是否有政府办的文艺演出团体、是否出台促进文化产业的政策文件、是否有反映本县/旗的新闻出版物、是否有反映本县/旗的动漫、影视、演出作品、是否有特色少数民族村寨、是否有爱国主义教育基地

注：表中（）内是各指标的总分值，二级指标之和为一级指标分值，五个一级指标总分值为100。

三　指标体系测算方法与数据来源

（一）指标体系测评的方法

民族地区县域文旅产业发展指标体系是从经济发展、道路交通状况、文化产业现状、文化产业资源和县级政府扶持五个维度测量的综合性指数，每一个维度都是构成总指标的分指数，每个分指数又由若干具体指标合成。具体测评方法思路是根据每个评价指标的上下限值计算单个指标指数，指数分布在0—100，再根据每个指标的权重最终合成县域文化产业发展指标。这一测算方法得到的指数不仅横向可比，而且纵向可比。

在计算单个指标指数时，必须首先对每个指标进行标准化处理，也就是确定指标上、下限值。本次测算主要是依据调查得到的71个县域相应指标得到最大值和最小值。

其次进行数据的标准化处理，具体为：

$$Z_i = \frac{X_i - X^i_{\min}}{X^i_{\max} - X^i_{\min}} \quad 或 \quad Z_i = \frac{Ln(X_i) - Ln(X^i_{\min})}{Ln(X^i_{\max}) - Ln(X^i_{\min})} \tag{1}$$

其中第 i 个指标的实际值记为 X_i，权重为 W_i，上限值是 $X^i_{\max}$，下限值是 $X^i_{\min}$，标准化处理后的值是 Z_i。本文在计算中没有取对数。

民族地区县域文旅产业发展指标由五个分类指标组成，将每一类的所有指标标准化处理后的数值与对应的权重按以下公式计算就得到了分类指数（2）和总指数（3），即：

$$I_i = \frac{\sum Z_j W_j}{\sum W_j} \tag{2}$$

$$I_i = \frac{\sum_{i=1}^{109} Z_i W_i}{\sum_{i=1}^{109} W_i} \tag{3}$$

（二）指标权重的确定

民族地区文旅产业发展指标体系权重的测算采用了专家打分法也称为德尔菲法和AHP层次分析法。首先，确定取值范围和权数跃值。课题组成员及特聘专家基于民族地区实地调研、相关资料搜集、整理并反复讨论的基础上，根据文化产业问卷调查内容确定民族地区文化产业发展指标体系的最高值为100分。具体而言，也就是第一大类的经济发展水平、道路交通状况、文化产业发展现状、文化产业资源、县级政府扶持文化产业状况五个部分分值之和为100分。在第一大类五个指标的基础上，分别构建了二级指标25个，三级指标109个。

其次，聘请资深专家和有实际工作经验的相关县级及以上领导对各类指标进行打分①。再次，以层次分析法将71个民族县（市）/旗文化产业发展数据通过构建判断矩阵并求解判断矩阵的特征向量，从而得到三级、二级指标权重并最终推算出一级指标权重。

最后，结合以上两个结果确定文化产业发展指标的具体权重②。即：一级指标的取值区间是［10，35］，二级指标的取值区间［1，10］，三级指标的取值区间［0.1，2.5］；各级指标间的权数跃值没有相关限制。

（三）数据来源

民族地区县域文旅产业发展指标体系的测算数据是基于71个民族地区自治县（市）/旗的文化产业问卷调查。民族八省区所辖675个县（市）/旗和八省区外的52个民族自治县/旗③作为总样本框，根据经济发展水平、文化产业发展状况和调查数据的可得性，选择了71个自治县（市）/旗，占总样本框的9.8%。调查数据涵盖了民族八省区除新疆之外的七个省区，外加甘肃、四川、东部的广东、浙江、海南；东北的黑龙江、辽宁；中部的湖南和湖北，共计16个省区。从调查样本量和覆盖省区看，民族地区县域文旅产业发展指数具有较强的代表性。

四　指标体系的分析

民族地区文旅产业作为新兴业态，由于其业态快速更迭和产业交互创新等现实情况，使得文化产业相关行业的统计工作难以匹配产业发展的速度。目前已有的《中国文化及相关产业统计年鉴》的统计数据是以省或自治区为单位；《中国省市文化产业发展指数》④虽部分细化到了地市级，但缺少县级信息。县域文旅产业不仅是县域经济的重要内容，也扎根于民

① 既有长期从事民族地区文旅产业发展研究的民族经济、民族文化方面的专家学者（20人），也包括了来自文化部、国家民委、国家发改委从事与文旅产业相关工作的县级以上干部（5人）；还有县级文化产业具体工作干部或县级领导来自广东、云南、西藏、内蒙古、河北、宁夏、湖北、贵州、广西的不同县市（8人）；另外还有规模以上文旅企业家（3人），规模以下文旅企业负责人（4人）；共计40人。

② 层次分析法得到的各级指标权重是通过计算机计算得到的，专家打分法是基于各级指标专家打分均值得到的。两者结合得到了最后的具体权重。

③ 根据国家统计局编《中国统计年鉴2017》（统计出版社2017年10月版）中全国行政区划计算得到。

④ 彭翊主编：《中国省市文化产业发展指数报告2016》，中国人民大学出版社2017年版。

族传统文化的最基层，与少数民族群众息息相关。

根据民族地区县域文旅产业发展指标体系的核算方法和71个县（市）/旗的问卷调查，计算得到了民族地区县域文旅产业发展指数排名（见表7-2）。

表7-2 民族地区县域①文旅产业发展指数排名②

省区	县/旗（市）	总指数	排名	经济发展指数	排名	道路交通指数	排名	文旅产业现状指数	排名	文旅产业资源指数	排名	县级政府扶持指数	排名
湖北	长阳县	48.48	1	3.61	7	3.86	13	17.02	1	6.81	3	17.17	2
云南	玉龙县	44.37	2	3.18	13	3.34	27	14.09	3	5.87	7	17.90	1
贵州	普定县	40.53	3	2.75	25	4.26	8	9.89	12	6.76	5	16.87	3
宁夏	盐池县	37.89	4	3.24	11	5.87	1	8.73	24	5.86	8	14.20	7
甘肃	肃南县	37.68	5	3.42	10	1.83	62	13.49	5	7.05	2	11.90	15
云南	宁蒗县	36.88	6	2.52	32	3.73	16	13.74	4	4.49	34	12.40	14
内蒙古	克什克腾旗	36.03	7	3.56	8	3.67	19	10.65	10	5.43	13	12.71	11
广东	连南县	35.51	8	2.79	24	3.71	17	11.08	9	5.34	14	12.59	12
广西	那坡县	35.25	9	1.77	54	2.75	45	9.25	18	5.01	20	16.47	4
广西	凌云县	35.09	10	2.40	38	3.63	21	9.44	16	4.72	29	14.91	5
内蒙古	杭锦旗	34.79	11	2.81	23	4.55	3	14.19	2	4.03	44	9.20	37
广西	靖西县	34.46	12	1.33	64	3.62	22	11.15	8	4.20	41	14.16	8
广东	乳源县	33.94	13	3.22	12	4.35	6	9.42	17	5.55	11	11.40	18
西藏	察隅县	33.38	14	2.13	43	1.82	63	7.40	34	7.73	1	14.30	6
内蒙古	额济纳旗	33.27	15	4.44	4	4.10	10	8.74	23	5.78	9	10.20	31
内蒙古	巴林右旗	32.26	16	3.43	9	3.08	35	10.02	11	5.48	12	10.25	30
广西	乐业县	31.78	17	1.73	56	2.64	51	11.58	6	4.93	24	10.91	24
贵州	镇宁县	31.40	18	2.17	42	4.32	7	8.44	26	5.07	19	11.40	19
广东	连山县	31.22	19	3.12	17	2.81	43	8.84	22	5.09	16	11.35	20
宁夏	灵武市	30.40	20	5.17	1	2.41	55	9.13	20	4.30	38	9.40	36
辽宁	新宾县	30.38	21	1.06	68	4.51	4	7.64	32	6.77	4	10.40	28
青海	格尔木市	29.99	22	4.53	3	3.42	25	11.38	7	4.27	40	6.40	55

① 为了简便，表中所有民族县或自治县/旗都使用简称。

② 71个县/旗中海南五指山市是县级市也是海南少数民族聚居区；广西靖西市也是县级市。

续表

省区	县/旗(市)	总指数	排名	经济发展指数	排名	道路交通指数	排名	文旅产业现状指数	排名	文旅产业资源指数	排名	县级政府扶持指数	排名
西藏	当雄县	29.55	23	2.62	30	3.26	28	7.06	39	3.80	52	12.82	10
黑龙江	杜尔伯特县	29.43	24	3.12	18	3.56	23	7.57	33	3.98	47	11.21	21
内蒙古	阿鲁科尔沁旗	29.42	25	2.42	37	2.64	50	7.33	35	5.56	10	11.46	17
贵州	关岭县	28.97	26	2.71	28	2.57	52	7.89	29	4.63	30	11.16	23
云南	沧源县	28.87	27	3.00	20	2.73	46	6.92	41	5.33	15	10.90	25
广西	田阳县	28.45	28	3.14	14	3.74	15	8.31	28	3.35	67	9.91	34
青海	湟中县	28.20	29	2.31	40	4.42	5	7.20	37	4.28	39	10.00	33
湖南	凤凰县	28.08	30	1.86	51	2.90	39	9.71	15	4.92	25	8.70	40
内蒙古	翁牛特旗	27.84	31	2.73	27	3.69	18	8.67	25	4.55	33	8.20	43
青海省	同仁县	27.38	32	1.91	49	4.15	9	9.13	19	4.19	42	8.00	46
西藏	墨脱县	26.51	33	0.50	69	1.56	66	5.49	54	5.07	18	13.90	9
四川	理县	26.51	34	4.94	2	3.02	36	9.72	14	3.42	65	5.40	60
云南	巍山县	26.50	35	1.57	60	2.87	40	9.79	13	4.87	26	7.40	50
内蒙古	莫力达瓦旗	26.40	36	2.06	46	3.20	31	6.46	45	4.78	27	9.90	35
广西	田林县	25.93	37	2.21	41	3.16	32	5.77	52	3.99	45	10.81	26
贵州	三都县	25.76	38	1.68	58	3.50	24	6.99	40	4.41	36	9.18	39
广西	平果县	24.95	39	2.88	22	4.06	11	7.74	31	4.76	28	5.50	58
贵州	紫云县	24.88	40	2.43	36	3.10	33	6.56	44	4.59	31	8.20	45
广西	隆林县	24.64	41	1.50	61	2.64	49	4.03	66	4.57	32	11.90	16
青海	互助县	24.40	42	1.27	66	3.83	14	6.61	42	3.99	46	8.70	41
四川	盐源县	23.95	43	2.70	29	2.84	41	4.46	61	3.55	60	10.40	29
四川	汶川县	23.28	44	2.12	44	4.01	12	9.00	21	4.96	22	3.20	67
宁夏	彭阳县	23.19	45	1.89	50	1.81	64	3.59	67	3.39	66	12.51	13
广西	西林县	23.01	46	2.51	33	1.54	67	5.79	51	3.97	48	9.20	38
浙江	景宁县	22.74	47	3.13	16	2.95	38	8.38	27	3.78	53	4.50	62
广西	德保县	22.66	48	1.84	52	2.30	56	6.59	43	3.72	57	8.20	44
湖南	江华县	22.60	49	2.91	21	2.55	53	5.85	50	4.98	21	6.31	56
青海	天峻县	22.55	50	2.55	31	3.09	34	5.34	56	5.07	17	6.50	54
西藏	芒康县	22.53	51	1.29	65	1.90	60	5.40	55	5.93	6	8.00	47

续表

省区	县/旗（市）	总指数	排名	经济发展指数	排名	道路交通指数	排名	文旅产业现状指数	排名	文旅产业资源指数	排名	县级政府扶持指数	排名
四川	茂县	22.41	52	2.48	35	3.65	20	4.93	57	4.45	35	6.90	51
四川	松潘县	22.37	53	2.36	39	2.82	42	4.92	58	4.37	37	7.90	49
甘肃	积石山县	22.35	54	0.43	70	1.19	69	7.11	38	3.42	64	10.20	32
云南	墨江县	22.05	55	2.12	45	1.85	61	6.42	46	3.77	54	7.90	48
西藏	班戈县	21.97	56	1.48	62	2.65	48	4.20	64	2.94	69	10.70	27
海南	五指山市	21.92	57	3.13	15	2.80	44	4.12	65	4.96	23	6.90	52
内蒙古	喀喇沁旗	21.43	58	1.98	47	4.99	2	7.33	36	4.14	43	3.00	68
西藏	洛隆县	20.57	59	1.60	59	2.26	57	6.05	49	3.86	50	6.81	53
广西	环江县	20.12	60	1.40	63	2.05	58	4.64	60	3.64	58	8.40	42
内蒙古	鄂伦春旗	20.01	61	2.74	26	3.21	30	4.88	59	3.97	49	5.20	61
内蒙古	鄂温克旗	19.36	62	3.75	5	3.24	29	5.62	53	3.74	55	3.00	69
宁夏	同心县	19.22	63	1.76	55	1.70	65	7.82	30	3.74	56	4.20	64
黑龙江	饶河县	18.98	64	1.96	48	3.36	26	6.22	47	3.45	63	4.00	65
西藏	边坝县	18.75	65	1.17	67	2.01	59	0.84	71	3.52	61	11.20	22
青海	都兰县	17.45	66	2.51	34	2.48	54	6.21	48	3.61	59	2.65	70
宁夏	贺兰县	16.15	67	3.66	6	2.97	37	4.37	62	2.65	71	2.50	71
青海	德令哈县	15.91	68	1.71	57	1.15	70	4.25	63	3.30	68	5.50	59
青海	乌兰县	14.63	69	1.82	53	1.10	71	2.33	69	3.48	62	5.90	57
西藏	八宿县	13.32	70	3.04	19	2.66	47	0.86	70	2.76	70	4.00	66
西藏	比如县	13.08	71	0.05	71	1.39	68	3.59	68	3.86	51	4.20	63

注：表中数据根据 71 个调查县的数据计算得到。

（一）少数民族地区县域文旅产业发展指数

民族地区县域文旅产业发展指数由 5 个一级指标、26 个二级指标和 109 个三级指标计算得到，反映了民族地区县域文旅产业的总体水平和特征。表 7-2 中 71 个民族县/旗（市）的文旅产业发展总指数最高值是湖北长阳县 48.48，最低值是西藏那曲地区比如县 13.08。最高值是最低值的 3.7 倍，表明县域之间文旅游产业发展存在差距。总指数均值是

27.01；分值在40—50的最高分数段共有3个县；30—40的分值段共有18个县/旗；20—30的分值段共有40个县/旗；10—20的分值段有10个县/旗。显然，71个民族地区县域文旅产业发展指数在20—30的均值分值段最为密集，而高分段和低分段分布较少。文化产业发展总指数的变异系数①为0.2678，这也证实了71个民族县（市）/旗文化产业发展指数相对集中。71个民族县（市）/旗的中位数是内蒙古莫力达瓦旗，其文旅产业发展指数为26.40，从中位数和最高值与最低值的差距可看出，中位数以上即排名在36之前的民族县/旗文化产业发展指数的差距大于36位之后的民族县（市）/旗。民族地区县域文旅产业发展指标体系的总值是100，根据上表的结果，71个民族县（市）/旗的文化产业总体水平都较低。

在71个民族县（市）/旗中排名前10的县所在省区为湖北、云南、贵州、宁夏、甘肃、内蒙古和广东；排名在最后10名的县所在省区为内蒙古、宁夏、黑龙江、西藏和青海。两相比较，除新疆外的民族七省区中，西藏和青海调查县的县域文旅产业发展指数没有进入前10；内蒙古、宁夏既有前10名的县/旗也有最后10名的县/旗。这既证实了民族地区县域文旅产业发展的省区突出优势并不明显，西藏和青海相对落后；同时也说明在县域层面东部民族自治县同样也没表现出明显优势。

（二）经济发展指数

经济发展指数是分值为10的一级指标，由经济发展总体水平、城镇化进程、城乡差异和企业发展4个二级指标和14个三级指标计算得到。表7-1中71个民族县（市）/旗的最高值为宁夏灵武县5.17，最低值是西藏那曲地区比如县0.05，最高值和最低值相差非常明显。经济发展指数的平均值是2.44，分值在4以上有4个民族县（市）/旗，分值在1以下的有3个民族县（市）/旗。

文旅产业发展指数位居前10的民族县（市）/旗中，同时也是经济发展指数位居前10的有3个民族县（市）/旗，还有2个民族县（市）/旗的经济发展指数分别为13和11；除了广西那坡县的经济发展指数位居第54外，其他4个民族县（市）/旗的经济发展指数排名在20—40。文

① 变异系数是反映离散程度的绝对值，计算变异系数是为了了解文化产业指标体系各指标内数据的离散程度。

旅产业发展指数位居后10位同时也是经济发展指数位居后10位的有2个民族县（市）/旗，还有2个民族县（市）/旗的经济发展指数位次为5和6。文旅产业发展指数和经济发展指数的相关系数为0.3514，呈现了弱相关关系。

具体到同一地区的经济发展指数，内蒙古10个调查县（市）/旗中有4个民族县（市）/旗位居前10，西藏9个调查县中有5个民族县（市）/旗位居最后10名，其他14个省区的民族县（市）/旗经济发展排名较为分散。经济发展指数的变异系数值是0.3989，大于文旅产业发展总指数的变异系数，表明其离散程度也相对较大，也就是各县（市）/旗的经济发展水平差距明显。

（三）道路交通指数

道路交通指数包括了交通便利程度、基础设施、交通区位和交通成本4个二级指标，18个三级指标，其分值为10。最高值是宁夏盐池县5.87，最低值是青海乌兰县1.10，前者是后者的5.3倍；道路交通指数的平均值是3.03，与中位数一致。道路交通指数前10名涉及的省区有宁夏、内蒙古、辽宁、青海、广东和贵州，最后10名的省区有甘肃、宁夏、西藏、广西和青海。这一方面表明虽然民族地区道路交通改善非常显著，但即使是省区内的差距也依然明显存在；另一方面，民族地区道路交通的落后主要还是集中在人口密度小的偏远和高海拔地区。

道路交通指数与文旅产业发展指数在前10和后10中的重合数量低于经济发展指数，道路交通指数和经济发展指数在文旅产业指标体系中所占分值均为10，但道路交通指数和文旅产业发展指数的相关系数为0.4954，高于经济发展指数和文旅产业发展指数的相关系数。道路交通指数的变异系数是0.3185，大于文旅产业发展指数但低于经济发展指数。

（四）文旅产业现状指数

文旅产业发展指标体系中文旅产业现状指数分值是35，是五类一级指标中分值最高的。文旅产业现状指数包括了文化产业规模和三年增速、旅游产业规模和三年增速、特色小镇、文化旅游产业规模、旅游业从业情况、文化旅游企业、旅游接待规模、旅游景区情况8个二级指标和32个三级指标，其构成内容也是五个一级指标中最多的。文旅产业现状指数和文旅产业发展指数的相关系数为 0. 8483，可见文化产业发展现状既是当下文化产业发展的结果，也是未来文化产业发展的基础。

文旅产业现状指数排名第一同时也是位居文旅产业发展指数首位的是湖北长阳土家族自治县，指数为 17. 02，超过第二名近 3 分，但和总分值 35 相比才接近一半；71 个县（市）/旗的文旅产业现状指数均值为 7. 54，说明当下民族地区县（市）/旗的文旅产业现状水平并不高。排名前 10 的民族县（市）/旗文旅产业现状指数分值之差是 6. 35；排名 11—20 的民族县（市）/旗文旅产业现状指数之差是 0. 89；排名 21—30 的民族县（市）/旗文旅产业现状之差是 1. 18；排名 31—40 的民族县（市）/旗该指数差距为 0. 75；排名 41—50 的民族县（市）/旗该指数差距为 1. 07；排名 51—60 的民族县（市）/旗该指数差距为 1. 15；61—71 位的民族县（市）/旗文旅产业现状指数之差是 3. 8。由此可见，文旅产业现状指数排名前 10 和最后 10 名的 20 个民族县（市）/旗的文旅产业现状差距最大，这也导致了文旅产业现状指数总体差异较大。从省区看，除了西藏 9 个县的文旅产业现状指数都集中在 34 位及之后，其他 15 个省区的县（市）/旗文旅产业现状指数分布都较为分散，而 71 个民族地区县（市）/旗文旅产业现状指数的变异系数值为 0. 4041，大于所有指标也再次验证了文旅产业现状指数的离散程度较大，说明民族地区县域文旅产业发展程度参差不齐，差距明显。

（五）文旅产业资源指数

文旅产业资源指数的分值是 20，由文旅产品品牌、节庆资源、文旅产业基础设施、文化遗产资源、非物质文化遗产资源、自然环境资源和未来可开发资源 7 个二级指标和 29 个三级指标构成。文旅产业资源是文旅产业未来发展的潜力，对其发展趋势将起到重要影响。西藏林芝地区察隅县该指数为 7. 73，是 71 个民族县（市）/旗的最高值；宁夏贺兰县为 2. 65，是最低值，两者之间相差 1. 9 倍。71 个县（市）/旗的文旅产业资源指数均值是 4. 54；每间隔 10 个县（市）/旗划分为 7 个组，文旅资源指数第一组即前 10 的民族县（市）/旗的分值差距为 2. 17，最后一组即最后 10 名分值差距为 0. 87，其他组的分值差距在 0. 30—0. 54，计算得到的变异系数是 0. 2281，表明文旅产业资源指数的差距在五个一级指标中是最低的，分布也相对集中。

但从不同省区看，县（市）/旗文旅资源指数的分布没有明显的地域集中特点。例如西藏9个调查县，文旅资源指数分布分别为察隅县位列第一，芒康县名列第六，墨脱县位居第18；而洛隆县、比如县和当雄县的名次是连续的第50—52；边坝县名列第61位；班戈县和边坝县排在第69位和第70位。

文旅产业资源指数排名前10同时也是文旅产业发展指数排名前10的有4个县（市）/旗，还有4个县（市）/旗的文化产业发展总指数排名为14，15，21和25，只有西藏昌都地区芒康县的文化产业资源指数排名第6而总指数排名第51。表现在文旅产业资源指数和文旅产业发展指数之间的相关系数为0.7079，说明两者是较强的相关关系。

（六）县级政府扶持指数

县级政府扶持指数的总分值是25，包括总体主导或规划、资金扶持、具体操作3个二级指标和16个三级指标。云南玉龙县的县级政府扶持指数是最高值为17.9，最低值是宁夏贺兰县为2.5，最高值是最低值的7.16倍。县级政府扶持指数的均值是9.29，相比于总分25，最高值为总值的71.6%，均值为总值的51.9%。前10位县（市）/旗的县级政府扶持指数之差为5.08，最后10位县（市）/旗的县级政府扶持指数之差为2.7，排名第11的内蒙古克什克腾旗和排名第61的内蒙古鄂伦春自治旗的分值之差为7.3，说明县级政府扶持指数相对集中，计算得到的变异系数为0.3970。

县级政府扶持指数前10和文化产业发展总指数前10的民族县（市）/旗共有6个，其重合度是五个一级指标中最高的，余下的4个县（市）/旗也都居于文化产业发展总指数第11—15位。县级政府扶持指数位居最后10位同时也是文化产业发展总指数最后10位的有7个县（市）/旗，而两者的相关系数为0.8101，表明是强相关关系，也再次证实了县级政府的扶持是县域文旅产业发展非常重要的因素。

五　结论与建议

本文基于民族地区71个县（市）/旗文旅产业问卷调查，借鉴了已有的研究成果，通过专家打分法和层次分析法构建了民族地区县域文旅产业发展指标体系。该指标体系是从经济发展、道路交通状况、文化产业现状、文化产业资源和县级政府扶持五个维度测量的综合性指数，同时还包括了26个二级指标，109个三级指标，其目的是对民族地区县域文旅产业发展进行量化评估，以揭示目前文旅产业发展的总体情况，并为今后民族地区县域文旅产业发展提供借鉴。主要发现和结论有：

首先，少数民族地区县域文旅产业发展总体和当前水平均偏低，文旅产业规模小，对县域经济带动能力不强，但已成为县域经济的重要组成部分，且发展较为快速。

具体表现为：一方面，71个民族县（市）/旗2017—2018年文旅产业发展指数的最高值是48.48，是总分值的48%；均值是27.01，仅为总分值的27%；最低值是13.08，也就是总分值的13%。另一方面，以文化产业和旅游业的规模、文旅企业经营和旅游景区为主要内容的文旅产业现状指数也是构成文化产业发展总指数最重要的一级指标。其总分值为35，而该指数的最高值是17.02，占总分值的48.63%；均值是7.54，占总分值的22%；最低值只有0.84，仅为总分值的2%。71个民族县（市）/旗2017年人均文化和旅游产业产值仅为0.57元；拥有规模以上文化旅游企业数量的县（市）/旗为41个，占总量的58%。71个县（市）/旗文化产业①占第三产业比例达到54%，文化产业就业人数占第三产业就业人数的31%，2015—2017年文化旅游产业从业人员年均增长比例达到19%，从这些数据说明县域文旅产业发展已经成为第三产业的重要组成部分，且发展较为迅速。

其次，少数民族地区县域文旅产业发展总指数呈现了均值分数段（20—30）密集而高分段和低分段分布较少的情况；省区层面区域优势不突出，省区内各民族县（市）/旗的文旅产业发展存在明显差距，即使是相邻的县（市）/旗也是竞争关系，没有形成合力。

无论是71个民族县（市）/旗文旅产业发展总指数还是经济发展、道路交通状况、文旅产业现状、文旅产业资源和县级政府扶持五个一级指数的结果都表明，各省区不同县域各类指数分布存在明显差异，中位数附近分布最为集中，最高值和最低值差距大且较为分散。总指数和五个一级

①　文化产业指标体系中所指的文化产业均包括旅游产业。

指数的变异系数[①]也证实了这一结论。从区域看，属于同一省区的县（市）/旗文化产业发展总指数和五个一级指数分布并不集中，而是较为分散；即使如广西百色市下辖的 11 个县（市）和贵州安顺市下辖的 5 个县，其各类指数值都不接近，在县域层面没有出现省区层面才有的文化产业汇聚的区域协同“带状”发展[②]。

再次，少数民族地区县域文旅产业发展与当地经济发展水平的关联度不高，民族地区丰富的文化资源很有可能使文旅产业发展后来居上；但要重点关注文化资源向文化资本的转换，县级政府对文化产业的扶持是文化产业发展至关重要的因素之一。

少数民族地区县域文旅产业发展的方向和国家宏观层面、省区（直辖市）的中观层面都有所不同，科技创新在文旅产业发展中的引领不会在民族地区县域层面有迫切的要求，同时也不具备相应条件。根据 71 个民族县（市）/旗文旅产业发展指数和经济发展指数排名重合与具体分布情况以及两者的弱相关情况，说明经济发展水平不高的民族地区县域文旅产业也同样可以有快速发展空间并有可能在文旅产业发展上实现赶超。民族地区县域文旅产业资源均值虽然只有 4. 54，占据了总分值的 22. 7%，但有 85%的物质文化遗产没有开发，有 85. 7%的非物质文化遗产没有开发。少数民族丰富深厚的传统文化不仅会成为民族地区县域文旅产业发展的沃土为其提供营养，更有着未来转换为文化资本的巨大可能，这也是民族地区发挥后发优势的潜力，但如何解决将文化资源转换为文化资本的难题不可能一蹴而就。

县级政府对文旅产业的扶持指数与文旅产业发展指数呈现了强相关关系，两者的排序重合度也是五类一级指标中最高的，这也证实并说明县级政府的支持对县域文化产业发展起到了决定性的作用。

最后，少数民族地区县域文旅产业发展得益于十八大以来道路交通基础设施的大力建设，临近机场、高铁，拥有高速公路的民族县（市）/旗文旅产业发展总指数大都高于偏远、道路交通基础设施落后的民族县

① 文化产业发展总指数的变异系数是 0. 2678；经济发展指数的变异系数是 0. 3989；道路交通指数的变异系数是 0. 3185；文化产业现状指数的变异系数是 0. 4041；文化产业资源指数的变异系数是 0. 2281；县级政府扶持指数的变异系数是 0. 3970。

② 《“十三五”中国文化产业带状发展新趋势》，中国文化报，2015 年 5 月 20 日。http：//culture. people. com. cn/n/2015/0520/c172318-27029488. html。

（市）/旗。道路交通指数与文旅产业发展指数的相关性高于经济发展指数与文旅产业发展指数的相关性。

根据本书对民族地区县域文旅产业发展现状的分析，得到如下政策建议：

第一，应从少数民族地区省区层面规划民族县（市）/旗的文旅产业联合发展，以形成合力，打造区域性文旅产业的发展优势。

针对当前民族地区县域文旅产业发展各自为政，即使是邻县也因相同的民族文化和类似的文旅产业发展规划，使得各自的文旅产业发展无法摆脱同质化和竞争关系。为了用好用足民族地区文旅产业资源丰富的优势，文旅产业的县（市）级区域化发展，以及区域间和区域内部的联动发展不仅要体现在不同省区之间，在不同县域之间也要强调文旅产业链的分工协作，力争突破行政区划的阻隔和产业门类的分割，以培育跨县的区域增长极。

第二，继续加强财政对少数民族地区县域文旅产业的扶持，同时因地制宜处理好政府与市场的关系。

研究结果证明，财政投入是支持文旅产业发展的重要手段之一。目前民族地区县域文旅产业的发展正处于初级阶段，财政投入对文旅产业的增长影响明显，今后随着文旅产业的不断发展，财政投入的效果会从边际效应递增转向边际效应递减，但民族地区目前距离这一拐点还有相当的距离。基于此，财政投入增加的同时也会增强政府对县域文旅产业发展的主导作用，但同时也必须清醒地认识到文旅产业发展只有通过市场竞争，优胜劣汰，有生命力和创新性的文旅企业才能脱颖而出，形成文旅产业发展的带动力量，从而使县域文旅产业发展进入良性循环。因此，政府的作用要逐渐由主导、拉动转变为扶持和推动，将政府和市场力量有机结合。

第三，探索解决民族地区少数民族丰富的文化资源转换为文化资本的途径，从而推动民族地区县域文旅产业的快速发展。

民族文化资源作为文旅产业发展的基石，决定了民族地区文旅产业发展的走向，也是提升文旅产业竞争力的核心。文化资本在形态上既有有形的也有无形的；被赋予文化意义的自然风光、地形地貌、山水河流、建筑等固定有形的文化资本在民族地区县域发展中最易产业化，但目前大都还处于低层次产业开发的水平。需要高素质人才推动的文化创意产业在民族地区还不具备大力发展的条件。民族地区县域文旅产业发展是一个系统工程，需有明确人才培养计划和落实相关责任，逐步向科技引领转型，不断完备相关政策法规，逐渐形成文旅产业的创新氛围，为此需要政府、社会各界的长期不断努力。

第八章

苗疆腹地的节日文化——以台江县为例[①]

台江县位于贵州省东南部。总人口 16 万，苗族人口占 98%，被誉为“天下苗族第一县”，史称“苗疆腹地”。“苗疆腹地”的人民创造了博大精深的民族文化。台江县级以上的“非遗”保护项目有 52 项。台江的节日文化资源十分丰富。苗族姊妹节、苗族独木龙舟节被列为国家级非物质文化遗产名录，舞龙嘘花节、祭桥节、苗年节、鼓藏节被列为省级非物质文化遗产名录。苗族多姿多彩的节日习俗蕴藏着博大精深的历史文化内涵。这些节日不仅调节人们的生产生活节奏，提供了族内族际间的交往机会，更主要的是在节日中传递着苗族传统文化的精神内核，增加了人们对苗族文化的了解。通过举办节庆活动，加强了苗族的文化自信与文化认同，促进了各民族的交流交往交融，推动了当地经济社会的发展。在苗族众多的节日中，姊妹节是最引人注目的节日。姊妹节是以青年女性为主体，集苗族的婚姻文化、服饰文化、歌舞文化、饮食文化于一体的社交性节日。本文主要以姊妹节为研究对象，通过参与官方及民间举办的姊妹节活动，运用人类学的理论方法揭示了苗族姊妹节由于内部自身的发展、民族间的接触以及自然环境和社会文化环境的变化，苗族姊妹节活动的参与者不再局限于特定对象、部分传统习俗消失、节庆活动的文化内涵和社会功能呈现多样化的变迁现象。鉴于此，应做好姊妹节的整体规划，在合理利用这一民俗文化资源时必须尊重文化主体的权益，以激发他们参与保护文化遗产的热情。

---

① 本章作者：彭雪芳。

一 姊妹节的地域性

少数民族传统节日不同于现代民族国家所设置的节日，一般是根据地方社会为巩固其生产和社会生活的秩序而建立和延续的。无论在哪里，人们均需要在亲属集团和地域社会中建立密切交往的规范和秩序，也需要与外部世界，包括自然与社会环境达成精神交往的畅通渠道。节日民俗最突出的文化意义，正是在于实际地满足了与象征性地表达了一定地方社会对内和对外交往的迫切需要。①

姊妹节是流行于黔东南清水江流域的苗族的传统节日。地域覆盖范围以台江施洞为中心，包括施秉县的双井、白洗、马号，台江县的革一、施洞、老屯、台拱，以及剑河县的革东、柳川、温泉等乡镇的70多个村寨。其中，施洞地区的姊妹节规模最大、影响最广、知名度最高、最具特色，已经成为黔东南苗族传统节日的代名词。

姊妹节的具体时间因地而异，过程大同小异。施秉县双井、马号、魁阁，剑河县境革东、久仰、摆尾和温泉乡的大部分村寨的节庆活动于农历二月十五至十六举行。以台江县施洞、老屯为中心的姊妹节于每年农历三月十五至十七举行。

“姊妹节”苗语称为“Nongx Cad Liangl”（“弄嘎良”意为吃了心饭）。它有其特定对象及活动过程。姊妹节是以青年女性为主体，以展示服饰、游方、吃姊妹饭、踩鼓、对歌、互赠信物、订立婚约为主要内容的社交性节日。过程包括为姑娘准备银饰盛装、采摘姊妹花、蒸煮五彩糯米饭、捉鱼捞虾、讨姊妹饭、集体踩鼓等环节。

二 姊妹节的田野书写

台江苗族姊妹节的大型集体活动分别在台拱镇、老屯乡与施洞镇举行。官方主办的节日活动主要集中在县城所在地台拱镇。在老屯乡与施洞镇举行的活动多为民间主办。笔者曾在姊妹节期间分别对官方与民间主办的姊妹节进行参与式观察。

① 参见刘铁梁《节日的地方性》，《凯里学报》2006年第5期。

（一）台拱镇拉开了姊妹节的序幕

农历三月十五上午八点左右，在台江一所中学的操场上汇集了各支游行队伍，象征着国家权力机构的县直属机关代表队排在前面，各乡镇的代表队、少儿代表队依次跟随其后沿街进行苗族盛装巡游。游行队伍中绚丽多彩的方你、方秀、方白、方南、方纠等九种苗族服饰配上精美绝伦的银饰令人眼花缭乱、赏心悦目。游行队伍一路载歌载舞来到 3 公里外的秀眉中心广场。十点钟开幕式如期举行，受邀的嘉宾与县领导发表讲话，四名主持人分别用苗语、普通话、英语主持节目。绝大部分文艺表演节目都是文化底蕴厚重、地方色彩浓烈的苗族歌舞。文艺表演充分展示了苗族悠久的历史文化和独特的民族地域风情，反排木鼓舞、苗族多声部情歌、苗族古歌等国家级非物质文化遗产以艺术形式呈现在观众面前。

姊妹节期间县城举行民间斗鸡、斗鸟、斗狗、牛王争霸赛、武术散打比赛。斗牛是苗族群众最喜爱的一项活动，在苗族重要的节日都有斗牛比赛。老百姓观看斗牛的热情十分高涨，在县城风雨桥河沙坝的斗牛场人山人海。牛王争霸赛的获胜者以不同的级别获得不同的奖金。斗鸡、斗鸟、斗狗满足了不同的人群对节日活动的不同需求。此外，还举行摄影作品展、武术散打比赛、篝火晚会以及苗族文化论坛、招商引资洽谈会等活动。民族民间工艺品在新修建的姊妹街上展销。河边的地摊上也摆满了苗族服饰、银饰、手工艺品及日常用品。此时的台江县城到处人流涌动，十分热闹，宾馆爆满，假日经济的影响力充分显现。文化搭台，经济唱戏，大力发展旅游业，促进地方经济社会发展，也是政府操办姊妹节的目的之一。

（二）老屯乡捕鱼捞虾的民俗展演

农历三月十六上午我们来到老屯乡。老屯乡民族风情浓郁古朴，举办的姊妹节活动内容具有传统色彩。尽管县城的斗牛、斗狗等活动还在继续，但许多游客还是转移到老屯乡观看捕鱼捞虾的民俗展演，近距离感受姊妹节传统文化的魅力。

捕鱼捞虾是姊妹节活动具有象征意义的环节。鱼是姊妹节必不可少的祭品与食物。这说明了苗族先民与鱼有着不解之缘，反映了苗族子孙不忘先民生活在江河湖泊的经历；在当地苗族的观念里，鱼是繁殖能力最强的动物，鱼是生殖崇拜的象征，用鱼特别是用雌性鱼作为祭物表达了苗族人民祈盼多子多孙的美好愿望。姊妹节是为男女青年社交、缔结姻缘搭建的一个平台，是人类繁衍的前提。

我们到达老屯乡岩脚村踩鼓场旁的水田时，捕鱼捞虾的民俗活动正在进行中，只见包括姑娘、小伙子、中年妇女与小男孩在内的二三十人正拿着鱼罩虾拔在田间捕鱼捞虾。他们还不时在水田里相互戏水作乐。田里的水有些浑浊，好几个人脸上、身上挂着泥团。

捕鱼捞虾民俗活动结束后，水田旁边的踩鼓场传来“咚咚咚”的击鼓声。人们又转移到踩鼓场。场上有两面鼓，有几个穿着蓝色便装、头上插着花的苗族女孩开始踩鼓。接着身着盛装的年轻女子陆陆续续来到场上踩鼓。其中有两名男子围着苗族妇女织锦的围裙十分显眼，天真幼稚的小女孩也满身童装银饰跟随家长出现在现场。傍晚，夕阳西下，天气逐渐凉快下来，到踩鼓场的人越来越多，活动渐入高潮。这时，我们得知一个令人振奋的消息：巴拉河村正在举行一场别开生面的姊妹节活动，于是急忙赶往巴拉河村。

（三）巴拉河村的狂欢之夜

巴拉河村位于清水江畔，是一个风光秀丽的苗族村寨。全村有 140 多户，600 多人。巴拉河村隶属于施洞镇，有三个村民组。我们到达巴拉河村时，村里正举行晚宴。宴席设在村支书家门前的空地上。场地上拉了几根线，用许多小三角彩旗装饰，地面上散落着鞭炮燃烧后留下的碎片，现场洋溢着欢乐的节日气氛。80 多位村民正围坐在八张桌子用餐，食物有鱼、鸡、肉等。一群已用餐完毕的妇女坐在另一边愉快地交谈。从装束来看，大多数参与者是已婚妇女。她们身着镶花边的浅蓝色上衣，头戴织锦头帕，头上插着银簪、头花。笔者与几位妇女聊天，她们虽然年少时上学读书不多，由于曾经外出打工几年，都能说普通话。据了解，村里不少村民都有打工的经历。热情好客的村民邀请我们一起享受丰盛的晚宴。

姊妹饭是姊妹节必不可少的食物和标志。每当节日临近之时，苗族村寨姑娘们结伴上山采集一种叫“姊妹花”的黄花和绿叶，回家后用它们作为颜料把糯米饭染成黄色和黑色，加上米饭的白色，所以，常见的是三色姊妹饭。由于食用色素的传入，增加了红与绿两种颜色，变成了五色姊妹饭。姊妹饭颜色的象征意义：绿色象征美丽的清水江，红色象征寨子兴旺发达，黄色象征五谷丰登，紫蓝色象征富裕殷实，白色象征纯洁的爱情。我们一边吃，一边听村民谈起姊妹饭里暗藏的玄机：节日期间，当小伙子与姑娘相处几天后，离别时姑娘们用新竹篮或新手帕盛好姊妹饭作为礼物送给男子。有时会在饭篮里藏一些表达心思的标记物，称之为“无文字的情书”。标记物的意义：放一双筷子表示愿意与男子成双成对；放玉米须或松针则表示要男子以后用绣花线回谢；放一个竹钩表示要男子用伞回谢；若放两个竹钩则表示愿意与男子进一步交往；放棉花表示思念对方；放香椿示意男子快来接亲；放辣椒、大蒜或树杈则表示今生没有缘分，委婉地拒绝对方。即使苗家姑娘不满意某个小伙子，她还是笑脸相对，并赠送姊妹饭。

晚宴结束后，一场乡村姊妹节即兴晚会拉开了序幕。场地中央摆放着一面鼓与四张桌子，桌上摆放着肉类、水果、酒等。未切开的猪头、鸡肉上还插着小三角彩旗，以示隆重。几个中年妇女用竹扁担挑着塑料做成的香蕉、葡萄等水果步入会场，绕场一圈，象征着节日期间乡亲们走亲访友的过程。接着，踩鼓环节开始。两个老年妇女敲击一个圆形鼓，年轻的妇女换上漂亮的服装随着鼓点跳舞。坐在旁边的几个老年妇女与男子情不自禁地唱起苗歌。两对中年男女提着酒壶不时给人们敬酒祝福。有三个中年男子不甘寂寞，男扮女装学妇女挑担的样子，十分滑稽可笑。大家尽情地欢乐。他们先唱苗歌，再唱汉语流行歌曲。歌声、笑声划破了寂静的夜空，随着巴拉河河水流向远方……在场的人们都从这大众性的狂欢中获得情感的共鸣与交流。村民在姊妹节期间互相拜访与问候，获得一种归属感、认同感及精神享受。

（四）踩鼓场上靓丽的苗家女性

踩鼓是姊妹节最引人入胜的重要活动，是姊妹节正式开始的标志。从农历三月十七日开始，姊妹节的活动现场转移到施洞镇。在通往踩鼓场的路上，成群结队的妇女穿着精美绝伦的盛装，戴有闪闪发光的银饰在骄阳的照射下十分壮观。还有几个中年男子满头大汗，挑着装满服饰与银饰的竹篮到现场，等待女儿放学后穿戴好参与踩鼓。因天太热，有的妇女先穿便装，用汽车运送服饰与银饰到踩鼓场再穿戴。踩鼓场中央有一面木鼓，精心打扮的苗家女披锦着绣，头戴银角、银钗、银帽；颈戴银项圈、银项链、银锁；身披银泡、银片、银铃；还戴有银耳环、银手圈、银手镯等。

全身银器装饰，少则五六斤，多则二十多斤。由于她们穿着盛装、戴着较重的银饰，因此，踩鼓时手的摆动、脚的步伐、身子旋转的幅度都不大，只是轻轻地随着鼓点跳四方舞步或六方舞步。

踩鼓是男女青年向公众展示才智的一项活动。青年人通过这项活动获得社会的认可，那些能歌善舞与心灵手巧者赢得大家的赞赏与尊重。踩鼓不仅是传统的娱乐活动，还是展现女孩自身及家庭实力的机会。苗家人以女孩的美为骄傲。女孩降生于世，家长就开始为女孩积累银饰、刺绣盛装。等到女孩豆蔻年华之时，家长就精心打扮女孩去参加姊妹节。当姑娘在踩鼓之时，她的容貌、舞姿、举止、服饰与银饰展现在公众面前，站在一边观看的小伙子或家长若对哪个姑娘感兴趣，就去了解她的情况及家庭背景。因此，许多人家十分重视要去姊妹节亮相的女孩的盛装打扮。笔者在偏寨村看见一位满脸皱纹的老奶奶熟练地为她的孙女戴银饰的情形，也目睹过即使是盛装打扮完毕的姑娘来到踩鼓场，她的母亲也提着篮子跟随前来。家长这样做的原因：一是女儿在跳舞的过程中有可能穿戴歪了，母亲就及时帮她整理；二是女儿穿戴的银饰价值不菲，有家人在场看管，以免丢失。一些已婚女性即使不找对象，也要展示一下自己精美的盛装打扮。改革开放之前，村民的经济收入低，能备齐全套银饰的村民不多。现在，随着村民的经济收入不断提高，穿盛装、戴全套银饰来踩鼓的女性越来越多。

农历三月十七是姊妹节的最后一天。在两天大规模的踩鼓活动结束后还有人在踩鼓场上继续踩鼓。离开施洞至今，苗家姑娘身着盛装，伴随着悦耳的银饰摇摆声、清脆的木鼓声和悠扬的苗族飞歌翩翩起舞的画面不断浮现在笔者的脑海中。

三　姊妹节的内涵及性别角色分析

每个民族的传统节日都具有丰富的文化内涵，都反映了某个民族的传统习俗和民族心理。关于姊妹节的来历有不同的版本，金丹与阿姣的故事在民间比较流行。

相传有一对苗族青年，男的叫金丹，女的叫阿姣，他们是姨表兄妹。从小青梅竹马，两小无猜，金丹非阿姣不娶，阿姣非金丹不嫁。后来，阿姣被迫嫁到舅家。金丹得知后，伤心极了，经常到山上唱忧伤的歌。阿姣听到后，心都要碎了，偷偷包着糯米饭到山上给金丹吃。因怕别人发现，就用树叶花朵挤汁染糯米饭，以便收藏于菜篮子里。年复一年，经过一番磨难和顽强不屈的抗争，阿姣的父母及舅舅终于被阿姣的真情所感动，同意解除这桩婚事，金丹和阿姣这对有情人终成眷属，相伴终身。

这个传说折射出苗族传统的婚俗：同宗、姨表之间严格限制通婚。“还娘头”是流行于黔东南地区苗族的一种婚俗。其内容为：舅舅家的儿子可优先娶姑妈家的女儿为妻。如舅家无儿子，外甥女才外嫁，但必须征得舅父同意。姊妹节传说中的主人公阿姣、金丹是姨表兄妹，按习俗他们不能结婚，阿姣被迫“还娘头”嫁给舅舅的儿子。经过一番波折，男女主人公终于结为夫妻。苗族女性通过这个传统节日来表达她们对包办婚姻的不满以及追求婚姻自主的强烈愿望，也表达了她们渴望拥有话语权的诉求。

姊妹节活动反映出苗族婚姻发展的历史与轨迹，为研究苗族婚姻发展史乃至人类婚姻发展史提供了宝贵的第一手材料。作为人类婚姻从“从妻居”到“从夫居”转变的“活化石”，姊妹节活动以男性青年到女性青年家去走访的行动展示了人类婚姻史上“从妻居”的实证。已婚的少妇们要回到娘家与未婚的姐妹们一同欢度节日，在节日期间与自己过去游方场上的情人叙旧以“了却心愿”这一举动，揭示了“对偶婚”被“一夫一妻制”替代以后的反复和斗争。①

在姊妹节中，操办节日活动、邀请男性来做客、游方、选择意中人、确定婚恋关系的主动权都掌握在女性手中，这与在父权社会里女性在婚姻中处于被选择、被支配的处境形成鲜明对比。女性以征服者、支配者的姿态呈现在男性面前。这是对男权社会里男尊女卑、男主女次角色定位的挑战。

姊妹节中自由择偶的游方习俗使得姊妹节成为苗族男女青年都十分向往的节日。苗族之所以重视男女性别角色的地位，是与维护苗族乡村社会的生活秩序的意识分不开的。

---

① 雷秀武：《苗族姊妹节》，载颜勇主编《民族传统节日进入旅游市场的文化条件分析》，贵州教育出版社 2009 年版。

四 姊妹节的社会功能及文化变迁

世界上所有民族的文化都会随着社会变迁而不断发生变化。文化变迁是指由于民族内部自身的发展或由于不同民族之间的接触而引起的文化变异。促使文化变迁的原因，一是内部的，由社会内部的变化而引起；二是外部的，由自然环境的变化及社会文化环境的变化引起。非物质文化在长期的发展演变过程中，既有基本的积淀，也有不断的变异。苗族姊妹节也不例外。姊妹节的变化也是外来文化和本土文化相互传播、碰撞、不断融合的过程。正如笔者在参与观察中所描述的那样，随着社会的变迁，姊妹节活动从形式到内容及社会功能也不断变化。

（一）参与对象由特定群体转为全民性

传统的姊妹节是由两个通婚集团的男女青年集体婚恋的社交节日。最初，参加者是本村寨未婚女子和已婚但“不落夫家”①的年轻女子，后来逐步发展到整个村寨所有的未婚与已婚女性。到了20世纪80年代以后，这种活动逐步形成了覆盖全社会的活动。活动对象已经不再局限于特定的对象，已经覆盖到了所有的社会成员。正如在田野调查中所观察的那样：它是以女性为主体，包括男女老幼参与的全民活动。如今，随着族际婚的频繁发生以及民族之间交往的扩大，参与对象不再局限于苗族，而是多民族共同参与。

（二）部分传统习俗消失

由于各种原因，姊妹节一些传统习俗消失。游方是传统姊妹节的重要活动，是苗族男女青年恋爱社交的主要方式。苗族的游方活动中，严格遵循“同宗不游方”和“姨表兄妹不游方”的原则。过去，每个村寨都有固定的游方场。游方场一般是村旁的井边、河边、小山坡等处。在游方场上男子与姑娘们对唱情歌。对歌的内容十分广泛，有苗族古歌盘问和情歌对唱等。节日期间，一些中老年男子也相约到外村与年龄相仿的妇女们对

---

① 不落夫家：新娘婚后不在夫家居住，而是回到娘家长住，只是在农忙或节日期间返回夫家帮忙。一直到女方怀孕或生了第一个孩子后，才能定居丈夫家。这是过去在壮、苗、瑶、黎、侗、水、彝、布依、哈尼、普米、仫佬、毛南和汉等民族部分地区流行的一种传统婚姻习俗。

歌，情景与年轻人对唱相似。现在，随着游方场的衰落，传统的游方场上谈情说爱的方式，已被电话、网络、书信等现代通信方式所代替；过去用送姊妹饭中的信物标记含蓄地传递情感的“无文字的情书”已消失了。如今，姊妹节活动中民俗文化展演的成分占了相当的比重。例如，我们看到的捕鱼捞虾的民俗带有展演的性质。近年来，苗族村寨许多年轻人外出打工，参与姊妹节的青年人减少。

（三）节日活动内容的多样化

姊妹节作为提供给男女青年社交联谊的机会，最初的目的是单一的，功能也是单一的。20 世纪 90 年代以来，为了搞活农村商品流通和加强文化交流，官方在姊妹节期间举办各种“物资交流会”“民族传统商品展销会”“苗族文化论坛”等活动。民间也增加了斗牛、斗鸟、斗鸡等内容，这些活动和内容逐步成了姊妹节活动不可分割的重要组成部分，满足了不同的社会角色对节日活动的不同需求，姊妹节的功能由单一功能向复合功能转变。

（四）从娱乐功能派生出经济功能

姊妹节原本是娱乐型的节日。随着苗族地区经济社会的发展，姊妹节活动成了促进当地经济社会发展的重要手段。姊妹节期间，政府招商引资，苗族村民开办农家乐，能工巧匠出售手工品，获得了经济收益。姊妹节促进了台江旅游业的发展，对当地经济社会的发展提供了机遇，也体现了传统苗族文化新的价值与意义。

随着时代的变迁，姊妹节的真实性、淳朴性和神秘性发生了变化。姊妹节经文化重构、功能整合后，在保留传统文化元素的基础上注入了现代元素。姊妹节是展示和传承苗族文化的最佳载体，是青少年习得和传承民族文化的最佳场所。姊妹节也是苗族地区人们走亲访友的大好时机，是增强民族凝聚力及向心力的纽带，同时已成为苗族与其他民族之间进行文化交流与经济合作的重要桥梁。

五　姊妹节保护与开发的整体观

我国农村发展正处于巨大的转型期，社会大环境的变化使台江苗族社区传统的社会秩序受到冲击。姊妹节所承载的社会功能逐渐弱化。随着农村外出务工的年轻人日益增多以及外来文化的影响，破坏了苗族传统文化的生态环境。许多年轻人把精力聚焦到现代文化的时尚上，对本民族传统文化的重视程度不够，逐渐淡化了本民族文化的认同感。全县会唱古歌的人为数不多，能完整传唱古歌的人更是寥寥无几，且年龄偏大。青少年中会唱“游方”歌的人极少，绝大多数年轻的苗族妇女基本上不会刺绣，如果不及时采取措施加以保护，姊妹节消失的速度更快、异化的程度更大。

我国非物质文化遗产保护工作以“保护为主、抢救第一、合理利用、传承发展”为原则。姊妹节作为台江民族文化旅游的载体，台江县官方对姊妹节文化给予极大的重视，自 1998 年以来，台江县每年都举办姊妹节活动，积极挖掘和宣传姊妹节，取得了一定的经济效益与社会效益。苗族姊妹节的连续举办，提高了台江县的知名度，苗族文化也引起了人们的浓厚兴趣。每年姊妹节期间，大批海内外游客来到台江，旅游业带动了地方经济的发展。姊妹节作为一个旅游品牌的推出，进一步唤醒了苗族同胞的文化自信，体现了苗族传统文化新的价值与意义。

在知识经济的时代，文化在经济社会发展中的作用日益增强。非物质文化不仅是一种文化资源，也是一种经济资源。合理利用姊妹节这项珍贵的文化资源有利于当地社会经济的可持续发展。

整体观是人类学首要的原理，是人类学的一个标志。人类学整体观对姊妹节的开发保护具有指导意义。首先，要做好对姊妹节科学的整体规划，深入研究姊妹节各项文化的外在形式和内在结构，处理好开发与保护的关系。在开发的过程中，政府可适当介入行政干预措施，如果这种“干预”运用得当，有利于姊妹节的保护传承。苗族是姊妹节的创造者与拥有者。在开发中要尊重他们的权利，获得文化主人的认可。姊妹节活动要给当地的老百姓带来实惠。

姊妹节是充分展现苗族服饰文化的最佳时机。姊妹节为苗族刺绣银饰实现其经济功能提供了广阔空间。姊妹节中苗族妇女盛装踩鼓活动的发扬光大，有利于促进台江独具特色的刺绣银饰文化产业的开发。既能传承苗族内涵丰富的服饰银饰文化，也能带动农村富余劳动力的就业，增加农民的收入。

近年来，台江县加大资金投入力度，给予优惠政策，大力发展民族文化产业。苗族银饰加工及刺绣产业是台江县的主要经济产业。据统计，全县银饰刺绣从业人员 2 万余人，从事银饰刺绣注册企业 51 户，个体工商经营 758 户，专业合作社 3 个，专业村 3 个。[①] 银饰刺绣工艺品远销中国的许多城市、东南亚及欧美各国。苗族刺绣银饰生产和经营成了当地村民重要的致富门路之一，许多村民不必再像过去那样外出打工挣钱了。台江民族文旅产业的发展有利于苗族文化的保护传承和地方经济的繁荣发展。

六　结　语

民族节日是重要的非物质文化遗产。随着时代的变迁，民族传统节日不可避免地发生现代转型。民族节日庆典不仅是少数民族传统文化的展演活动，也是地方政府社会治理的一种手段。通过对少数民族节日的研究可以加深我们对非遗保护、传承与发展的理解。

台江苗族文化所包含的民族性和地域性是比较典型的，保存状况相对较好。台江的苗族姊妹节与苗族独木龙舟节、苗绣、苗族服饰技艺、苗族银饰锻制技艺等项目的存续状态良好，传承人及传承群体较多，项目核心内容得到较完整的保留和继承，具有较好的传承和发展能力。

然而，在经济全球化的当今社会，随着人口流动、城镇化建设的步伐加快、生产生活方式的改变、外来文化的影响，台江苗族非物质文化遗产也面临巨大的冲击，有的已处于濒危状态。如何有效地保护和传承优秀的民族文化，顺利应对全球化对民族传统文化的挑战，发挥民族文化的资源优势促进少数民族地区经济社会的可持续发展，成为民族地区非物质文化遗产保护，同时也是我国少数民族非遗保卫战的关注点。这对推进少数民族文化创造性转化与创新性发展，早日实现中华民族的伟大复兴具有重要的战略意义。

① 资料来源：台江县非遗办，2017 年 11 月。

第九章

辽宁岫岩满族皮影戏及其传承保护[①]

一　问题的提出

整体性是非物质文化遗产保护的一项重要原则。它要求既要保护非物质文化事象本身，也要保护它的生命之源；既要重视非物质文化的价值观，又不能忽视其背景和环境。[②] 非物质文化遗产的整体性保护应该对非物质文化遗产自身及其生存空间这两个层面实施全方位保护。[③] 显然，非物质文化遗产整体性保护的实现，离不开它所依托的民间社会这一主体。这其中既包括传承人（或群体），也包括共享这些非遗的地方社会的普通民众。然而，我们当前的非遗保护工作中，民间社会的作用很少被与政府的作用并置，并获得足够的重视。

在岫岩皮影戏当前的传承和保护中，我们可以看到民间社会主导的民间传承和政府主导的官方传承两条鲜明的主线，对于二者存在状态和彼此关系的分析，将有助于我们更好地认识非遗保护中不同保护主体所发挥的作用和它们之间的相互关系。

本书的研究个案——岫岩满族自治县，隶属于辽宁省鞍山市，位于辽东半岛的北部，总面积4502平方公里，总人口50万左右，以满族为人口的主体。岫岩是典型的山城，矿产资源非常丰富，尤其盛产岫玉，有“中国玉都”之称，玉石的开采、加工、批发和零售是县境的一大产业，吸纳了相当一部分城镇和乡镇人口从业。同时，山地自然物产也极其丰

① 本章作者：吴凤玲。

② 参见刘魁立《非物质文化遗产及其保护的整体性原则》，《广西师范学院学报》（哲学社会科学版）2004年第4期。

③ 苑利、顾军：《非物质文化遗产保护的十项基本原则》，《学习与实践》2006年第11期。

富，对于农村家庭来说，除种地和部分家庭成员的打工收入外，依托山地资源而从事的山货采集，菌菇种植，柞蚕放养，山羊等牲畜养殖，以及林地养护等副业，也是收入的重要来源。多山的地形特点造成了岫岩多年来的县内交通和县际交通不便，虽然近年来高速公路和县乡公路的建设令交通状况大为改观，但是岫岩至今没有直达火车的现实，依然限制了人们流动的意愿和频率。这种相对封闭的地理环境和深厚的山区农业基础，使得岫岩的民间文化保存较好，非物质文化遗产资源丰富，岫岩皮影戏就是其中一例。

2014—2018 年，笔者连续 4 年追踪调查 2008 年收入第一批国家级非物质文化遗产扩展项目名录的岫岩皮影戏，在调研中纳入整体性研究视角，关注岫岩皮影戏与民间社会的关联和非遗保护工程对于岫岩皮影戏传承发展的影响。本文将从岫岩皮影戏的历史传统和它在地方社会与民间愿影仪式中的呈现出发，探讨在整体性保护的原则下，如何统合政府和民间社会双元主体力量，使当前陷入娱神与娱人困境的岫岩皮影戏走出困境，获得更好的保护和传承的问题。

二　岫岩皮影戏的历史传统与当下的式微

皮影戏的起源常常被追溯至汉武帝思念故去的李夫人而请方士以幻术招魂的凄美爱情故事①，但魏力群②和康保成③两位皮影戏研究专家均认为，这一实质为招魂巫术性质的故事不能被附会为皮影戏的起源，皮影戏的真正起源与隋唐时期佛教的传入关系密切，佛教以影说法的形式促成了皮影戏的起源，明清乃至现在仍流行的影戏，在影戏的戏神为观音菩萨、演出剧目多佛教内容，演出地点多在寺庙等三个方面，仍表现出与佛教形影相随的密切关系。

民国时期，关于皮影戏的记载见于辽宁多地的县志中。例如，民国十年《凤城县志》“礼俗志”“愿心”条载：“愿心者，因事祈禳，获神佑，

---

① 例如《汉书·外戚传》载：“李夫人少而蚤（早）卒……上思念李夫人不已，方士齐人少翁言能致其神。乃夜张灯烛，设帷帐，陈酒肉，而令上居他帐，遥望见好女如李夫人之貌，还帷坐而步。又不得就视，上愈举国相思悲感，为做诗曰：是邪，非邪？立而望之，偏何姗姗其来迟！”见（西汉）班固《汉书》，中华书局 1962 年版。

② 魏力群：《中国影戏源流考》，《河北师院学报》（社会科学版）1995 年第 1 期。

③ 参见康保成《佛教与中国皮影戏的发展》，《文艺研究》2003 年第 5 期。

如其心之默许以酬报之也。或焚冥镪、文疏，或挂匾、讽经，或装潢神像，或唱影、演戏者，皆然。”“祈雨”条记载，当地在天旱求雨成功后，“则宰牲祭神，或演戏、唱影，名曰‘谢降’”①。虽然我们在差不多同时期的《岫岩县志》中并没有找到关于皮影戏的记述，但是岫岩作为与上述地区相邻的县域，其近世的皮影戏在民众中的存在形式应该也与上述记述相类似，为民间信仰服务的“愿影”是岫岩皮影戏存在的主要形式，人们用皮影戏许愿求神灵帮助，并在愿望达成后请班唱影娱神作为答谢。岫岩皮影戏在民间还有“会影”和“乐影”两种形式，“会影”的出资和参与者为一定范围内的民众集体，多在民俗节日和宗教节日，或求雨或去灾等集体愿望达成后集会观影。乐影在民间也称“喜乐影”，多用家庭办喜事的场合。皮影戏的功能在这一时期是既娱神，也娱人。

中华人民共和国成立后，农村进入合作化和集体经济时代，在极“左”思潮的影响下，民间信仰作为“封建迷信”被压制，民众娱乐形式也相对传统和有限，皮影戏的艺术欣赏价值，即它的娱人功能，成为它延续传承的主流因素，娱神功能则因民间信仰的真空而中断。在这一时期，个体家庭出资的乐影和愿影比较少见，集体出资的会影最为常见。皮影戏作为一种民间艺术形式在群众中有着深厚的基础，皮影戏艺人的规模和水平也得到壮大和提高。皮影戏的功能在这一时期是无神可娱，娱人为主。

20世纪70年代末80年代初，农村集体经济解体后，个体家庭在获得生产经营的更大自主性的同时，也要更多地独自面对可能的经营风险和各种不测；同时，宗教信仰自由政策的落实也带来了民间信仰外部环境的宽松。在这种情况下，民间信仰开始萌动和恢复，人们希望依靠神灵的帮助来应对生活中的各种不确定性，酬神娱神的唱影活动日渐增多。这一时期，皮影戏的功能是娱神为主，娱人为辅。

当下，虽然民间信仰的复兴让皮影戏作为娱神的工具在民间又以愿影的形式兴盛起来，然而，电影、电视和网络等新兴传媒的发展和人们生活方式的改变也极大冲击了皮影戏，造成了它在当下的式微。皮影戏的演出市场和观众群体均在萎缩，由于人们请影的目的是娱神，对于其娱人的功能不作强求，因此现实中的愿影演出，常常是影班孤零零地对着神案唱影，现场无人喝彩。

---

① 《辽宁府县志辑14·民国凤城县志，民国庄河县志》，凤凰出版社、上海书店、巴蜀书社2006年版，第116页。

皮影戏在岫岩地方社会的历史发展中发挥着独特作用，并在不同时期呈现出娱人与娱神功能的不同侧重，尽管它在当下面临着式微的境地，但它在民间的流传一直没有中断，它与当地满族民众的生活世界紧密联系在一起，保持着一定的生命力。那么，皮影戏在岫岩地方社会中是如何呈现的？作为一个仪式整体的民间愿影又是如何呈现的？非遗保护工程为民间的岫岩皮影戏传承带来了怎样的变化？下文将从这三方面展开论述。

三　岫岩皮影戏在地方社会中的呈现

岫岩皮影戏与岫岩满族民众的生活世界联系在一起，成为地方社会文化独特性的一部分，它在地方社会中的呈现表现在如下三个方面：

（一）皮影戏是民间还愿娱神的工具

由于皮影戏在起源上与佛教的密切关联，滦州影系的皮影戏艺人大多公认观音菩萨为皮影戏的创始人和行业神①，与滦州影系关系密切的岫岩皮影戏也是如此②。据皮影艺人讲，正因为影戏的祖师是救苦救难的观音菩萨，故而民间认为皮影戏“出口成愿”，是专门用来还愿的东西。在皮影戏行当，影班每年年初的开箱影都必须在班主家的观音菩萨神位前唱，这样，影班再为各位东家唱影还愿才会有效。③

在皮影戏之外，尽管岫岩还曾盛行过二人转、东北大鼓和评剧等地方民间艺术形式，但是它们都随着时代的变迁和人们欣赏需求的变化而逐渐没落，唯有皮影戏一枝独秀，依然为民众所需求，这与皮影戏具有的许愿还愿功能密不可分。据一位班主讲，在所有能够还愿的东西中，“影最大”，许愿时别出心裁的许了别的东西结果不应验最后还得重新许影戏来还愿的例子在民间也不少，因此不论现在的人们是否欣赏得来皮影戏，要许愿还愿还是要请皮影戏。④

---

① 参见魏力群《中国皮影艺术史》，文物出版社 2007 年版，第 365 页。

② 同上书，第 65 页。

③ 见 2014 年冬对 H 镇吉祥影班班主 LZY 的访谈记录。

④ 2017 年正月十四随 H 镇吉祥影班到沈阳参加元宵节期间的文化惠民演出，在返岫汽车上对班主 LYZ 的访谈记录。

（二）皮影戏承载着人们的生活愿景

民间的皮影戏演出承载着人们对生活的各种愿望，这些愿望归结起来不外乎实现美好生活的愿望和远离灾难不幸的愿望两大类，充分体现了人们趋吉避凶的朴素心理。

在实现美好生活的愿望方面，人们的许愿行为可能发生在一年之初要开始进行生产劳动之时，或要开始从事某项活动之时，这时人们专注于未来，希冀一切美好的愿望都能在神灵的保佑下达成，所以在神灵面前许下愿望。就笔者近年在岫岩的若干次观影经历和来自皮影艺人的讲述来说，首先，家庭增收是人们许愿的一个重要的方面，具体到每个家庭会因为经营内容不同而不同：有求家中的农副业，如种苞米、养蚕、养牲畜、种蘑菇有个好收成的；有求玉石买卖获得可观收益的；还有求办厂、开饭店、开店等能够生意兴隆的。有的家庭还会设定一个心理预期的赚钱数目，并许诺若愿望达成将唱影答谢。在影班常年活动的乡镇，有一个相对稳定的主顾群体，他们通常都在年节时许愿，在取得收获后唱影还愿。[①]

其次，学业进步和工作顺利也是一个重要方面。人们为孩子考大学、考研究生、考公务员、考教师资格证和求职等一切顺利而许愿唱影的情况也很常见。2017 年寒假的一天，笔者跟随一个影班观影，上午和下午的两个东家都是为孩子考大学许愿还愿的。上午的东家在儿子当年考大学时向天地爷许愿如儿子考上大学将唱影还愿，后来因事耽搁下来，现在四年过去了，孩子即将毕业面临求职问题，东家选择在这时为上次许的愿还愿，同时也求天地爷保佑孩子能找到满意的工作。下午的东家是在外孙女当年考大学发挥失常的情况下，紧急向天地爷许愿，求保佑外孙女后面的考试能正常发挥并顺利升入大学。如今孩子已入读大学一年，东家于是张罗了这次唱影。[②]

最后，家庭添丁进口也是人们很常见的愿望。不育的求怀孕，怀孕的求生下健康宝宝，都可能通过许愿唱影来帮助愿望达成。

在远离灾难不幸的愿望方面，许愿行为通常发生在危机、不幸或灾难即将发生或正在发生之时。所有与上述美好愿望相对的情况，如疾病、破财、学业事业不顺等都在此列。

---

① 见 2014 年冬对 H 镇吉祥影班班主 LZY 的访谈记录。

② 2017 年冬随 C 镇得胜影班观影田野记录。

首先，疾病是个人和家庭的重大危机和灾难，人们希望借助神灵的保佑从中走出来，并为此许愿和还愿。这类愿影在数量上不在少数，人们许愿还愿的对象可能是通常的天地爷，可能是其他当地满族民众中信奉较多的神灵。笔者在调研中就听当地人转述过一个在狐仙庙向狐仙唱影还愿的例子。还愿的东家是一位中老年女性，她年幼的外孙女生病了，经过一番求医问药，效果并不明显，于是她请一位女大仙儿帮忙，并在其建议下向狐仙许愿唱影，请求仙家帮助。后来外孙女病好了，东家于是请影班在供奉这些仙家的狐仙庙唱影还愿，影戏开场前由女大仙儿主持仪式，敬拜仙家，然后是影班唱影酬谢仙家。①

其次，对于经营者来说，生产经营蒙受经济损失，也即民间俗称的“破财”，也是很大的不幸和灾难。因此在面临这类不幸时，人们祈愿神灵保佑，并允诺唱影酬谢，也是不鲜见的事情。例如，2017 年夏，岫岩在汛期又暴发洪水，很多农家的生产经营受到损失。一位班主向笔者提及，他们影班不久前刚为一个经营蘑菇大棚的东家唱了一场影。据说前些天发大水时，这位东家的蘑菇棚因为距离河道不远而面临被大水冲毁的危险，眼看投入的大笔资金就要受损，东家情急之下向天地爷许愿，如免于“破财”，就唱影还愿。大水退去后，蘑菇棚丝毫没受损失，东家十分高兴，第二天便请影班唱影还愿。②

最后，对于有孩子的家庭，孩子学业和事业顺利是家庭的幸事，不顺则是个人和家庭共同的不幸。为摆脱困境，家长也常在鼓励孩子付出个人努力之余，求助神灵帮助孩子在学业和事业上能够变逆境为顺境，并许诺唱影答谢。上文提到的那个遭遇孩子考大学失利的家庭便是一例。

（三）皮影戏体现着岫岩满族民众的民间信仰

在皮影戏的民间实践中，人们多是向哪位神灵许愿，就向哪位神灵唱影还愿，人们还愿对象的多种多样，充分体现了地方民间信仰的丰富性和杂糅性。这种丰富性和杂糅性与岫岩这一地域中满族和汉族长期的交流交往交融关系密切。

据笔者观察和皮影艺人口述，所有的愿影中，唱给天地爷的天地影数量最多。在调查初期，笔者曾经因此误以为唱影只与天地爷信仰有关。岫

① 2016 年 12 月 24 日与岫岩民间文化摄影爱好者 ZXH 的微信交流。

② 2017 年夏对 H 镇吉祥影班班主 LZY 的电话访谈记录。

岩民众对天地爷的信仰非常广泛，很多农家都在传统住房入户门东侧墙上安置天地爷神位，每逢年节在天地爷神位前摆供上香，有愿望相求时，也会在此燃香告拜。人们对天地爷的许愿事由包罗万象，不过对于收成在一定程度上依赖自然环境条件的农家来说，祈愿丰收是人们对天地爷最主要的诉求。

唱给保家仙的仙家影次之。在岫岩，很多人家供奉保家仙，日常供给香火，在遇事和有难时，求保家仙保佑，并在愿望达成后，唱影娱神以答谢。

唱给观音、土地爷和其他神灵的也有一定数量。供奉观音菩萨在岫岩民间也很普遍，人们每逢初一、十五都燃香敬拜，有困难的时候也会许愿唱影求助观音。土地爷在民间信仰中是掌管村社一方平安的地方神灵，他在老百姓的生活中扮演着重要作用，为了个人和家庭的美好愿望，人们也会在土地爷面前祈愿，并在愿望达成后到土地庙或在家中庭院面朝土地庙的方位唱影还愿。除上述比较常见的神灵信仰外，人们还信奉一些地方性的比较灵验的神灵，并在有需求时许愿唱影，求神灵保佑。例如有皮影艺人提及，在某地久旱不雨时，人们会集合到龙王面前许愿唱影以求雨；而有的地方，百姓信奉当地的一个蝲蛄精或蛤蟆精，认为它有法力带来雨水，天旱时也向他许愿唱影以求雨。①

四 民间愿影仪式的呈现

在当前阶段，岫岩皮影戏在民间主要以个体家庭的愿影的形式呈现，它们从愿和影两方面形成了百姓请影和影班唱影的生活实践，也作为一个个鲜活的生活场景展现着岫岩满族民众的生活世界和观念世界。2016 年 11 月，在岫岩 T 乡就上演了这样一场皮影戏。②

（一）愿影仪式之前的许愿仪式和写影

愿影既为还愿仪式，必然与此前的一个许愿仪式相关联，其中，人们为某种愿望向神灵请求帮助，并允诺愿望达成后以唱影娱神作为酬谢。愿望达成后，人们要践行诺言，请班唱影还愿。这个唱影东家与影班确定唱

① 对 H 镇吉祥影班班主 LZY 的访谈记录。

② 参见 2016 年 11 月 T 乡 ZKJ 影班观影记录。

影的时间、场次和价目，并告知自家所在位置的过程，在皮影戏行当中称为“写影”。由于许愿的环节通常非常个人化且属隐秘，因此无论是影班还是其他无关人士都无从知道，但是在东家与班主写影过程中，东家会告知班主曾因为哪方面的问题向哪位神灵许过愿，以便班主明确唱影的性质和答谢神灵的内容。因此这些信息我们都可以从班主处间接获得。在笔者与班主 Z 联系随他们影班观影的电话中，Z 告诉笔者，此次的东家与他同是 T 乡的居民，以前也请他唱过影，算是老主顾。至于东家为什么事还愿，班主可能当时也不知情，所以也没有说，到了仪式现场，这些疑问在笔者的参与观察和访问中逐渐明朗起来。

（二）作为一个完整仪式而存在的愿影

愿影作为皮影戏在民间的呈现形式，是一个完整的还愿仪式，在仪式的进展过程中，请神、娱神和送神三阶段的仪式进程十分鲜明，班主作为类似祭司的角色，指导东家如何准备供品，并主导着整个还愿仪式的进程。

（1）进入仪式现场

观影当天上午 10 点多钟，笔者与 Z 会合后前往离他家不远的唱影东家家。我们到达时，远远的就看到一户人家门口停放了一辆轿车和一辆越野车，牌照一个是本地的，一个是大连的。院套外面的柴火垛旁，一伙人正在忙着给一口猪开膛，并且不断地有人在院内外之间穿梭忙碌。种种迹象表明，这应该就是东家家。我们到达院子里时，艺人 Y 已先行到达，Y 年龄和 Z 相仿，也 50 多岁，据 Z 介绍，他们俩已合作唱影多年，Y 在拿影方面非常有水平。

我们三人共同把影箱和支影窗的杆子等都搬到东家的东屋。经过房屋前面的暖棚时，我们看到西侧的地上已经摆满了杀好的猪的各个部位，东侧则是一些中年男性在处理猪的内脏，估计是准备灌血肠；经过厨房时，我们看到妇女们的忙碌场面，有的切菜，有的烧火，有的准备供品，还有的在闲聊和逗孩子。

时间还早，Z 交代了东家要做的准备后，就引我们到东家的左邻休息，主人是一对 70 多岁的老夫妇。据老太太讲，她家儿子今年 41，在孩子还七八岁时他家就开始请唱影，到现在也有三十多年了，前些年她儿子养活车（岫岩话，指经营运输业），车天天在道上跑，难免有点儿事儿，为了求平安，她家年年不落地许愿唱影，唱了能有十来年。这两年他们老两口岁数大了，不想张罗了才没再请。坐了一会儿，艺人L也来了，L今年80多岁，常驻另一个影班，笔者以前随他们影班观影时就与他认识，这次Z这边的人手不够，特意请他过来。

（2）仪式开始：请神

临近11点，我们回到东家的东屋，在南侧的炕上支上影窗，东家则按Z的要求在北侧的床上摆好供桌。在供桌上，后排摆着两碟5个摞在一起的大馒头；中排摆着五样菜，居中的是一大块猪肉，其他的则是油豆腐、大白菜、炸成形状的粉条和炸油丸；前排摆着四杯水酒、四双红筷子和一个香炉碗。桌子中央放置的是影班为这次唱影写的“马儿”，即一个红纸做的供奉牌位，居中正上方横写着“答谢上苍”，其下横写着“供奉”二字，再下方居中竖写着“天地三界十方万灵真宰之位”，左右分别竖写着“酬神了心愿，演影达上苍”。从供奉的对象“天地三界十方万灵真宰”来看，此次唱影还愿的对象是“天地爷”。而“酬神了心愿，演影达上苍”的对联和“答谢上苍”的横批则很明确地显示此次唱影的性质为愿影，是为酬谢神灵帮助自己达成了心愿。

东家夫妇按照Z的要求摆好供桌后，便出去安排人燃放挂鞭。这时东家从大连回来的哥哥来与Z商议唱什么戏，他年龄50多岁，但显然不太懂有哪些影戏，也点不出影戏的名称，只要求唱点儿喜庆和热闹的。因为东家只许了一场影，按照现在的行情，大概也就唱一个多小时，不可能唱整本的影卷，只能是一部影卷中的一段情节，Y于是选择了《大金牌》中的“魏琼娥招亲”这段。这场戏在形式上既有能体现唱功的文场，又有能体现拿影水平的武场，在内容上有封官，有结亲，既热闹又喜庆，符合哥哥的要求。

鞭炮燃放的同时，东家的哥哥应Z的要求来到供桌前上香，到这时笔者才意识到，原来此次唱影还愿的真正主顾是东家的哥哥。唱影结束后，笔者从Z口中了解到，东家的哥哥从年轻时起就一直在大连工作和生活，离开岫岩已经30多年了。东家的嫂子前一阵儿身体不好，去医院检查怀疑有大病，一家人都很担心。哥哥在情急之下接受弟弟的建议，向天地爷许愿求保佑，承诺如果媳妇的检查结果是好的，就杀猪唱影，意即不仅要唱影，还要献牲。检查结果后来证实嫂子的身体无大碍，哥嫂于是回岫岩请了这场影，并邀请他们在大连和岫岩的几位好友也来乐呵，唱影和家庭请客聚会结合在了一起。

（3）仪式中间：娱神

影班搭好架子，放好幕布，准备开唱，Y 和 Z 坐前排，L 坐后排，Y 负责拿影和上影，翻影卷，以及唱生，Z 负责唱旦和掌鼓板，L 则负责拉弦和唱老生。在整个唱影过程中，哥哥始终没有对影戏表现出太多的兴趣，到唱影这屋时，多数是招呼客人喝茶，查看供桌上燃香的情况，驻足观看影戏的时间未超过几分钟。嫂子和东家两口子更是在唱影的全程都没有靠前，可能是外头有太多的事情要忙。

整个唱影过程，除了一位当地的老者从头开始看，看到半程离开外，全程看下来的只有笔者和哥哥的一位在县城生活的 60 多岁的朋友，剩下的都是零星来看几眼的，连东家准备的凳子都没坐，看了一会儿拍张照片发朋友圈就离开了。开场的锣鼓声吸引了东家的儿媳妇抱着 2 岁左右的儿子来观看，小朋友看了没多久就兴趣转移，儿媳妇可能也觉得兴味索然，就抱着他离开了。

（4）仪式结束：送神

一个多小时后，这场影演唱结束，艺人们收起影窗上悬挂的幕布，表示一场影结束，进入“庆寿”环节，感谢神灵此前的保佑，并恭送神灵离开。庆寿环节要在神灵的神位前进行，因此东家又派人去燃放鞭炮，同时将供桌撤到院子里，正对天地爷神位。桌上的供品同屋内的相同，只是多了一个猪头。

庆寿开始，先由哥嫂夫妇给天地爷上香，并跪在供桌前，之后 L 吹奏喇叭，Y 敲锣，Z 唱诵“天官赐福”，庆寿词的最后说明东家是为何事唱影还愿，感谢并请求天地爷继续保佑全家健康平安。庆寿结束后，L 将供桌上的酒递给哥嫂夫妇，由两人将酒洒在供桌前的地上，又用香炉里的香引燃三张叠好的黄纸和供桌上的天地爷神位（“天地马”）。嫂子则接过 Z 递过来的棍子，小心翼翼地拨弄天地马，确保它同烧纸一同燃尽。L 告诉哥嫂，燃尽的纸灰要好好收集起来，不能随意处置，嫂子听后认真地收集纸灰，对于被风吹散的也都用铁锹拢到一起，然后拿到厨房的灶下烧掉，虔诚和敬畏的态度体现在她的每一个动作中。之后东家又放了一挂鞭和一个“二踢脚”，唱影至此结束。

（三）愿影仪式中作为娱神的献祭品的皮影戏表演

在民间愿影中，皮影戏首要的是作为人们愿望达成后酬谢神灵的一种工具而存在，它在某种意义上是一种艺术形式的献祭品，发挥着娱神的作用。娱人功能因它与人们欣赏需求的脱节而非常弱化。

五 岫岩皮影戏在当下的传承与保护

非物质文化遗产保护工程兴起后，岫岩皮影戏于 2008 年入选第一批国家级非物质文化遗产扩展项目名录，隶属于传统戏剧类别。2012 年 11 月，岫岩皮影戏作为中国皮影戏的重要组成部分入选联合国教科文组织非物质文化遗产名录，成为世界级的非物质文化遗产项目。在纳入非遗保护后，岫岩皮影戏在民间原生态的发展传承路径之外，又多了一条政府推动和主导的保护与传承路径，为行文方便，我们姑且将两条路径称为“民间传承”和“官方传承”。

（一）以娱神为主的民间传承及其困境

我们从岫岩皮影戏当下在民间的呈现状态可以看到，在民间传承中，皮影戏传承的动力主要来自民众的现实需求，它以原生态的形式存在于民众的生活中，与人们的民间信仰活动紧密联系在一起，人们利用它求神祈福以满足生产和生活中的各种美好愿望。艺术层面的皮影戏演出作为酬神还愿仪式的一个环节而存在，娱神是它的首要功能，皮影戏作为还愿工具的历史传统在此过程中得到强调。

民间信仰是支撑岫岩皮影戏在民间传承至今的根本，然而，相对于它的兴盛时期，这种传承面临着递减式传承的困境，主要体现在技艺水平、影班数量和影响范围上。

首先，作为还愿工具的皮影戏，传统性是其娱神的根本，老腔老调的老传统虽与现代人的审美和欣赏相脱节，但它却是民俗传统中神灵所喜悦的艺术形式，同时也是岫岩皮影戏保持原生态的根本。然而，影戏与时代的脱节也造成欣赏群体的不断萎缩，笔者在田野调查中观察到，出现在唱影现场的零星观众多是 60 岁以上从儿时起接触影戏的中老年人，影戏的娱人功能已弱化至微乎其微的地位。因为人们请影的目的主要为还愿，对影戏的内容和艺术性不作强求；同时，为了经济的考虑，每场影时长被缩短至一小时左右；没有或少有观众欣赏的现实，也让艺人们因为缺乏舞台状态而懈怠于对艺术的追求。整部的影卷很少唱了，常唱的也就那么几段，艺人们演唱和拿影的很多真水平都得不到施展，技艺水平下降是必然的。

其次，岫岩皮影戏艺人数量逐年减少，主要原因是艺人的离世、转行和收徒难，影班也随之在消失和合并之中。截至2018年春节，岫岩只有3个影班常年活动，艺人总数不超过15人，年龄从50多岁到80多岁。不仅艺人因年龄自然减员，有这种信仰的老年人也在逐渐减少和退出家庭经营管理，这也会影响到影班的生计，造成从影和学影的人减少，从而也使影班的递减不可逆转。

最后，影班的存在使人们与此相关的民间信仰活动能够有所体现，并得以延续，而影班的减少则会带来相关的民间信仰活动的衰微，从而造成皮影戏流传和影响范围的递减。近年来，岫岩皮影影班的活动范围主要集中在岫岩北部农村，岫岩南部因为影班绝迹而多年没有唱影活动。反之，民间信仰活动的衰微，也会影响到影班的存续，相对而言，民间信仰所具有的传承性和稳定性，决定了它在民众生活中所发挥的作用只会渐变，不会巨变，因此只要影班存在，皮影戏在一定时期内也将在民间存在。

（二）以娱人为主的官方传承及其困境

在官方传承中，皮影戏保护和传承的动力来自政府非遗保护部门。非遗保护部门从岫岩皮影戏作为民间活态传承的传统戏剧类项目这一定位出发，强调它的独特艺术表现形式和这种艺术表现形式对受众的价值，并在此基础上进行保护和传承。

非遗保护工程是促使皮影戏这种衰落的民间艺术重回大众视野并获得传播的重要机遇，然而单纯地将皮影戏作为传统戏剧来保护的官方传承，虽在一定意义上与民间传承形成互补，但由于忽视了皮影戏生存的民间信仰根基和民俗土壤，注定是片面化和碎片化的保护。

首先，非遗保护工程对皮影戏的保护，主要从它作为传统戏剧的类别而重点落脚在其艺术价值，即“娱人功能”上。在工作中，保护部门一方面大量录制皮影艺人的演出，将岫岩皮影戏艺术原汁原味的本土特色记录下来，作为资料留存；一方面探求传统形式的皮影戏与现代人的欣赏需求之间的结合点，培养和扩大皮影戏的观众群体，通过组织艺人开展皮影戏“进校园”“进社区”和“文化惠民演出”等非物质文化遗产的“传播”活动，扩大皮影戏在民众中的认知度。这些工作在皮影戏技艺水平保护、传承人保护和公众认知度提升等方面与皮影戏在民间的递减式传承构成互补。

其次，官方传承客观上使皮影戏在民间传承合法化，与皮影戏相关的民间信仰活动得到一定恢复。一方面，皮影艺人们作为非物质文化遗产传承人乐于在民间行走，在更多地满足民众需求的同时，也达到管理部门的演出传承要求；另一方面，百姓也乐于唱影活动被转化成非遗实践活动，不必再偷偷摸摸地进行。

最后，在非物质文化遗产保护的新话语中，原来在价值上比较负面的“民间文化”经过选择程序之后重新归入“非物质文化遗产”名下，但是，非物质文化遗产保护对于民间文化的合法化在现阶段显然是有局限的。① 岫岩皮影戏的情况亦是如此，虽然它被纳入了非遗的保护体系，但是非遗保护部门囿于过去的传统价值判断，仍视皮影戏存在的民间信仰根基和许愿还愿活动为迷信，因而更多的保护民间艺术层面的皮影戏，在主观上刻意回避影戏在民间愿影中是酬神还愿仪式的一部分的事实。因此，在非遗部门组织的文化展演中，我们看到的都是对于岫岩皮影戏艺术独特性（如男唱女腔、唱腔配乐原汁原味）的强调和传承连续性（传承上百年）的强调，而没有关于岫岩皮影戏与当地民俗和民众生活的文化相关性的强调。这种保护必然是浅层而非深层的、碎片式而非整体性的保护。

六 分析与讨论

非物质文化遗产的整体性保护要求我们不能仅局限于保护非遗项目本身，还应将传承和实践这一遗产的群体及其生活世界纳入考量，因为他们所处的自然环境、特色经济、宗教信仰和历史文化变迁等无不作为整体性的要素构成非物质文化遗产的“生存空间”。当下陷入娱神与娱人困境的岫岩皮影戏的例子向我们证明，对于民间社会而言，这类传统文化实践活动，作为民众生活世界的一部分，非常符合整体性保护的原则。然而，由于时代发展变迁的冲击，这种民间传承遭遇了发展困境，需要政府的官方传承路径发挥相应的作用。

岫岩皮影戏民间传承和官方传承这两条路径的背后分别对应着民间社

① 参见高丙中《作为非物质文化遗产研究课题的民间信仰》，《江西社会科学》2007 年第 3 期。

会（也即传承人群和传承人）和政府（也即公共部门）两大主体，我们看到，他们在非遗保护这个二者共同的事业中，各有所需，各有所能与不能，互相不可替代。高丙中教授指出，在非遗保护工程中，民间传承的文化通过国家的非物质文化遗产保护举措而被纳入为公共政策保护的对象，从而增加了活动的空间和传播的机会，成为公共文化。政府与社会作为公共文化和公共文化服务体系的“双元主体”。在公共文化服务体系当中，政府发挥引导、指导、规划、规制的重要作用，提供场所、设备，也提供具体的文化内容；而社会通过自组织，对大众的文化需求进行筛选，体现了公共文化的选择性、连续性、可持续性和代表性。只有通过政府与社会之间的协调合作，才可能高效建立符合社会成员文化需求的公共文化服务体系。[①] 他的这一论断，对于我们在非遗保护过程中认清政府和民间社会应各自发挥什么样的作用并进行优势互补，有着重要参考价值。

因此，要实现非物质文化遗产的整体性保护，必须统合民间和社会双元主体的力量，使之形成合力，从而使成为公共文化的非遗项目获得更好的保护与传承。在角色分工上，政府做政府该做的与可以做的，民间百姓自然也做自己愿意做的。两大主体都与传承人产生交叉，因此传承人有自己的责任，要学会兼顾政府和民间的不同需要，同时也利用他们不同的资源。

---

① 参见高丙中《公共文化的概念及服务体系建设的双元主体问题》，《广西民族大学学报》（哲学社会科学版）2016 年第 6 期。

第十章

鄂伦春族语言文化现状与保护对策[①]

一 鄂伦春语概况与特点

世界上有2000多个民族，几乎每个民族都有自己的语言或文字。中国有28个人口较少民族，目前，使用这些民族语言的人不多，但学术价值极高，鄂伦春语就是其中之一。据1990年人口普查统计，全国有鄂伦春族6965人，2000年统计有8196人，2010年统计有8659人。鄂伦春族主要分布在内蒙古自治区呼伦贝尔市鄂伦春自治旗、扎兰屯市、莫力达瓦达斡尔族自治旗和黑龙江省的黑河市、逊克县、呼玛县、嘉荫县等地。鄂伦春族只有语言，没有文字。

众所周知，语言是人类最重要的交际工具和思维方式，不论是在中国，还是在全世界，人类的一切行为都离不开语言。语言是人类交际和思维的符号系统，是一个民族精神文化的负载者、阐释者和建构者，具有民族图腾和民族信仰的作用。语言与人类息息相关，与社会息息相关，语言学已经不是一门学科，而是一个“学科群”[②]。语言是历史的产物，它伴随着民族的产生和发展，记录着民族的兴衰。

鄂伦春族祖先发明创造了自己的语言，一直流传到今天。鄂伦春语属于阿尔泰语系满通古斯语族通古斯语支。属于这一语支的，除了鄂伦春族以外，还有鄂温克族、赫哲族、锡伯族等。由于历史、环境以及外来文化的影响，有一些民族语言使用范围越来越小，有的甚至濒临消失的边缘。由于鄂伦春族过去一直处于半封闭状态，并在下山定居后基本聚居，加上注重民族语言的保护等原因，使得鄂伦春语比较完好地流传下来。

---

① 本章作者：刘晓春、关小云。

② 李宇明：《语言学是一个学科群》，《语言学战略研究》2018年第1期。

鄂伦春语历史悠久，而且具有诙谐幽默、形象生动、节奏感强等特点，与鄂伦春人强悍、豪爽、直率、幽默的性格相适应，词汇、会话与鄂伦春人的狩猎生活密切相关，而且在满通古斯语诸族中，鄂伦春语保留相对完整，也是其中最具活力的语言之一。因此，在中国鄂伦春语、锡伯语被视作独立的语言，备受国内外专家学者的关注。

鄂伦春语虽然与鄂温克语有着渊源关系，但是，在其漫长的历史发展过程中，各自形成了自身的语言特点。由于鄂伦春语中表示派生和附加成分种类繁多，因此使得鄂伦春语言与词汇非常丰富，尤其是反映狩猎活动及其相关的动植物词汇最为常见。其中，黏着语（词的语法意义主要用于加在词根上的词缀来表示的语言）在世界各种语言中，是比较具有特色的语种，也是目前民族语言学家重点研究的对象，具有重要的学术价值。另外，鄂伦春语语音结构简明，元音阴阳搭配合理，再加上鄂伦春语语调独特，因而听起来不仅朗朗上口，悦耳动听，而且语言表达形象、生动，表现力很强。

语言是人类文化的载体和重要组成部分，每一种语言都能表达出使用者的世界观、思维方式、社会特征以及文化、历史特点等，是人类珍贵的无形遗产，鄂伦春语也不例外。语言蕴含着丰富的文化价值，鄂伦春族的故事、神话、传说、寓言、诗歌、谜语、说唱艺术等口头文学都是依靠语言来表达和传承的，因而口耳相传是鄂伦春族传统文化、传统经验最直接最集中的体现。语言是一个民族千百年间积累的知识和经验，是传递信息的载体。鄂伦春族的生产生活知识和狩猎捕鱼经验，都是通过语言来保存和传播的。

语言作为一种认知系统，包括该语言使用者客观世界的认识体系，这个体系既有共性，也有特殊性，人们依靠语言使得自己对客观世界的认识越来越深刻，越来越精密，越来越多样。例如，人类对自然规律、天体、气候、野生动植物的认识与掌握，人类对空间的方位概念，不仅用东、南、西、北来表达，还用上、下、左、右、前、后、里、外等来表述①。以自然现象和生存空间为认知体系，是鄂伦春人特殊的表达方式。千百年来，在大、小兴安岭这片土地上，鄂伦春族繁衍生息，并创造了独特的狩猎文化。鄂伦春人有自己医治病症的方法，如对中草药、野生动物的认知

① 唐红丽、孙宏开：《濒危语言是语言学研究的重要资源》，《中国社会科学报》2014 年 8 月 22 日。

和药用方法，这些知识和技艺，正是当代要挖掘和保护的对象，一旦语言消失了，这种知识和技艺就很难再代代相传。

在鄂伦春语言中，包含着我国亚寒带与寒温带森林地带的自然景观和自然现象，有关草木花果、野生动植物等方面的名词术语及表达形式丰富多彩。鄂伦春语是来源于大自然而又回归于大自然的产物，也是人类同大自然交流的最直接方式，更是兴安岭鲜活的语料库、思想库、生命库。多少年来，鄂伦春人用生命和信仰一代又一代地传承着母语，而且将母语传承到21世纪的今天。与此同时，如果没有兴安岭的保护，鄂伦春语言或许早已消失得无影无踪。如歌如诗，如梦如幻的兴安岭，给予了鄂伦春人无限遐想。鄂伦春语言内涵丰富，常常包含着鄂伦春人幽默滑稽、自然奔放、淳朴善良、豁达开放、勤劳勇敢、自强不息，追求未来和光明的思想内涵。①

二 鄂伦春语的使用范围和使用现状

满通古斯语族为阿尔泰语系三大语族之一，是横跨欧亚大陆的世界性民族，主要分布在中国的北方地区、俄罗斯的西伯利亚地区、蒙古国的巴尔虎地区和日本的北海道等。在中国境内，满通古斯语族包括满语、锡伯语、赫哲语、鄂温克语、鄂伦春语和历史上的女真语。鄂伦春语使用人群主要分布在黑龙江省大兴安岭地区的塔河县和呼玛县，小兴安岭地区的逊克县和爱辉区，伊春市的嘉荫县及内蒙古鄂伦春自治旗和扎兰屯等地。从鄂伦春族分布的三大区域来看，各区域不仅相对集中，而且区域分明，长此以往，逐渐形成了自己的方言区，同一个民族的语言，总是表现出“同中有异，异中有同”的语言特点。一般情况下，民族共同语都是在各地域方言的基础上发展起来的。

21世纪人类进入知识经济时代，经济全球化使人类文明进程充满生机与希望。随着人类发展步伐的加快，强势语言的使用和普及日益突出，致使许多民族的特色语言文化开始走向濒危。满通古斯语言文化面临严峻挑战，固有的传统文化习俗正一天天削弱和退出历史舞台。目前，从鄂伦春语的使用情况看，聚居地区的鄂伦春族大部分人还能够用鄂伦春语进行

① 何青花、莫日根布库：《鄂伦春语释译》，紫禁城出版社2011年版，第28页。

交流，而散居的鄂伦春族，尤其是新一代的鄂伦春人，语言保留得相对不如聚居地区。下山定居后，鄂伦春族儿童入学学习的语言、文字主要是汉语和汉文。此外，与其他民族杂居，以及鄂伦春族与其他民族通婚日益增多，使用语言环境发生了变化，鄂伦春语的学习和使用环境受到很大的影响，因而在鄂伦春聚居区出现了 20 岁左右的青年人能够听懂但不会说，10 岁左右的孩子既不会说也听不懂的状况，祖先发明创造的语言正在消失。鄂伦春族的狩猎文化、萨满文化、民间文艺、神话、传说、故事、民歌等，千百年来就是以口耳相传的形式将其传承至今，对于只有语言而没有文字的鄂伦春族来说，语言是其文化传播的重要载体，语言的消失意味着文化的消失。从这个意义上来讲，留住民族语言，就是保护了这个民族的传统文化；保护母语，就是保护了鄂伦春族赖以生存的文化基因和灵魂，也就是保护了中华民族共同创造的灿烂文化。

三　鄂伦春语的研究成果与语言保护措施

鄂伦春族文化具有独特形式和丰富内涵，一直以来，得到国内外人类学、历史学、哲学、社会学、民族学、民俗学、宗教学与文艺学相关专家和学者的关注和青睐。在国内，从 20 世纪 50 年代开始，国内的专家学者陆续到鄂伦春族地区开展语言文化调查整理工作，并取得了一定成果。胡增益先生撰写的《鄂伦春语会话集》《鄂伦春语研究》《鄂伦春语基本词汇集》等著作相继出版。20 世纪 80 年代之后，国外专家学者开始对我国鄂伦春语进行研究，来自美国、日本、韩国的相关专家，先后多次到鄂伦春族聚居地区进行考察。美国加州大学的人类学语言专家李凤翔、林赛等，从 1995—2005 年间，走遍大、小兴安岭所有鄂伦春聚居地。李凤翔教授说，鄂伦春语是世界上最丰富、最美的语言，如果这个语言消失的话，将是人类语言学的悲哀。由此，传承鄂伦春语影响深远，意义重大。

为了抢救濒临消失的鄂伦春语，国家和地方政府相关部门采取各种措施，对鄂伦春语进行保护和传承。2005 年，黑龙江省民委分别对黑龙江省流域的鄂伦春、鄂温克、达斡尔语言进行搜集整理，录制光碟和影像资料。黑龙江省民族研究所的韩有峰、齐齐哈尔市民族中学的莫岱岭、塔河县民族宗教局的关小云一行三人，走遍鄂伦春所有乡村，搜集整理鄂伦春语，并录制了《鄂伦春语》课件，在塔河县鄂伦春民族中心学校举办了国际音标培训班。韩有峰先生编写了《鄂伦春语》教材，在黑龙江省鄂伦春民族学校开设了鄂伦春语/汉语教学，使各民族学校双语教学步入正轨，为普及和推广鄂伦春语打下良好基础。韩有峰、孟淑贤合著编写了《中国鄂伦春语方言研究》《简明鄂伦春语读本》《鄂伦春语汉语对照读本》等，朝克先生的《鄂伦春语 366 句会话句（少数民族语、汉、英、日、俄对照）》，唐戈编辑的论文集《锡伯语、赫哲语、鄂温克语、鄂伦春语研究》，何青花、莫日根布库合著的《鄂伦春语释译》等著作非常有影响，尤其是何青花、莫日根布库的《鄂伦春语释译》。2011 年 8 月 30 日，《鄂伦春语释译》在鄂伦春自治旗首发。《鄂伦春语释译》收集了近 3 万鄂伦春语词条，完整地保留了狩猎环境下原生态的鄂伦春民族语言，从“通俗易懂、便于普及、利于应用”的角度，再现了古老的满通古斯语汇。《鄂伦春语释译》是迄今为止鄂伦春语言内涵较深厚的典籍，是两代人历经 25 年努力编录而成的，开创了人口较少民族语言传承的先河，也为人类挖掘、保护、传承探索了新模式，对鄂伦春族语言文化的抢救和保护产生积极的推动作用，为世人及后人研究鄂伦春语言文化提供了重要而宝贵的史料。由于该书通俗易懂，鄂伦春自治旗教育局已经将该书发放到各民族学校，作为民族传承课程辅助教材使用。2013 年，在旗委旗政府和内蒙古鄂伦春族民族研究会的支持下，鄂伦春自治旗实验小学编印的校本教材《鄂伦春语》下册和《鄂伦春民族手工艺制作》也已经完成印刷，并在民族学校推广使用。现在全旗鄂伦春族民族语言授课学生已达到 226 人，现在会说鄂伦春语简单对话的学生达到鄂伦春族学生的 50%。为了全面推进民族特色学校创建工作，2014 年民族教育工作采取“引进来、走出去”的有力措施，举办全旗中小学、幼儿园教师鄂伦春语培训班，聘请黑龙江省民族研究所两位专家，采用国际音标标音符号记录授课，历时一周，共培训教师 57 人，其中鄂伦春族教师 22 人。①

语言的保护与传承没有政府的参与是不行的，国家及地方政府的支持是民族语言发展的一个重要保障。以鄂伦春自治旗为例，鄂伦春语言保护与传承的主要措施有以下几个方面：

一是全面落实民族教育条例。经过多次修改补充《鄂伦春自治旗民族教育条例》于 2002 年 3 月 6 日自治旗第十一届人民代表大学第四次会

① 刘晓春：《中国民族地区经济社会调查报告〈鄂伦春自治旗卷〉》，中国社会科学出版社 2018 年版，第 256 页。

议通过，并于2002年5月内蒙古自治区第九届人大常委会第三十次会议批准，当年7月颁布实施。《鄂伦春自治旗民族教育条例》的颁布实施，标志着自治旗民族教育的发展有了法律保障，从此民族语言教育走上新的发展阶段。2015年8月1日，《鄂伦春自治旗民族教育条例实施细则》颁布实施。2015年，鄂伦春旗旗委旗政府牵头报请相关部门批准，专门成立了鄂伦春语言发展基金会，用于鄂伦春语的保护研究工作，包括鄂伦春语词典编写、鄂伦春语教学、鄂伦春语动画片的制作以及对鄂伦春语民歌及故事大赛的支持等。二是全面启动《全旗中小学、幼儿园开展民族优秀传统文化传承教育工作实施方案》。2016年3月，自治旗制定了《全旗中小学、幼儿园开展民族优秀传统文化传承教育工作实施方案》，要求全旗中小学、幼儿园根据学校实际开设鄂伦春民族特色课程，并结合实际制订可行的实施方案，成立民族文化传承教育工作领导小组，开展多样化的民族特色课程，充分发挥校园对传承民族文化主阵地的重要作用，努力营造一校一特色、一校一主题的民族特色氛围，逐步形成民族教育教学工作的规范化、常态化的教学模式的发展目标。以民族语言为出发点，全面推进全旗中小学、幼儿园民族特色课程教育。

2014年12月，黑龙江省塔河县制定了《塔河县建设黑龙江鄂伦春族语言学习保护系统研发制作项目实施方案》，省高教中心杨慧娟院长和刘杰处长多次深入塔河县十八站乡调研，制订方案。塔河县教育局进行语言教材的编写工作，考虑到鄂伦春语分布范围、使用情况及方言区别，在大兴安岭和小兴安岭地区分别选出几个会讲鄂伦春语的老师，比如关金芳、莫桂茹、莫代友等，对鄂伦春语进行录音。在鄂伦春族老萨满关扣尼、关小云等人的积极参与和支持下，建立了鄂伦春网络语言平台。省高教中心组织精练的专家队伍，在资金没有兑现的情况下，克服困难，经过两年多的努力，2016年8月，大兴安岭塔河县承办的“互联网+民族语言”网络学习平台——《黑龙江鄂伦春语言文化传承与保护学习系统》正式交付使用。这个语言学习平台以现代互联网技术为依托，创建超越时空观念，为群体共学或有个性化研究需求的人员，提供方便、快捷、高效的网上交互式学习平台。该平台将鄂伦春族日常用语、生活用具以及一些生活中的小故事等，以动漫的形式演示出来，内容深入浅出，通俗易懂，引人入胜，填补了黑龙江省人口较少民族语言文化传承保护研究的空白。这个网络平台，集声音、图像、视频、动画等内容于一体，既能充分调动研究人员的参与性，又能体现因材施教的原则，辅助各地区鄂伦春在校学生的课外学习，使抽象、难懂、枯燥的内容变得形象、易懂、生动，给传统的学习方式注入新的生机与活力，增强了使用少数民族语言文化传承与保护的学习兴趣。这个平台有“兴安猎神”“动漫之窗”“鄂伦春语学堂”“词海拾贝”“民歌欣赏”等栏目，学习平台共有鄂伦春语言课 146 节，鄂伦春语单词 4000 个，民歌 23 首，故事 100 篇。2017 年 7 月 19 日，为充分利用好鄂伦春民族语言保护平台，举办了全省鄂伦春民族语言网络学习平台应用与推广培训班，有效地推进了鄂伦春民族语言的保护与发展。2018 年 8 月，鄂伦春语言网络平台教学基地在塔河县十八站鄂伦春学校落成。2019 年 1 月，在十八站举办了“鄂伦春语言大赛”活动，通过举办大赛，促进鄂伦春民族语言交流、交融和培育民族共同体意识，扩大鄂伦春语言在社会、学校、家庭中形成“爱我民族语言，保护传承鄂伦春语言”的社会风气。如今，这个网络平台在全社会、国内外引起强烈反响，受到专家、学者及社会各界的关注与好评，取得了较好的社会效果。

四　传承鄂伦春族语言文化的意义和建议

语言是特定族群文化的重要部分，体现着一个民族对世界的基本认知，是构成一个民族的标志性元素之一。传承鄂伦春语言，有利于人类文明的丰富与发展，有利于社会的和谐与稳定。传承和保护鄂伦春语，对研究满通古斯语言及其传统文化具有重要的学术价值。与此同时，对于语言学、历史学、文化学、人类学、民族学、宗教学、考古学、民俗学、文学、社会学等相关学科的研究，也将起到一定的促进作用。鄂伦春语、语法、语序、词汇等，将为世人及后人研究鄂伦春语言文化提供重要的史料，为中华民族多元一体文化注入生命活力。鄂伦春族通过使用母语，树立民族自强、自尊、自信意识，热爱鄂伦春文化，强化母语的保护意识，使鄂伦春语“活”得更久，用得更长。

目前，在中国处于濒危状态的语言已达 20 多种，其中，使用人数在千人以下的语言有 15 种，预计未来几十年间，将有 20%的语言不复存在。鄂伦春族只有 8000 多人，目前，还有多少人会说本民族语言？如果 20 岁以下的年轻人都不会说，用不了多少年，鄂伦春语可能就要消亡。那么，如何保护和传承鄂伦春族语言？

（一）当务之急就是强化和鼓励使用濒危语言，扩大其使用范围，充分体现其功能，提高鄂伦春语言的生命力。不仅在学校学习，还要在家庭、社会中形成使用鄂伦春语的氛围。建议创造条件，培养一批懂得鄂伦春语的儿童，资助他们学习、使用和传承鄂伦春语，这样可以延长鄂伦春语的生命力和影响力。

（二）要制定和落实相关立法建立濒危语言语料库，借鉴国外先进经验，提高濒危语言的保护实效。做大做强网络学习平台，增加更多的词汇，尤其是会话量。目前，鄂伦春网络语言平台有 3000 个单词，还有无限个与狩猎、捕鱼、自然等生产生活相关的词汇需要补充进去。

（三）通过立法规范和强化文化、教育、民族等部门的职能，并加强与高校以及科研机构的合作，抢救性地记录濒危语言，创建包含文本、语音、图像与动作的语料库。目前，黑龙江大学、齐齐哈尔大学已经做了鄂伦春族语言资料库，但数量较少，只有 3000 个单词。

（四）设立“濒危语言保护示范区”，应采取措施鼓励使用母语，相关部门还可以向社会征集与该民族语言或当地方言有关的歌谣、故事汇编成册，鼓励大家传唱或传诵。在鄂伦春人聚居的地区，可以建立一个或几个鄂伦春语言文化保护区或鄂伦春语保护示范村及社区，也可以建立鄂伦春语观测站，以便及时掌握语言的动态变化情况，预测语言的未来发展趋势。

（五）为弱势语言制定一套拼音字母或文字符号，教会对此有兴趣的知识分子，作为记录和保存该民族语言的工具，争取在一定程度上延缓濒危语言的衰亡，提高鄂伦春语言的生命力。要发挥语言学家的作用，建议尽快组织语言学家，创制鄂伦春语记音符号，组织语言学专家立项研究语言衰变的特点和规律，探寻减缓语言濒危趋势的办法，积极抢救、记录濒危语言文本材料。

（六）鼓励和支持更多的鄂伦春族学生学习和研究鄂伦春语，例如：在高考时采取加分的措施，在大学里开设鄂伦春语言研究专业或鄂伦春语言研究专题等。积极借鉴国外经验，立法保护鄂伦春语，将此项工作纳入政府和学术部门的工作范畴。在升学考试及公务员考试中，使懂鄂伦春语、会说鄂伦春语的人享受到优惠政策，激发年轻人的学习热情。

（七）使用微信平台，把鄂伦春语再进行整理分类，普及推广至少一万个单词及会语。民歌、小故事用微信平台传播，定期举办语言比赛等活动，以此推广和传承鄂伦春语言。建议政府拨款立项，对鄂伦春语的濒危问题采取应对策略，建立中国鄂伦春语网站，定期召开学术会议，建立濒危语言保护基金，制作鄂伦春语影视短片。

（八）让鄂伦春人对自己的母语感兴趣，热爱自己的语言，并广泛使用本民族的语言。语言应用于交际活动，需要一定的使用环境，如果失去使用环境，语言就失去了生存的活力。必须让鄂伦春族人，特别是鄂伦春族年轻人树立一种观念，即一定要热爱自己的文化，以本民族历史为骄傲，对自己的母语感兴趣。充分认识和理解本民族语言在民族政治、经济、文化发展中的重要作用，增强自尊心、自信心、自豪感和语言意识。通过民族语言教育活动来宣传和推广本民族语言，培养热爱自己民族语言的习惯①。

（九）制定一些措施保护鄂伦春语言使用的范围和环境。当前在鄂伦春族最为集中的聚居区，民族语言的使用已经存在较大的局限，语言的使用重心正在发生转移，从以本民族语言为主转变为以汉语为主。根据调查发现，2017 年，鄂伦春自治旗超过 80 岁的鄂伦春族老人仅 5 人，对于没有文字的民族而言，老人就是历史，他们是传统文化的载体。要创造条件帮助鄂伦春族老人编制完整的音像资料，使鄂伦春语言能够长久地保存下来。

（十）积极组织编写教材，开设民族语言教育课程。各级党委、政府应加大力度，在鄂伦春民族乡小学积极开展民族教育，配备懂得民族语言的教师讲课。韩有峰、孟淑贤两位编著的《鄂伦春语汉语对照读本》《鄂伦春语教材》和萨希荣编著的《简明汉语鄂伦春语对照读本》等教材，可以参照学习使用。

（十一）要加强语言创新。由于各民族从事的生产活动、生活方式以及历史的发展不同，构成了各个语言词汇的特色。鄂伦春族长期从事狩猎生产活动，因此在鄂伦春语中关于狩猎、捕鱼、采集、生产及自然界方面的词汇较多，而反映现代生产生活和社会活动方面的词汇较少，比如电脑、信息、手机等新名词，在鄂伦春族传统语言中是没有的。所以鄂伦春语如果没有创新的话，也就没有生命力，也就无法与当代社会相适应，并将逐渐失去功能。创新的目的是使传统语言恢复活力，提高传统语言的

① 刘晓春：《中国民族地区经济社会调查报告〈鄂伦春自治旗卷〉》，中国社会科学出版社 2018 年版，第 267 页。

功能。

鄂伦春语是鄂伦春人在长期生产生活中创造、积累的文明成果，蕴含着鄂伦春族宝贵的传统文化和精神财富。在努力发展、加速经济建设，学习、吸取外民族优秀文化的同时，应该充分认识鄂伦春民族语言的文化价值，以积极的态度寻求有效的保护措施，在传承中开创一条具有民族特色的语言发展之路。

第十一章

云南丽江白沙古镇日常生活维度下的城市遗产保护[①]

中国城市建设从20世纪末开始便进入一种不断复制的状态中，此复制过程包括对中国旧的历史文化名城的保护，也包括新的城市建造。国家对此提出一些或保护或建造的建议与对策。截至目前，国家层面对历史文化名城的保护工作已经开展了20余年，在取得些许成果的同时，保护历史名城与建造新城的过程中也出现了诸多问题，比如片面保护、缺乏整体性、兴建假古董、千城一面、过度开发、文化面貌改观等。这些现象在很多地区均出现过，少数民族地区也存在同样问题，致使少数民族文化不断被改变与消耗。在推进城市遗产保护过程中，政府需要意识到，在保护民族文化多样性的同时，也要注意保护活态的文化持有者，即民众的日常生活也应该放进城市整体性保护政策中，从而形成整体性保护策略。1978年以来，社会科学方面的学科开始从学术角度高度关注一些社会现实问题，研究对象也开始从民俗事象转向生活本身。研究视角的转变，这对很多学科诸如社会学、民俗学、民族学均给它们提供了一种理论空间上的扩展。从当前城市遗产保护来看，中国学者对日常生活的研究还只是停留在理论上，实践层面还未实施。日常生活的研究视角需要我们关注的是一种对现代生活同质性的一种焦灼，城市遗产保护中，这是一个暂时比较难以攻克的问题。本文以云南省丽江市白沙古镇为调查对象，重点看在城市遗产保护过程中，民众日常生活与城市遗产保护怎样能够构成一种相互嵌入的整体，从而避免城市遗产的片面保护。

法国城市规划理论家法兰索瓦·舒尔对城市遗产的概念给了界定：

---

① 本章作者：宋小飞。

“如果说有关历史建筑的概念比较古老的话，那么有关城市遗产的概念则是比较近的事情。它不再是指单独地保护建筑，而是指对城市空间、具有某一时期特征的街区、古老的城市肌理的保护。是由于工业革命导致了它的产生并且将它搬上了历史舞台。”① 其实对城市遗产概念的解读在20世纪60年代时就已经有了新的理解，因为有后现代主义的理论，它不仅指历史艺术品中的美学，它还有历史文化记忆，尤其是人们对其有着特殊情感需求与表达的一些特殊场所，这种情感需求与表达是对现代城市单调性、统一性与全球化的一种抵制，即我们城市遗产的保护价值要与我们的活态生活、日常生活、日常文化息息相关。城市遗产保护要有整体性思维，不仅保护固态原有的遗产，对物质、社会生活、民众文化等活态事象也应该加入进去，这样才能形成整体性保护，才会赋予城市遗产保护新的活力与生命。

一　从静态到动态的城市遗产保护观念

遗产（heritage）的概念在经历了从纪念性单体建筑到历史城区（historic urban area）的扩展之后，再次被重新定义，从历史城区扩展到了所有城市遗产。② 城市遗产是根植于历史时空中稳定的社会结构，是人类特定阶段生活与生产创造的遗留物。③ 随着人们对遗产的深入研究，人们的思考也越来越深。现代化过程中，我们在思考遗产保护时，一般我们通常是将其分成两个部分，物质的和非物质的文化遗产保护。物质文化遗产保护开始于19世纪的法国，他们的保护对象从最初的历史建筑、街区、乡村的本土建筑等后来包括人们对历史古建筑的维修。非物质文化遗产保护是近年人们在保护文化方面提出的一个策略，2003年时联合国教科文组织就颁布了《保护非物质文化遗产公约》，随后我国也给出了非物质文化遗产的定义即“指各族人们世代相承担、与群众生活密切相关的各种传统文化表现形式（如民俗活动、表演艺术、传统知识和技能，以及与之

① 邵勇：《从“历史风貌保护”到“城市遗产保护”——论上海历史文化名城保护》，《上海城市规划》2016年第5期。

② 郑颖、杨昌鸣：《城市历史景观的启示——从“历史城区保护”到“城市发展框架下的城市遗产保护”》，《城市建筑》2012年第8期。

③ 张琪：《断裂性、双时态与遗产泛化——城市遗产的视角悖论与实践突围》，《城市发展研究》2015年第4期。

相关的器具、实物、手工制品等）和文化空间”。[①] 从非物质文化遗产概念中看，它实际是包含人们的日常生活中活的动态事象。

城市景观用语的提出是在2005年的世界遗产与当代建筑的国际会议上，会上发布了《维也纳备忘录》。2011年，联合国教科文组织又发布了《关于城市历史景观的建议书》，他们针对世界城市在近年发展变化过程中出现的问题诸如城市移民问题衍生出的一些新问题给出了一些有效建议。从2005年到2011年，城市遗产概念有了很大改变，城市遗产指的是城市所有的历史景观，含义上它已经有了很大扩展性，不仅包括一些历史上遗留下来的静态的地形、地貌，也包括文化、自然等有着历史积淀的动态的东西。实际生活中，人们对城市遗产的保护主要包括历史建筑、街区、城镇、历史文化名城的部分，对它们的保护已经形成了一定的制度策略，有了特殊的符号。但是随着人们观念的转变，城市遗产保护中人们更应该注意城市的可持续性、发展性，这大概也是为什么除却文化遗产之后又兴起了非物质文化遗产的保护理念，因为人们已经意识到除却对传统固态的住居建筑等文化的保护之外，城市的活态性文化更需要保护，尤其是在全球化背景下，我们需要一种多元文化的存在与展现，且活态文化才是城市遗产保护中的有生命力的东西。

人们对城市遗产概念的理解已经扩展了许多，它将城市历史景观也纳入到城市遗产概念中，这就是说城市遗产不仅包括原本的建筑、地形、地貌等，也包括非物质文化遗产中的文化空间、社会文化等看不见的要素。城市遗产的保护已然从一个静态过程上升到了动态过程。城市遗产是城市各个时代积淀的总和，与此呼应的城市历史景观的另一个重要理念是承认活的城市的动态性质。[②] 城市历史景观承认城市的动态变化，因此不是简单地阻止发展、拒绝开发，而是主动地规划城市的发展方向，根据城市的特色和价值所在控制城市变化的速度、内容和规模。[③] 扩充城市遗产保护的内容，无疑是让城市活起来的一种有效方式，我们在尊重传统文化的同时，也要注重其发展，这才是城市遗产保护的重要内容，这也是城市发展的有效可行之路。

---

① 王文章主编：《非物质文化遗产概论》，文化艺术出版社2006年版，第10—11页。

② 郑颖、杨昌鸣：《城市历史景观的启示——从“历史城区保护”到“城市发展框架下的城市遗产保护”》，《城市建筑》2012年第8期。

③ 西村幸夫：《都市保全计画》，东京大学出版会2004年版，第33—34页。

城市遗产在保护策略上应该注意时间的可持续发展性，这样城市遗产就不仅表现为静态遗产，也表现在动态方面，这是目前城市遗产保护的一种倾向，表明城市遗产在实际生活中也会越来越注重现实生活中人们的文化自觉、文化传承的动态结构。人们很清楚地知道遗产有公共性和私人性，历时的发展过程中，从原始文明到近代文明，从文物个体到城市历史街区，从物质文化遗产到非物质文化遗产，呈现了纵向历时顺序，其中，物质存在与文化象征符号一起构成了群体共享的“集体记忆”（Halbwachs，1925），从而达成历史性的建构。①

2011 年联合国教科文组织发布了《关于历史性城镇景观的建议书》，建议中提出将自然和文化属性以历史脉络而叠加的城镇地区，它应该包括更为广阔的城市肌理，其中这种广阔的环境应该是“不仅包括地形地貌、地上与地下的基础设施、开放空间和花园、土地的利用模式和空间组织构成、视觉景观，以及所有城市结构相关要素，还包括社会文化习俗和价值观、经济过程和非物质遗产的多样性和识别性”。②

无论其作为一种理论还是一种实践，以上均扩展了我们对城市遗产保护的理解，从实践层面看，上海城市遗产保护的实践值得我们深思，它对城市遗产的保护是开始关注人与日常生活相关的事象，而不单单是一种固态的物质文化遗产，这种保护对象的转变说明了人们保护理念的转变。这种转变是一种让城市遗产的保护行为从静态到动态，这种动态是将城市遗产纳入到社会生态系统的整体性中，这实际不仅是我们保护理念的转变，从现实情况看，也会对当地的产业结构及经济发展、文化发展有很实际的作用。

二　日常生活——城市遗产保护的灵魂元素

日常生活作为概念的使用开始于胡塞尔的“生活世界”，他认为生活世界和科学世界是分离的，生活世界是有经验的世界，要把具体的经验应用于自我既有的世界中就是生活世界。很多学者对此有自己的学术见解，

① 莫里斯·哈布瓦赫：《论集体记忆》，毕然、郭金华译，上海人民出版社 2002 年版，第 81—94 页。

② UNESCO，“The HUL Guidebook：Managing Heritage in Dynamic and Constantly Chanding Urban Environments”，2016.

诸如截至目前对日常生活阐述比较清晰完整的是匈牙利比较有名的哲学家阿格妮丝·赫勒（Agnes Heller），她在20世纪60年代出版了自己的专著《日常生活》，她将“日常生活”定义为“个体的再生产”。“如果个体要在生产出社会，他们就必须在生产出作为个体的自身……可以把‘日常生活’界定为那些同时使社会再生产成为可能的个体再生产要素的集合。”[①] 她指出“日常生活存在于每一社会之中……每个人无论在社会劳动分工中所占据的地位如何，都有自己的日常生活”。[②] 法国社会学家米歇尔·德·塞托的著作《日常生活实践》讲述了技术人员的理性能够对社会事物和人进行一种最佳组织，他们会运用实践的艺术巧妙安排日常生活，书中强调日常生活对于个人和社会的意义重大。日常生活是人们在城市生产消费中的主要面对对象，且这种对象是活态的，城市对于人们在日常生活中的生产消费，主要表现在日常生活中的吃穿住行等方面。

德国当代民俗学家赫尔曼·鲍辛格（Hermann Bausinger）在他的《日常生活的启蒙者》中谈到，日常生活一方面是“灰色的”，是一成不变虚幻往复的，受讲求实际、以实用为导向的思维和行为方式的支配；另一方面，在飞速发展和更新的技术世界里面，每个人的日常生活都在相应地与时俱进。[③]

以上学者是从微观世界看宏观世界，把日常生活作为一种微观的小的细微的事物，看它关联着社会宏观的事物。从最简单的日常生活为出发点，看现代社会中人们对现代性对日常生活的影响，再去解读其中的宏观制度层面的问题。从日常生活入手研究城市遗产保护是一种路径方法。笔者认为日常生活应该包括时间、空间和实践，其中的时间即每天的时间性，它有公共时间、私人时间、可控时间、不可控时间等，且具有重复、惯性等特点；空间即民众的日常生活空间，包括居住空间、公共空间、私人空间等；实践应该是在身体和行为上的一种感知体验。

虽然城市遗产和日常生活是两个问题，但是在现实生活中却彼此不可分离，城市中的一些物质文化遗产诸如建筑、庙宇等是重点文物保护对象，它是冰冷的、脱离日常生活的，而城市遗产中也有和民众日常生活联

① Agnes Heller, *Everyday Life*, London and New York: Routledge and Kegan Paul, 1984.

② ［匈］阿格妮丝·赫勒：《日常生活》，衣俊卿译，重庆出版社2010年版，第3页。

③ ［德］赫尔曼·鲍辛格等：《日常生活的启蒙者》，吴秀杰译，广西师范大学出版社2014年版，第1页。

系比较紧密的，比如一些集市、古老的民居建筑、旧的历史街区，它们作为民众日常生活空间中的一个元素，作为遗产是固态的，但是和日常生活联系便成为活态文化了。所以说，城市中的遗产如果一直被看作遗产，被束之高阁，被敬仰，久而久之便和人们的日常生活越来越疏离，成为被隔绝之物，也就没有太多的活力。

所以，城市遗产保护中，作为城市遗产应该注重在提供公共性与公开性的同时，要注意在公共空间中的日常生活，它也在作用，日常生活不仅是个体的表现内容，在公共空间内它与个人和集体之间存在关系行为。纵观之，日常生活有时间的延续性，它从过去一直延续到现在，它不可避免地与城市遗产发生些许关联。当然，也并非所有城市遗产都能运用于日常生活中，只有在民众生活中，包含在民众生活之中的才能称之为日常生活中的城市遗产。无论社会发生怎样的变迁，它与民众生活长期能发生关联，互相作用，这样，城市遗产才有存在的有效性，变化是必然，但是变化也是和生活相关联的，遗产的变化必然牵连日常生活的变化。遗产保护本身是个漫长的过程，随着对遗产保护理念的转变，遗产保护与日常生活相结合是一种新的路径方法，这样能对遗产保护的研究不足提供更好的补救方法。

世界文化遗产保护更多的是对物质形态方面的保护，而近年兴起的非物质文化遗产保护则更多的是强调“这种非物质文化遗产世代相传，在各社区和群体适应周围环境以及与自然和历史的互动中，被不断地再创造，为这些社区和群体提供持续的认同感，从而增强对文化多样性和人类创造力的尊重”。[①] 非物质文化遗产是“被各社区、群体，有时是个人视为其文化遗产组成部分的各种社会实践、观念表述、表现形式、知识、技能以及相关的工具、实物、手工艺品和文化场所”[②]。

根据以上概念，笔者从日常生活中的城市遗产视角出发，认为在现在的城市文化遗产保护中，大多数只是保护了原本的文化本真性、文化独特性或者古文物遗产，但是对于活态文化，时间上有接续性的日常生活文化却不被纳入保护对象中，这需要转换保护思维方式，因为日常生活和城市遗产应该是相辅相成的，城市遗产不会脱离民众单独存在，日常生活也需

① 李培林：《城市化与我国新成长阶段：我国城市化发展战略研究》，《江苏社会科学》2012 年第 5 期。

② 联合国教科文组织：《保护非物质文化遗产公约》，《联合国教科文组织关于保护语言与文化多样性文件汇编》，民族出版社 2006 年版，第 1 页。

要一些遗产的依托，两者合成才能构成一个完整的城市生命有机整体。

三　日常生活中的城市遗产保护应用

世界各国对城市遗产的保护方式其实大同小异，方式也在随着人们观念和技术的更新不断升级，原本只是孤立地保护单体建筑已经适应不了今天的社会。现代文明的发展会使得历史文化名城、古镇中的空间形态发生变化，也就使得聚居的文化本真性受到挑战。近年来，人们对古镇、原生态文化的热爱与追逐，又使得对古城镇的保护要求日渐提高。世界遗产委员会在 1992 年时就已经提出“文化景观”一词，意指人文和自然的结合并不是对立的，也让人深刻理解了遗产的概念并非是固定不变，当将文化注入遗产保护之中，这就出现了动态的变化，为我们城市遗产保护提供了新的路径理念。

笔者认为日常生活是一个整体，它应该包括时间、空间和实践，其中时间是民众每日的时间使用，包括可控时间、不可控时间、公共时间、私人时间等，时间在日常生活中的表现有重复、惯性的特点；空间是日常生活的载体；实践则是借用胡塞尔和梅洛-庞蒂现象学中抽取出来的身体、感知及行为上的表现。

以下，笔者将试着从日常生活中的时间、空间、实践对丽江白沙古镇的日常生活进行分析。

第一，日常生活中的时间性。丽江是有着多彩民族习俗的地方，它很早就被评为世界文化遗产、历史文化名城。丽江由三部分组成，即大研古镇、白沙古镇、束河古镇，笔者的调研点白沙古镇是丽江古城的组成部分之一。白沙古镇在丽江市区往北 10 公里处的玉龙雪山脚下，它是丽江三个古镇中离纳西族神山最近的古镇。白沙古镇是丽江纳西族文化发源地，丽江的第一大家族“木氏”家族的祖先曾在这里居住。后来到明朝初期，木氏家族发达之后，在白沙古镇修建了一些道教和佛教的教堂。白沙古镇目前还有白沙琉璃殿、大定阁、白沙壁画等纳西族文化遗存，白沙古镇是纳西族文化保存的最为完好的地方。白沙壁画完整地反映了纳西族的宗教信仰，它也反映了纳西族的文化变迁，汉文化从元明时期进入纳西地区，纳西族与其他民族能够友好相处，使丽江成为一个多元文化发展的地区，白沙壁画就反映了这些内容。

丽江的纳西族文化其实和当地的自然环境不可分割，纳西族诞生的源头在玉龙雪山和金沙江之间，这里的地理位置对纳西族的自然生态和文化生态均有很大影响。丽江主要在云南省西北部，自古以来它就是汉、藏、白、纳西等族的聚居地，它位于横断山脉、金沙江和青藏高原相互衔接的地带并与攀枝花接壤，这里曾是经济贸易聚集区，也是多元文化交流区。因为丽江地区高原多，平原少，高原纬度较高且常年阳光明媚而强烈，北边玉龙雪山的冰雪常年不化，冬无严寒，夏无酷暑，四季很不鲜明，纳西族在这样的生态环境下保留了自己的游牧生活生产方式，穿插一些农耕技术。这里的自然生态成为丽江古城人们的住居建筑的主要文化元素，自然生态让民众有了独特的生活习惯及用水制度的自然规约。这里被称为“没有围墙的城市”，纳西族在这里和其他民族形成了大杂居、小聚居的模式，从而也形成了开放包容大度的良好品质。

第二，日常生活中的空间性。日常生活的空间形塑了日常生活，它主要包括居住空间、公共空间、私人空间等。白沙古镇的日常生活空间由两部分组成，一部分是自然生活空间，主要包括民居建筑、街区空间及建筑组合空间等；另一部分是生产性空间，有自然界中的山地、林地、水田等自然景观。生活空间主要体现在古镇的街区，它是向四个方向发散从而形成一个“大”字的三条主街，街道南北长，东西短。古镇街道并不受地势控制，街道是自由而任性的。街道两边和民居建筑相连，整体看，白沙古镇是以主要的街中心四方街为核心，从而向四方发散形成南北长、东西短的一种形态展现，整个古镇街貌保存完好，各种街区均体现了纳西族的民族特色。

白沙古镇被列入《世界文化遗产名录》中是在 1997 年，当时古镇还很简朴，也未开发民族文化旅游业。2005 年，白沙古镇在鼎业集团的进入下，开始参与了古镇的旅游开发建设。2009 年，白沙古镇开始加强民族文化旅游开发，至 2013 年，使得当地民族文化旅游达到巅峰。民族文化旅游的确是给当地民众经济带来好转，但是这样打破了古镇民众往日宁静质朴的生活。古镇因为要迎合民族文化旅游的发展，其纳西族古建筑开始改建，虽然还是遵循了纳西族传统的砖木结构的建筑形态，也保持了古镇的整体风格，但是还是有些为了旅游而刻意所做，对纳西族民居或多或少有点影响。

第三，日常生活中的实践性。实践性表现在身体、感知和行为方面。白沙古镇它的日常生活实践主要体现在两个方面，一个是纳西族的宗教信仰，一个是它本民族的建筑文化。纳西族信仰东巴教，东巴教是纳西族民众的精神寄托，它反映了纳西族民众的世界观、宇宙观及人们的行为准则、生产生活中的行为规范，是纳西族民众的行为价值观表现。从宗教内容上来说，东巴教主要分为两部分：一部分是以自然界为主，主要包括日月星辰、山川河流、动物植物等；另外一部分是以社会本源为主，包括社会生产、生活的各个方面。生死之道、婚姻大事、人类与民族氏族的来历、语言文化的起始，都以深化的方式加以记载。① 在宗教信仰的影响下，纳西族形成了自己的东巴文化，东巴文化与汉族、藏族、傣族等这些民族文化交流交往交融，也均深刻地表现在丽江民众的生活习俗里。目前，丽江白沙古镇的纳西人民依然保留着自己民族的劳作方式，人们还是喜爱使用纳西族语言，喜爱吃纳西族腌制的腊排骨，喜爱穿纳西族七星披月的服饰，依然会住在扩大家庭中，依然重视血亲关系。纳西族女性依然是田间地头的主要劳动力，买菜做饭，种地养猪，无所不能。纳西族的节庆习俗也没有改变，他们的传统节日诸如白沙农具会、北岳庙会、三朵节等，依然是和岁时节令及他们的宗教信仰有很大关系。虽然在20世纪80年代之前经过了一段时期的衰败，但后来经过当地政府、地方学者们的呼吁之后，一些传统节日诸如三朵节、祭祀节、七月大祭风等活动在丽江又开始恢复，这些节日是纳西族民族文化的体现，它对民族文化的传承有着不可替代的作用。

第四，建筑文化的空间性。白沙古镇的民居建筑主要分布在南北走向的主路上，两边商铺林立，民居建筑有着统一样式的建筑风格，多是土木结构，一般常见的纳西族的民居建筑有“走马串脚楼”“四合五天井”“三坊一照壁”等，一照壁是纳西族民居常见的建筑风格。纳西族房屋建筑的正房方向朝南，正房面对照壁，这里是供老人居住的地方；年轻人要住在东西厢房，房屋也比正房低矮一些。纳西族民居建筑相对并不是暮气沉沉的，而是生动活泼的建筑。

四 结 语

城市遗产保护从最初的单体保护到后期开始关注遗产的再生产再利用，再到现在开始关注民众的心理身体体验及情感表达，从民众参与角度

---

① 白庚胜：《东巴神话研究》，社会科学文献出版社2002年版，第22页。

出发，保护地方民族特色，形塑地方文化遗产形态，改变原有固有的保护形式与理念。在城市遗产保护的实践中，我们似乎应该更要关注民众的日常生活，保护城市遗产中重要的历史街区、历史文化名城的同时，也要以保护该地区民众的日常生活这种活态文化为必要保护前提，不应该忽略城市遗产保护中的居民日常生活。

本书提出要用整体性城市遗产保护策略对城市遗产进行保护，这种理念是相较于之前提出的保护历史文化名城、历史文化名镇、历史街区等现实策略把现在人们的生活需求也加入进去了。整体性城市遗产保护策略，应该考虑到现代民众的日常生活需求，应该是符合现代人们的生活观念与理念，用新的理论方法，从城市可持续发展的战略高度上综合考量城市遗产保护，它需要把之前在保护历史文化名城的基础上将城市遗产保护的内容扩大，要保护城市文化在其中的重要作用。所以，城市遗产保护方面，一定要寻求一种有效的整体性保护办法，改变人们原有的保护理念，这不仅需要在原有保护基础上进行保护措施，还要对社会大环境、非物质文化遗产进行整体性的综合性的考量，进而彻底改善城市遗产和社会大环境的疏离感，这样才能够实现城市遗产保护的整体有效性。

城市遗产保护本身是一个重大工程，在其中进行决策的政府、专家、学者及当地地方精英们都是重要的参与人员，在进行决策的时候，需要一套有效的运行机制，在唤醒民众保护遗产的同时也要注意民众所忽视的日常生活也是其中重要的一个元素。民众是日常生活文化的持有者，民众的参与能体现遗产的活态方面的性质，日常生活纳入城市遗产保护中，是把非日常变成日常，把单体保护变成复合保护。

对于城市遗产保护，早在 1976 年联合国教科文组织就定义了保护的含义："'保护'系指对历史或传统地区及其环境的鉴定、保护、修缮、维修和复原。"① 保护是对文化遗产中稳定的因素进行保护且希望能够传承给后世，对于实体周边环境的保护与修葺也是应该放入保护之中的元素，这样城市遗产才有灵动性，也就涵盖了城市遗产的历史性、现代性和可持续发展性等。政府在这方面应该注意要通过有效机制灵活处理保护问题，要针对一些重点难点问题给予修正，这样民众的日常与城市遗产才能做到真正的整体性保护。

① 国家文物局等：《国际文化遗产保护文件选编》，文物出版社 2007 年版。

第十二章

“第三意大利”的发展模式及启示①

在日益全球化、同质化的世界中，民族文化产业的发展实质上承担了中国少数民族地区经济发展与文化复兴的双重使命。经济意义上，它是当前我国民族地区经济发展、实现精准扶贫的重要产业；文化意义上，它是民族文化崛起与繁荣的重要载体。② 中国民族文化的现代化与产业化，需要在更广阔的空间进行文化的互动与交流，要放在全球化、国际化的语境下思考民族文化的传统与经典。面对民族传统文化转型的危机和机遇，尤其是当前我国的文化产业从低级向高级阶段转型升级的过程中，我们有必要学习国外成熟的做法，深入开发民族文化底蕴、开拓民族文化价值、广泛传播民族文化理念，真正实现民族文化产业与现代经济生产、结构的变迁相适应。“第三意大利”的发展模式，指的是意大利东北部和中部以劳动密集型的传统手工业为特色的中小企业集群发展的模式。由于这一地区的发展与我国的民族地区有着较大的相似性，其发展模式对我国民族传统文化产业的发展有重要的借鉴意义。

一 “第三意大利”民族文化产业发展的背景

（一）“第三意大利”所处地理空间特征

“第三意大利”（Third Italy）最先由意大利经济学家 Arnaldo

---

① 本章作者：王经绫。

② 张凤琦：《文化复兴与民族文化产业走出去战略思考》，载《中华文化论坛》2006 年第 4 期。

Bagnasco① 提出，指的是 20 世纪 70 年代崛起的意大利的东北部和中部，以区别于经济较为发达的“第一意大利”（西北地区）与经济较为落后的“第二意大利”（南部地区）。具体包括意大利马尔凯、艾米利亚-罗马涅、弗留利-威尼斯朱利亚、托斯卡纳、特伦蒂诺-上阿迪杰等 7 个大区（见图 12-1 乙部分阴影面积）。随着对“第三意大利”发展模式的深入研究，这一概念已经超出了单纯的地理空间的界定，而更多的是代表一种经济发展模式。

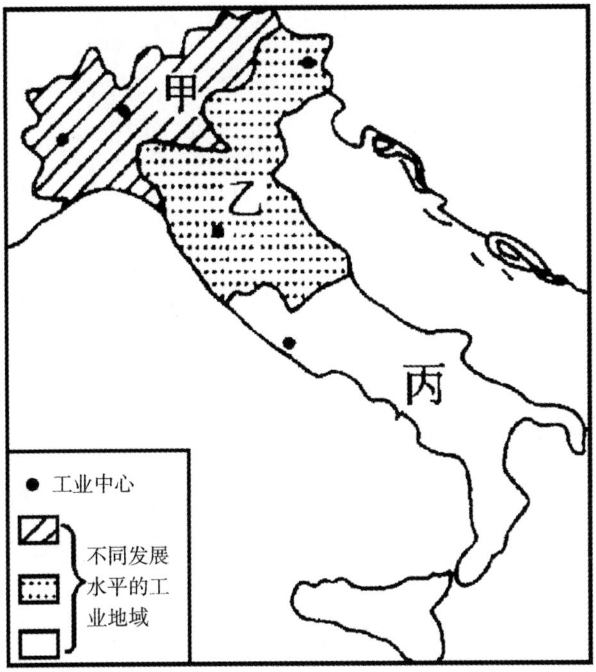

图 12-1 “第三意大利”的区位

“第三意大利”东边有亚得里亚海，西临里古里亚海，海运交通便利。与北部地区相比较，这一地区自然条件较差，地貌崎岖不平，山地与丘陵占绝大多数面积，平原面积小，自然资源相对贫乏（见图 12-2）。由于其独特的地理区位与自然资源的特征，经济上长期落后于北方。1860 年，加里波第南征时，这一地区仍然保留了大量落后的封建“庄园经

① Arnaldo Bagnasco, *Small and Medium Sized Enterprises in Western Europe*, 1977, Bibliography: pp. 159-171.

济”，无论是国内生产总值（GDP）、经济结构、人口密度、人均收入，还是基础设施、医疗、卫生等，这一地区一直落后于北方。

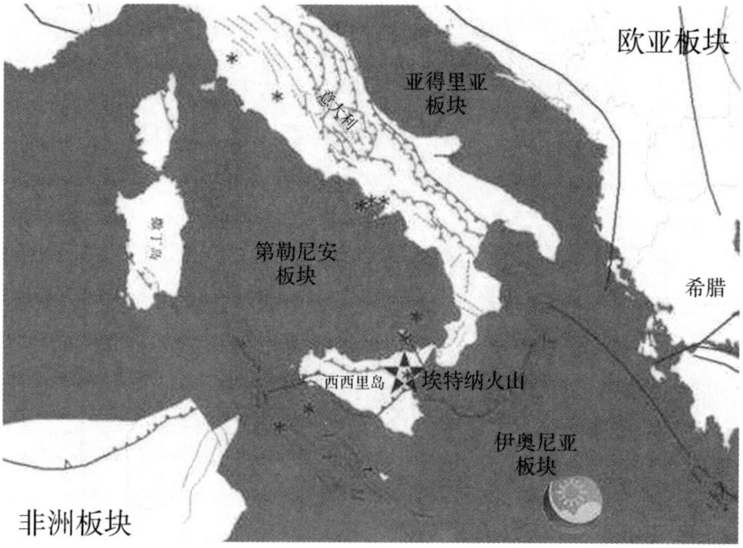

图 12-2　“第三意大利”的地理环境

（二）“第三意大利”的发展历程

“第三意大利”是传统的旅游区、轻工业区与农业区，与意大利北区相比，这一地区的工业企业少，且以十人以下的小微企业为主，组织松散，设备落后。

第二次世界大战以前，“第三意大利”地区一直处于小农经济状态，农村存在大量的过剩人口。在这一时期的欧洲工业复兴中，一方面，该地区未能发展现代工业，且军工业停业，释放出大量的技术工人；另一方面，“第三意大利”的农民有着自己的田地，生活过剩的前提下出现了原始的工商业活动，自发性的家庭工业开始发展，而且政府支持该地区的家庭工业发展。在本地资本积累不足、外地投资缺乏的背景下，陶瓷、服装、纺织等资金门槛低、市场风险小的传统的劳动密集型行业成为当期中小企业发展的首选。与所有的传统手工业一样，这些行业都是以农业附属行业的状态存在，既是农民的生产生活资料，也是农民通过向富裕人员变卖相关产品以维持和改善生计的渠道，更是意大利主要的民族文化产品。由于分散的农户经营生产需要联合销售，因此“第三意大利”逐渐开始出现“合作销售组织”。

第二次世界大战以后，尤其是20世纪60年代起，随着制造业现代化的快速扩张，“第三意大利”的传统手工业逐渐向现代手工业转变，并迅速发展壮大，是意大利经济增长的重要组成部分，并成就了意大利的“经济奇迹”。对比来看，1951年，同属“第三意大利”的艾米利亚-罗马涅、威尼托与托斯卡纳等三个大区，其制造业就业人口占本地区总就业人口的比重分别为5.1%、5.8%与6.1%；同年，位处西北部的皮埃蒙特与伦巴第两个大区，其上述指标分别为14.6%与37.4%（见表12-1）。到了20世纪70年代，就业情况截然相反。“第三意大利”工业从业人员增长了25.9%，高出其他地区14.1%。20世纪80年代的经济危机时期，其他地区工业就业人员增长率仅为4.2%，“第三意大利”的该值高达19.7%。到1981年，“第三意大利”工业就业人员占全国工业总就业人员的比重达37.3%。[①] 在20世纪的最后十年，在意大利整体经济不景气的大背景下，相较于西北部，“第三意大利”的经济表现了强大的韧性，出口额持续增长。2008年的国际金融危机时期，这些行业也为意大利经济起到了“定海神针”的作用。

表12-1 1951年意大利不同大区的制造业就业人口比重表（%）[②]

	“第三意大利”			意大利西北部	
大区名称	艾米利亚-罗马涅	威尼托	托斯卡纳	皮埃蒙特	伦巴第
占当地总就业人口比重	5.1	5.8	6.1	14.1	19.4
占意大利全国制造业就业人口比重	5.3	6.5	5.6	14.6	37.4

（三）“第三意大利”的民族文化资本

文化资本是一种信息资本，涉及文化知识、能力和秉性（deposition）

① 数据来源于意大利国家统计局网站：https：//www.istat.it/en/national-accounts/data-and-indicators。

② 笔者根据Lucarini V，Speranza A，Nanni T. Statistics of the seasonal cycle of the 1951-2000 temperature records in Italy and in the Mediterranean area［J］. Il Nuovo Cimento C，2006，7060（1）：21-31. 整理。

的形式。[①] 文化资本也是一种表征性资本（representative capital），主要包括价值观念、宗教信仰、伦理道德、文学艺术、思想符号、教育素养、品味风格、民风习俗等的资本形态，对经济资本的运行具有增值、转化和调节等功能。[②] 文化资本同样存在流量与存量之分，且分为有形资本与无形资本。[③]

"第三意大利"的民族文化资本非常丰富。第一，丰富的有形民族文化资本。意大利是当前拥有世界遗产最多的国家，截至 2017 年 7 月，意大利拥有 53 个世界遗产，其中文化遗产 48 项。除了旅游区常见的建筑、遗址、艺术品、绘画、雕塑等文化遗产，更具有经济价值的是以私人物品形式存在的工艺品，即赋予文化意义的各种物质形态的文化资本。[④] 第二，丰富的无形民族文化资本。主要包括一系列与既定人群相符的想法、实践、信念、传统和价值，它经常以公共品的形式存在于公共领域，如文学、音乐、喜剧等口头与非物质遗产。[⑤] 这些无形的文化资本对其经济的发展极其重要。比如，"第三意大利"人有着深厚的家族意识和乡土观念，以在家乡生活与工作为乐，这是其"家族式"企业得以稳定存续的重要因素。第三，如果将上述两类文化资本归为"第三意大利"民族文化的存量资本，则在存量资本的基础上，结合现代科技与技术水平，实现了文化资本的再生产，从而实现了文化资本增量。通过这一生产，一些文化资本被运行于某些具体的经济行为以及与之相伴的民间贸易中。[⑥] 在这一生产过程中，文化传统与消费者认同是"第三意大利"生产产品的最重要的标志。Sabrina Rastelli 教授曾这样介绍意大利制造："所谓高端，不但要材质好，设计出色，更重要的就是工艺。'第三意大利'的手工艺

① 张小军：《天后北传与漕运贸易——一个文化资本的视角》，载《南京大学学报》（哲学·人文科学·社会科学）2016 年第 4 期。

② Bourdieu P，"The social space and the genesis of groups"，Theory & Society，1985，14（6）：723-744.

③ 梁君：《文化遗产与文化产业集聚关系实证研究》载《文化产业研究》2015 年第 2 期。

④ Throsby D. "Determining the Value of Cultural Goods：How Much（or How Little）Does Contingent Valuation Tell Us?"，Journal of Cultural Economics，2003，27（3/4）：275-285.

⑤ 戴维·思罗斯比、潘飞：《什么是文化资本?》，载《马克思主义与现实》2004 年第 1 期。

⑥ 朱伟珏：《"资本"的一种非经济学解读——布迪厄"文化资本"概念》，载《社会科学》2005 年第 6 期。

绝对是其王牌，甚至是其招牌。”①

二 “第三意大利”民族传统文化产业的发展特征

（一）中小企业为主体，家族式企业为主要特征

根据意大利的官方统计数据，截至2010年底，意大利有500余万家企业，其中99.9%为中小企业。这些中小企业贡献了GDP总额的80%，就业岗位的81.3%。以工业为例，工业是现代经济中规模性最为明显的行业，也是大企业最为集中的领域，即便如此，在“第三意大利”，平均工业企业从业人数仅为9人，50人以下的小微企业占98%，中小企业的就业人数占总就业人数超过70%。②

“第三意大利”的家族式企业非常多，93%的中小企业是由家族经营。③ 这类企业有着鲜明的特点：（1）在人事任命上，家长是董事长兼总经理，妻儿子女往往身居要职，如某首饰集团，家长是董事长，儿子是副董事长，妻子是集团人事主管，女儿则是财务与行政主管，除了家族成员外，其他的管理成员流动性也很低；④（2）在经营目标上，追求长期稳定的利益；（3）在管理方面，高层管理者有驾驭市场变化的能力，办事果断、决策迅速且具有权威性，在组织上颇为松散，甚至是混沌的，也因此降低了企业决策与沟通成本；（4）对后代的教育问题上，极为重视。子女们往往都在美、英、法等国接受一流的教育，他们往往熟悉国际市场，精通数门外语，且有着较高的管理水平。

（二）分散的城镇化经营，使得交易成本外部化

从经济学的角度来看，企业的产生源于内生化交易成本，现代企业

① Rastelli S, Wood N, Doherty C, “Technological development at the Huangbao kiln site, Yaozhou, in the 9th 11th C AD: some analytical and microstructural examinations”, Shanghai Institute of Ceramics Chinese Academy of Sciences, 2002.

② 数据来源于意大利国家统计局网站：https：//www.istat.it/en/national-accounts/data-and-indicators。

③ 数据来源于意大利国家统计局网站：https：//www.istat.it/en/national-accounts。

④ 赵龙文、冯小宁：《基于“第三意大利”的广东服装产业集群发展模式研究》，载《科技管理研究》2010年第9期。

规模扩张的过程是通过内生化降低交易成本的过程。[①] 根据科斯定理，内部组织的交易成本与公开市场上的交易成本之间的大小决定了企业规模的大小。企业规模越大，内部交易越频繁，交易成本越高。当企业的内部交易成本小于公开市场的交易成本时，企业的规模会扩大。[②] 在现代市场经济中，信息技术的广泛应用极大地降低了企业内部的交易成本，使其很容易低于外部公开市场的交易成本，从而出现了大量的大型企业。

但“第三意大利”则正好相反，其摒弃了扩大企业规模的方式，以大量的小微企业存续的模式，外生化交易成本，通过分散化城镇经营的模式，合理分工，城镇内部存在集聚。规模上每个城镇企业的总规模相当于大型企业，功能上实现了大企业的主要职能。在城镇内，形成了“产学研销”为一体的组织体系；生产网络化，产、供、销和配套服务一条龙。[③] 从行业上看，“一镇一业”，每个专业区有一两个主要的发展行业，如卡尔比和普拉托的纺织服装业、科莫地区的丝绸业、卡拉拉地区的大理石业、乌迪尼斯的木桌椅制造业、萨索罗的陶瓷业、木拉诺的玻璃制品业等。[④]

（三）以传统民族手工业为主要发展行业

总体来看，“第三意大利”的行业分布有以下几个特征：

第一，“第三意大利”的行业主要集中在传统产业，尤其是以传统的民族手工业为主要发展行业，主要包括：制鞋、服装、瓷砖、乐器、家具、金银首饰、玻璃制品、皮包等以及为这些行业提供机械设施的行业。实际上，不仅是“第三意大利”，从意大利全国范围看，传统行业的比重也非常高，意大利 199 个专业集群中，纺织品集群地 69 个、家具集群地 39 个、机械集群地 32 个、皮鞋与皮革集群地 27 个、葡萄酒、橄榄油等食品集聚地 17 个、首饰与金属制品集群地 5 个（见图 12-3）。[⑤]

第二，传统民族手工业的需求价格弹性低，受市场冲击能力强，从

---

① 张五常：《经济解释：科学说需求》，中信出版社 2015 年版，第 52 页。

② 罗纳德 · 科斯：《企业的性质》，经济科学出版社 1992 年版，第 312 页。

③ 李凯旋：《意大利劳动力市场灵活化改革解析》，载《 当代世界与社会主义》2018 年第 2 期。

④ 刘北辰：《意大利：小企业何以玩转大市场》，载《 时代经贸》2009 年第 8 期。

⑤ 史永隽：《中国与意大利产业集群的差异比较分析》，载《学术研究》2007 年第 7 期。

而使得这些行业受价格与市场的冲击相对较小，对经济变动冲击的承受能力很强。1974—1975 年经济危机时期，意大利的传统民族手工业经受住了考验。据统计，1971—1980 年间，从事传统民族手工业的中小企业数量增长不到 50%，但从业人员增加近两倍，且其占意大利经济的比重也逐渐增加，从而也提高了意大利的整体经济弹性（flexible specialisation）。①

第三，资本与技术的门槛相对较低，对于缺乏这些资源的欠发达地区居民而言，则进入相对容易。尤其是在 20 世纪 70 年代左右，意大利存在大量的农业剩余人口，这些长期从事农业及农业附属行业的人员，其资本积累很低。因此，这些资本与技术门槛较低的行业则成为首选。

图 12-3 “第三意大利”的产业分布图

---

① 池仁勇：《意大利中小企业集群的形成条件与特征》，载《外国经济与管理》2001 年第 8 期。

三　“第三意大利”民族传统文化产业发展成功的深层次原因

（一）高度专业化的分工，形成“第三意大利”特色的产业集聚模式

1. 高度的专业化分工主要体现在几个方面：第一，分工规模很大。在以中小企业为主体、城镇化分散经营、国际贸易非常发达的“第三意大利”民族传统文化产业，几乎其所有的产品的生产都依赖于分工。“第三意大利”的中小企业多达百万余家，2017 年，意大利全国的 GDP 为 3.39 万亿美元，“第三意大利”的贡献值超过 1 万亿美元。①

第二，分工结构合理。（1）从业人员结构较为合理，以艾米利亚－罗马涅大区服装业为例，在当地，约有 50%从业人员为家庭作坊式就业，约 25%从业人员为订单生产的分包商，其余人员类似中国的个体工商户。生产者直接面向市场，因此对市场反应速度非常快。②（2）价值链上的分工合理。科学地进行分工，各自完成产业链上的角色，一般来说，一个产品从设计环节到生产环节再到流通环节，鲜有企业完全包揽整个产业的价值链，而一般只从事价值链上的一两个节点的产品或服务，以智能化、专业化为产业组织的特征。

第三，分工效率很高。以“fordism”（福特主义）为代表的传统规模化生产主要是产品种类少、数量多，但往往要求企业规模大，对市场反应速度慢。“第三意大利”则实行的是“post-fordism”（后福特主义）生产方式——小批量、多品种、差异化、质量化生产，产品的质量与特色是其关注的重点。对市场的需求变化反应快，及时应变，并快速地组织生产。比如阿雷佐有一家首饰加工厂，能将 9 克重的黄金拉成长达 3 公里的细丝，该厂仅 54 名员工，人均年产值高达 66 万美元。③

2. 形成“第三意大利”特有的产业集聚。意大利全国共 199 个产业

① 数据来源于意大利国家统计局网站：https：//www. istat. it/en/national - accounts/data - and-indicators。

② 刘全国、刘鼎盛：《克隆还是借鉴“第三意大利”带给浙江的启示》，载《浙江海洋学院学报》（人文科学版）2004 年第 21 卷第 3 期。

③ 江涛：《“第三意大利”模式对陕西家具业的启示》，载《改革与战略》2012 年第 1 期。

集群，其中“第三意大利”占126个，占63.4%（中部84个，占42.2%；西北部58个，占21.2%）。[①] 在“第三意大利”的产业集群中，集群内的企业形成了上下游之间的基本链条关系，每个企业一般只完成价值链上的一个或几个节点，从原料生产到产品初加工、组装再到最终产品的生产与分配、销售等，往往由不同的企业来完成。[②] 可见，其纵向一体化的特征非常明显。各企业不断地稳固自己在价值链上的分工，最终产品大多数都出口，但中间产品则更多是在区域内完成。区域内的企业在竞争的同时，也都利用了整个价值链的规模经济。如艾米利亚-罗马格纳地区的食品集群，食品机械零件商为食品机械厂提供零部件，食品机械商为食品生产商提供机械，生产商生产出产品交由销售商，由经纪公司为其提供销售、物流、收款等一系列的服务。产业链的上下游分工明确、紧密合作。其中，食品生产商与机械生产商相互促进创新与技术研发，并培养创新环境。这种集群较好地实现了纵向延伸的专业化分工格局，企业间有着紧密的共性与互补性，集群内企业共享彼此的外部效应。这一模式，经历了从产品生产专业化的阶段到生产工艺专业化的阶段，再到生产服务专业化等三个阶段见图12-4，一定程度上实现了“波特理论”中的产业集群优势：

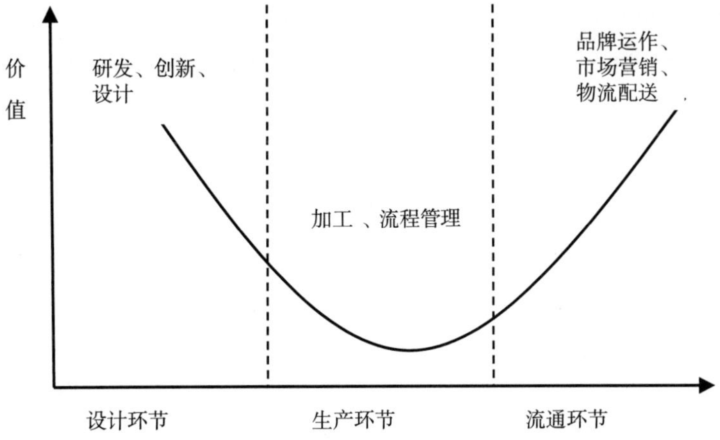

图12-4 “第三意大利”价值链分工

① 刘春香：《意大利劳动密集型产业集群研究及其对中国的启示》，载《北方经济》2006年第5期。

② 徐斌：《规模经济、范围经济与企业一体化选择——基于新古典经济学的解释》，载《云南财经大学学报》2010年第2期。

第一，地理空间上的接近，实现了生产要素之间的频繁交易与共享，极大地降低了生产成本。首先，降低了运输成本与交易对手的搜寻、谈判成本；其次，降低了雇主与雇员之间的相对搜寻成本，易于形成专业化人才市场；最后，提高了信用成本，极大地降低了机会主义行为。[①] 第二，知识与信息通过产业链迅速推广，有利于形成区域内整体规模经济，提高集群的竞争力。从职能上看，这些产业集群一定程度上完成了大企业的内部职能。企业间通过相互学习，服务市场的观念与时俱进，技术不断地升级，设备适用性逐渐增强，既降低了交易成本，又提高了专业化水平。

（二）“经纪人”式的生产组织方式，形成了具有自组织系统的利益相关者网络

1. “经纪人”式的生产组织方式，降低了外生交易成本。“第三意大利”存在大量的“经纪人”企业，这些“经纪人”本质上也是中小企业，但是他们在区域内起着十分重要的作用。“经纪人”负责原料采购、接受订单、样品制作、产品设计、组织加工、检验质量、发货、销售等全流程业务。[②] 通过“经纪人”，在一定区域范围内，如一个镇，所有的传统手工业企业形成了一个无形的大企业。各生产企业通过市场机制联系在一起，以价格机制与竞争原则为准绳。在这种生产组织方式下，中小企业克服了小规模生产下专业化程度不高的缺陷，同时发挥了灵活多变、“船小好调头”的优势。

不仅如此，意大利政府还建立了多达130多个“真实服务中心”，主要包括服务中心与行业协会，具体涉及担保、贷款、技术转让、产品市场开拓、研发活动、知识与信息的传播以及商务咨询等。这些服务中心与协会一般是行业联合组织，不同服务中心有其独特的使命与服务范围，他们向所有服务范围内的企业开放，为其提供各类服务。同时，这些服务中心也是联系中小企业与政府之间的重要桥梁。如，莫德纳的服务中介CITER，其主要职能是为协会内纺织企业搜集、分析和传播纺织行业的重要信息。再如，比耶拉镇（Biella）的TECNOTEX，其主要职能是为其会

① 夏靓：《产业集群对产业“梯度转移”理论的挑战》，载《北方经贸》2005年第1期。

② 王传英：《中小企业发展的动力——“第三意大利”的社会经济网络分析》，载《中国科技成果》2006年第18期。

员纺织企业提供技术开发、技术实验和专业培训等。①

2. 形成了具有自组织特征的利益相关者网络。大量的中小企业不仅在总规模大而且在专业化分工的基础上形成了复杂的企业间的网络，包括生产网络、交易网络、社会关系网络与技术创新网络等，实现了较为完善的具有自组织系统特征的利益相关者网络。根据自组织临界理论，一些看似随机、不稳定，甚至不相关的主体，在随机增长中，当主体数量达到一定的规模，超过大数定理的时候，会呈现能用幂律分布规律解释的有序性。②“第三意大利”的企业集聚规模远远超过大数定理的临界值，企业间的自组织机制逐渐替代他组织机制，呈现了从他组织系统到“较弱的自组织系统”，再到“较强的自组织系统”转变的过程。在“自组织”机制的主导下，“第三意大利”的网络有效运营、管理和引导网络内外的相关发展因素，并自觉激发网络内生动力。在网络中，需求商与供给商之间由物质投入产出来形成联系，企业之间是平等的共生关系。

（三）民族传统文化是“第三意大利”兴起的关键因素

1. 传统的技术、资本、政府与供应网络等因素均不能解释“第三意大利”的发展。技术方面，“第三意大利”的兴起主要受益于“隐性知识”，而不是高技术或复杂技术。③ 这些企业在吸收传统知识的基础上，通过不断的试验来研制和提高技术，与新知识进行整合。当地的职业技术学校则进一步促进了科技水平和知识的扩散。④ 资本方面，第三意大利企业的原始资金主要来自于家族，银行是在其发展后期才逐渐发挥作用。⑤政府与供应网络方面，“第三意大利”的发展初期，政府并没有直接介入，市场上并没有形成明显的供应网络。可见，上述因素并不是“第三意大利”繁荣的前提，相反，是其繁荣后的结果。

2. 民族传统文化是“第三意大利”繁荣的关键因素。第一，意大利

① 史永隽：《中国与意大利产业集群的差异比较分析》，载《学术研究》2007 年第 7 期。

② 何跃、王爽：《论自组织机制的创新性本质》，载《系统科学学报》2017 年第 8 期。

③ 秦岩、杨爱民、代志鹏：《第三意大利的兴起及其对中国西部大开发的启示》，载《云南社会科学》2007 年第 6 期。

④ R. A. Boschma，“Looking through a Window of Locational Opportunity”，Tinbergen Institute Research Series 75. Rotterdam：Thesis Publisher and Tinbergen Institute. Dissertation，1994.

⑤ R. A. Boschma，“New Industries and Windows of Locational Opportunity：a long-term Analysis of Belgium”，In：Erdkunde，51. 1997.

的传统文化观念对其民族传统文化产业的发展起到了重要的作用，如家族观念，意大利极高比重的家族企业以及意大利人都愿意返乡就业都是最好的佐证。这些传统文化观念有助于提高社会凝聚力，缓解社会矛盾。第二，这些民族文化价值渗透于长期积累的技巧、技能和特殊工艺，是“第三意大利”实现产品差异化的本质属性。从具体行业上看，则主要是集聚在传统手工业。正是由于“第三意大利”悠久的手工业传统，使得很多企业能在继承传统古老工艺的基础上发扬光大，并开发出独一无二的产品，也使得其手工业产品成本低、工艺好，竞争力强。如，早在中世纪，首饰设计与加工就被称为“国王艺术”，其金器工艺设计华丽、做工精湛、巧夺天工、举世无双，一直流传至今。再如，“世界一绝”的威尼斯玻璃加工工艺，在传统工匠的手中，仅用一把钳子和一把取玻璃的长铁杆，运用继承的传统工艺，就能制作出精妙绝伦的艺术品。① 第三，传统的工匠是“第三意大利”从落后的农业经济走向发达工业经济的主要劳动力。R. A. Boschma 使用工匠区位商来测度劳动力的熟练程度，进而体现传统工匠的重要性，根据其测算（见表 12-2），② 在“第三意大利”发展初期，该区域的工匠区位商值较高，即高比例的小企业以传统行业为主要发展对象，以廉价的熟练劳动力为主要动力。

表 12-2　　第三意大利传统工匠的区位商③　　(%)

威尼托	弗留利-威尼斯朱利亚	特伦蒂诺-上阿迪杰	艾米利亚-罗马涅	托斯卡纳	马尔凯	翁布里亚
71.5	63.6	63.6	66.0	68.8	63.4	56.9

可见，民族传统文化是深入传统工匠骨髓的“隐性知识”，是“第三意大利”从落后的农业经济发展到现代工业经济的关键因素。由于其保密性、难模仿性和不可替代性，推动了市场的细分，使个性化的定制服务和弹性化的专精生产方式成为可能。借助于“第三意大利”传统旅游区位的优势，这些产品迅速地打开了国际市场，既回避了高资本、高风险的

① 白雅文：《意大利：指尖上的帝国，手工艺的奇迹》，载《北京规划建设》2017 年第 3 期。

② R. A. Boschma. The industrial rise of the Third Italy: open window of locational opportunity [R]. The 38th Congress of the Euro-pean Regional Science Association, 1 September 1998, Vienna.

③ 资料来源：根据《The industrial rise of the Third Italy: open window of locational opportunity》整理。

门槛，又避开了与大企业的正面竞争。

（四）成功实现了文化与经济的结合

通过将传统文化资源与现代价值、产业市场紧密联系，“第三意大利”成功开辟了一个文化、价值与市场的共赢之路。在机器生产效率远高于手工生产的今天，文化价值成为提升商品价值的重要源泉。“第三意大利”的小镇是一个开放性的小镇，通过引导、沟通与交流，将当地人的思维方式、生活方式和价值观念完整地展示出来，通过创意，是吸纳了文化与产品、服务的有效结合。在以制造七彩玻璃闻名于世的“玻璃岛”穆拉诺岛（Murano）上，人们可以随意走进任何一家“玻璃岛”，现场观看玻璃艺术创作秀，人们甚至可以在大师的帮助下，亲自制作玻璃艺术品，让传统文化可感知、可体验、可参与。这些“第三意大利”的小镇成为了一个浓缩时间长度和空间大小的场所，创造了新的文化空间。这个空间不仅延续、继承了传统文化，更创造性地设计、生产了新的、符合时代特征的文化生产与传播的方式，完美地利用了传统文化资源向现代转化。

传统文化资源是这些产品灵感与活力的源泉，依托传统的民族文化资源，将现代文化和艺术的象征性要素融入当代人的日常生活与美学需求里，成功实现自身的合理性和特色，进而实现消费者对这些产品的接纳与认可，因此也获得了长久的现代生命力。“第三意大利”的小镇成功实现了民族传统文化价值的平台与载体，漫步于小镇里，人们彼此尊重不同的文化，感受不同的文化，通过文化与经济的结合，重构了文化与价值理念，在活化古老文化的同时，创新了当代文化形式。文艺小城 Deruta，自中世纪起就是意大利的制陶中心，“陶”文化成为这座小城的标签，城市的门牌号、人行道、公共桌椅、门窗乃至私人庭院，都是由带有故事性的精美图案的陶器制成。在以制琴知名的克雷蒙纳，整个城市从形象到功能几乎全部小提琴化：城市里有以制琴大师命名的街道，城内多处有制琴大师的雕像，街道上琴铺橱窗比比皆是，音乐启蒙书籍摆满了儿童书店，甜点店的包装盒都是配有琴头形状、小提琴砧板与费解标本，让人耳目一新，更不用说小提琴主题的各类纪念品。通过将小提琴与制琴等内在文化价值和审美属性融入到商品和服务理念中，经济产品被赋予了文化的形式和意义，从而使得文化熏陶下的经济生活愈发表现为文化与经济的融合。

不仅如此，“第三意大利”民族传统文化产业发展还超越文化本身，提供了多元的文化产品与服务。[①] 如，制琴小镇克雷蒙纳定期会举办手工品集市、手工艺品展销会，每年秋季会举办制琴节，每三年会举办一次小提琴作品展，提琴制作行业的“奥运会”等。丰富多样的节庆、展览，吸引着世界各地的音乐人才，小镇因此也成为音乐的海洋，成为世界的“小提琴之都”，而小镇的旅游业及其相关行业也得以快速、稳定地发展。在纺织小镇特里韦罗，该镇修建了一条26公里长的“杰尼亚全景”公路，小镇里种植了50万棵针叶树与数千株牡丹花。借助阿尔卑斯山的地形，该镇完美地造就了其如房子工匠般精致的阿尔卑斯山风光，特里韦罗也成为了意大利的度假天堂，这里成为运动爱好者亲自运动、亲近自然的理想之地。[②]

（五）意大利政府对民族传统文化产业发展的大力支持

由于意大利的民族传统文化产业主要以传统手工业为主要发展行业，以中小企业为主体，因此，其政策支持也主要体现在中小企业及传统手工业的支持上。

1. 税收优惠政策。（1）手工业企业免税。根据意大利的《手工业法》，手工业企业里设计资本与劳动所得，给予免税或减税。[③] 这一政策极大地促进了意大利手工业的发展。（2）对不同规模的中小企业给予不同的税收优惠。100名雇员以下的小型企业，3年内给予投资额25%的税收优惠，100—200雇员之间的企业，该比例为20%。所有企业享受的税收优惠总额在6万—22.5万欧元之间。[④]（3）对新增劳务、新引进的技术等要素给予征税优惠。该政策同样对不同规模的企业给予不同档次的优惠比重，100名雇员以下的小型企业，减税率为45%，100—200名雇员，则为40%。所有企业享受优惠税收总额不超过4万欧元。[⑤]（4）研发资金的

---

① 王晓玲：《中华传统文化的现代转化与文化产业园区实践研究》，博士论文，上海交通大学，2015。

② 白雅文：《意大利：指尖上的帝国，手工艺的奇迹》，载《北京建设规划》2017年第3期。

③ 李海冰：《浅析今日意大利手工业》，载《 湖北工业大学学报》2001年第3期。

④ 刘北辰：《法意两国扶持对中小企业的财税政策与启示》，载《价格与市场》2007年第8期。

⑤ 刘北辰：《意大利中小企业是如何快速发展的》，载《 税收征纳》2015年第7期。

税收优惠政策。企业用于研发的留存利润，研发投资额的30%实行免税优惠，优惠税收总额不超过30万欧元。对于新开发的高新技术，改善出口做出贡献的企业，政府按金额补贴10%。值得一提的是，意大利的中小企业的法制体系非常完善，企业从创立之初到最终清算，有一套完整的法律制度。一方面，简化了办事手续；另一方面，也增加了政府对相关信息真实性的把握。

2. 金融优惠政策。为了保证中小企业融资通道顺畅，意大利采取了多种措施：第一，成立担保基金，为中小企业贷款提供担保，如，中央担保基金，意大利国家银行与手工业协会共同出资成立中小企业信贷担保机构等。第二，成立国民银行、互助银行等专门为中小企业贷款融资的银行。第三，建立中小企业互助担保制度。这项制度是意大利金融市场的独创，也是被公认的行之有效的解决中小企业融资问题的一项制度。意大利中小企业成立互助担保联合体，该机构为非盈利性担保机构，实行会员制。担保联合体向银行提供集体担保，使得会员企业获得了超过自身能力的贷款。[①] 另外，意大利的中小企业互助担保联合体是大区担保联合体联盟[②]的二级成员，这一身份可以使用欧盟投资基金提供的追加担保。[③] 第四，借助外力。比如，欧洲投资银行（European Investment Bank，EIB）为意大利的中小企业提供贷款，具体利率由EIB根据贷款金额确定，贷款比重可达资本投入的50%。[④]

意大利的金融系统透明度非常高。银行可以通过企业的唯一代码在网上直接了解企业的相关信息，如注册资本、生产经营、资产负债等情况，注册会计公司会出具连续三年的审计报表，并保存于当地法院的档案中，而这些信息，任何人只要支付一定的费用都可以掌握。不仅如此，意大利信用体系非常完善，每个企业有自己的信用等级，金融机构根据对企业的信用评估来决定是否对企业进行贷款以及贷款利率与贷款期限等。信用体系的完善极大地降低了银行贷款风险，使得银行对中小企业"愿贷""敢

① 曹国华、闫彩云：《不同担保模式对中小企业融资条件的影响》，载《技术经济与管理研究》2012年第4期。

② 大区互助担保联合体由所在大区的担保联合体企业组成，主要是为互助担保联合体成员的会员单位提供直接担保、风险担保和共同担保。

③ 王磊：《意大利独特的中小企业发展模式》，载《经营与管理》2006年第8期。

④ Destefanis S, Sena V, "Public capital, productivity and trade balances: some evidence for the Italian regions," Empirical Economics, 2009, 37 (3): 533-554.

贷”，这也间接扩大了中小企业融资渠道。

3. 地方政府重视职业教育及对相关从业人员的培养。“第三意大利”所处的地方政府深刻认识到，意大利企业竞争力的主要因素源于教育与培训。[①] 相较于意大利的高校，意大利的职业学校全球知名度更高，培养了大量的技术人才。比如，处于“第三意大利”的威尼托地区的伦塔河制鞋学校就是一所职业学校。该校成立于1923年，主要教授与制鞋业相关的技能与知识。仅2003年，该校就开设了120个培训班。[②] 与我国的职业学校主要面对全日制学生不同，该校的培训不仅面对普通高中生，成人的职业教育再培训也是其主要培训形式。具体包括三大类：第一，针对在职的设计人员，学制一般为三年；第二，针对普通高中生，学制一般为5个月，毕业后主要从事鞋类生产；第三，是欧盟资助的专业化培训班，培训人员必须有当地户口，培训内容则包括鞋类的生产、设计、经营与管理等。不仅如此，学校相关课程甚至延伸到了当地的中小学，从小就开始培养接班人。高水平的设计师与工人是当地鞋业举世闻名的法宝。

四 对我国民族地区经济发展的启示

（一）当前中国民族地区发展的困境

1. 传统的“产业集群”模式并不能完全适应民族传统文化产业的发展。当前，虽然我国民族地区涌现了大量的“文化产业园区”“高新科技园”等，照搬东部产业集群的方式，依靠个别的龙头企业和政府“拉郎配”勉强运营，其长远可持续性发展能力并不强。一些生产传统产品的园区，生产的大部分产品都是以简单技术应用为主，科技含量低，技术上以模仿为主，创新能力不强。这些园区的专业化弹性水平不高。由于民族地区具有竞争力的行业龙头企业并不多，大量的园区属于实质性停滞。一些地区甚至脱离实际，盲目建设工业园区，导致了产业空心化，不但浪费了大量的资源，也不利于解决就业与扶贫问题。不仅如此，同质化的产业结构，降低了产业之间的联系，也很难形成完整的产业链，更不用提产业

---

① 史永隽：《中国与意大利产业集群的差异比较分析》，载《学术研究》2007年第7期。

② 王东：《中国制造业低成本扩张型产业集群技术升级研究》，博士论文，西安石油大学，2006年。

间的联动与形成自组织系统的网络。从实践结果来看，这一“产业集群”思路并不能较好地解决当前我国民族地区经济发展中面临的难题。

2. 依靠东部产业的转移来发展民族地区经济并不是最优选择。根据梯度转移理论，随着我国经济的快速增长，一些劳动密集型的传统行业，将逐步由东部向中西部地区转移。[①] 但实际结果并没有在多大程度上支持上述理论，即便诸如轻工业、纺织品等行业，都出现了较大程度的区域黏性。东部地区的产业集群所形成的规模经济、范围经济等，实现了高度的专业化分工，交易成本低，且形成了具有自组织系统特征的利益相关者网络，其对市场需求的反应相对迅速，适应力强，东部地区的经济实力越发达，这种路径依赖与区域黏性的程度将会越高。因此，寄希望于东部产业的“梯度转移”，似乎也行不通。

3. 产业结构不合理，现代规模化生产存在弊端。从宏观角度来看当前民族地区的产业结构，资源性重工业比重过大，以传统的文化产品为代表的消费品工业发展滞后。由于重工业的产业与农业的关联度较小，联动效应弱，对吸纳农业人口、提升农产品附加值的效果不佳，也很难有效地融入并带动民族其他产业的发展，进而对当地居民的生活水平带来实质性提高。一些高能耗、高污染的企业，甚至对当地的生态造成了较大的破坏。在现代工业发展中，产业化的生产方式是以“福特主义”为典范的大规模生产，利用专业化分工与现代管理制度，通过规模化的生产降低平均成本，实现收入与经济增长。[②] 这种生产方式一方面要求消费者的需求结构、劳动力市场乃至整个区域的经济结构都与之相匹配；另一方面，大规模的产业化生产很难适应快速变动的社会，且重工业要求的高资本、高技术的门槛，当前相对落后的民族地区也很难跨过。

（二）应采取的措施

1. 民族地区应大力发展民族传统文化产业。我国的民族传统文化产品主要集中在少数民族地区，与“第三意大利”相似，同样有“第三意大利”的发展潜力。具体表现为：

第一，天然具有发展民族特色经济的现实基础。中国的民族地区面积

---

① 邹俊煜：《产业梯度转移理论在区域经济发展中失灵的原因分析及其启示——兼议经济理论应用中约束条件的不可忽略性》，载《科技进步与对策》2011年第8期。

② 肖潇：《分享经济背景下劳资关系的演变趋势探析》，载《探索》2018年第2期。

广阔，地形地貌条件复杂，区域差异性很大，不仅在地理、气候、自然资源等方面存在较大差异，在人力资源、文化资源、技术资源等经济基础上同样存在差距。区域差异性奠定了民族特色经济的现实基础，也是发展区域间产业分工的重要条件。不同的地区都应该因地制宜，发展与自身特性相适应的产业体系。需要指出的是，区域差异性并不必然产生特色经济，当前中国民族地区经济结构趋同就是实例，只有在挖掘各自比较优势的基础上，进一步细化分工，提高专业化水平，不断积累专业知识与技能，增强规模经济，才能逐渐表现各自的特色。我国从事民族传统文化产业的企业中，同样是以大量的私营性质的中小企业，甚至以家庭作坊形式存在的微型企业为主体，“家族式”企业特征同样十分明显，管理者与所有者集于一身。在管理上，这些中、小、微企业由于规模小、层级少，市场应变的能力很强。

第二，中国民族地区同样有着丰厚的文化资本。中国民族地区民族传统文化特色鲜明，民族内部的凝聚力很强，历史传承下来的风俗习惯、伦理道德观念、宗教信仰以及生活生产方式是宝贵的文化资本。通过整合传统文化，培育市场，生产出让人产生共鸣的民族传统文化产品，这也是调试民族传统文化与市场之间的重要过程。从市场环境上来看，民族地区一般较为偏远，离传统意义上的市场较远。但中国民族地区同样也是传统的旅游区、农业区，与“第三意大利”的发展相似，旅游业的发展能有效扩大民族传统文化产品的市场，快速打开国内甚至国际市场。在中国互联网经济快速发展的今天，生产所在地与市场之间的距离更是被极大地缩小，民族传统文化产品的需求端已不再是核心束缚因素。

第三，民族地区发展民族传统文化产业有天然的比较优势。从生产要素上来看，中国民族地区的劳动力丰富且廉价，传统手工业极为发达，且自古就有家庭作坊式生产的传统，长期以来作为农业的附属业，一些产品如服装、家具、首饰、食品、编织物等。随着我国民族地区农业生产力水平的提高，农业就业人员逐渐解放，更在一定程度上保障了充足、灵活的劳动力供给。且由于民族地区宜居土地极其有限，人口集居分布明显，地理空间上更利于企业集群而不是分散。从生产手段上来看，民族地区的机械装备率低，而传统手工业极为发达，发展具有民族传统文化特色的传统手工业，能突破固定资产和社会资本导致的发展瓶颈。

2. 借鉴“第三意大利”模式，促进特色经济的发展。

第一，重新审视民族地区照搬或模仿东部地区的发展模式，反思以资源开发为导向的传统工业化发展战略，慎重考虑以承接东部产业的转移作为经济追赶的战略思路。要结合民族地区自身的资源禀赋与比较优势，加快推动文化产业发展，促进民族地区产业互动与协调，优化产业结构。一味地照搬，实质上是抹杀了地方优势，降低了其自身竞争力。民族地区应充分利用自身的资源禀赋，借鉴“第三意大利”的成功经验，放弃高度一致的产业结构，走一条并不完全相同的产业发展模式。

第二，借鉴“第三意大利”的发展经验，发展以民族传统文化产品为代表的消费品工业。从产业结构的发展规律来看，民族传统文化产品主要为消费品工业，是以农业剩余产品的存在为发展前提，农业剩余产品为其产业提供基础原料和副产品。作为农业产业链的自然延伸，这类产业应是区域工业化初期中最先起步且易快速发展的部门。根据霍夫曼比例，发展初期，消费品工业的净产值规模应是资本品工业净产值规模的 4 到 6 倍。[①] 鉴于民族地区的经济发展阶段、基础设施水平与资源禀赋，我国的民族地区要抓住当前农业发展与消费品工业扩大的大趋势，以民族传统文化产品和产业为基础，不断提高专业化水平与竞争力，通过产业的带动，逐渐形成具有区域特色的产业体系。这一发展路径，既能充分利用民族地区丰富的文化资源、第一产业资源与产品，还能加强农业与工业之间的互动，实现产业结构的优化与协调发展，同时能促进就业，从根本上解决民族地区的扶贫问题。

第三，以地理的靠近性为基础，大力支持中小企业，促进文化产业集群发展。与“第三意大利”在区域协同的基础上自发形成的产业集群不同，我国的文化产业集群演化过程，既需要自下而上自发形成区域协同的基础，又需要有政府自上而下制定长期发展规划、主动协调与宏观调控，即需要自组织动力与他组织动力共同作用。因此，我国的文化产业集群发展需要政府理顺集群发展的机制进而实现协同。从“第三意大利”的发展经验来看，首先应该对区域内要素进行摸底，在正视民族地区在人力资本、资金、技术资本短缺的现实上，挖掘自身文化特色，理顺文化产业的价值链，加强集群内企业的竞争与合作的互动。只有深入挖掘区域文化的

---

① 孙新雷：《产业结构演进理论思考》，载《上海经济研究》1994 年第 7 期。

同一性，牢牢把握住文化本身的特色，才能有效地实现文化与经济的结合，真正实现特色经济。

在文化产业集群发展初期，源于企业自下而上的自组织发展动力是原始起点，重点要重视文化产业的横向集群，即通过生产、分工、资源与市场的协同，增强集群内的凝聚力，扩大民族特色文化产品和服务的需求，降低内部交易成本。在文化产业集群发展中期，需要更重视文化产业的纵向集群，以政府为主要推动者的他组织动力更为关键。因此，通过完善制度，提高“中介”服务水平，促进知识溢出，增强集群的他组织演化动力。在文化产业集群发展的成熟期，则重点整合产业链与集群创新，通过实现自组织系统的网络链，增加创新与环境的协同，从而实现产业集群的可持续发展。

五 结 语

“第三意大利”以其贫乏的资源、落后的基础设施与人力、技术资本，成功的从传统的农业经济走向了发达的工业经济。通过将传统文化资源与现代价值、产业市场紧密联系，“第三意大利”成功开辟了一个文化、价值与市场的共赢之路。“第三意大利”民族传统文化产业发展历程表明，“文化生产”进入“经济产业”，是以高度的专业化分工为基础的，在人们对精神文化生活需求的日益增长下，只有形成“多方面的需求与全面的生产体系”，才能实现充分的文化生产与文化享受。从产业化的特性来看，“文化产业”是“第三意大利”发展的活力与动力。通过整合文化资本、人力资本、现代技术与管理等要素集聚，遵循市场机制，实现了高度的专业化分工，建立完整的产业链，通过规模化生产实现经济与社会效益，通过集群的方式实现了平台化发展，进而实现可持续性的现代化发展。

当前，民族地区承接东部地区的产业转移、照搬东部地区传统发展模式，导致了产业结构雷同，拉大了东西部地区间的差异，某种程度上放弃了其分享型社会文化结构、特色的传统手工业、低廉的劳动力成本等竞争优势，经济发展的结果不尽人意。传统思维下的发展战略，不利于第一、二、三产业的优化协同发展，不利于解决农业剩余就业人口。应借鉴“第三意大利”的发展模式，抓住当前农业发展与消费品工业扩大的大趋势，充分利用民族地区丰富的文化资源、第一产业资源与产品，以地理的靠近性为基础，重点支持中小企业，大力发展以民族传统文化产品为代表的消费品工业，不断提高专业化水平与竞争力，通过产业的带动，促进文化产业集群发展，逐渐形成具有区域特色的产业体系。实现农业与工业之间的互动，有效促进就业，从根本上解决民族地区的扶贫问题。

参考文献

专著

白庚胜：《东巴神话研究》，社会科学文献出版社 2002 年版。

陈庆德、郑宇、潘春梅：《民族文化产业论纲》，人民出版社 2014 年版。

戴斌：《旅游 & 文化》，旅游教育出版社 2019 年版。

《鄂伦春族简史》编写组：《鄂伦春族简史》，民族出版社 2008 年版。

范俊军编译：《联合国教科文组织关于保护语言与文化多样性文件汇编》，民族出版社 2006 年版。

范周主编、齐骥执行主编：《2017 中国文化产业年度报告》，知识产权出版社 2017 年版。

贵州省民族事务委员会编：《贵州省民族传统节日进入旅游市场的文化条件分析》，贵州教育出版社 2009 年版。

国家民族事务委员会经济发展司编：《中国人口较少民族发展报告（2015）》，民族出版社 2018 年版。

国家文物局编著：《国际文化遗产保护文件选编》，文物出版社 2007 年版。

何青花、莫日根布库：《鄂伦春语释译》，紫禁城出版社 2011 年版。

何群：《环境与小民族生存》，社会科学文献出版社 2006 年版。

［德］赫尔曼·鲍辛格等：《日常生活的启蒙者》，吴秀杰译，广西师范大学出版社 2014 年版。

胡惠林、王婧主编：《2014：中国文化产业发展指数报告（CCIDI）》，上海人民出版社 2014 年版。

宽甸县志编纂委员会：《宽甸县志》，辽宁科学技术出版社 1993 年版。

李江敏、李志飞主编：《文化旅游开发》，科学出版社 2000 年版。

刘小珉：《中国民族地区经济社会调查报告·凤凰县卷》，中国社会科学出版社 2018 年版。

刘晓春：《鄂伦春人文经济》，知识产权出版社 2010 年版。

刘晓春：《中国民族地区经济社会调查报告·鄂伦春自治旗卷》，中国社会科学出版社 2018 年版。

［美］罗伯特·弗兰兹：《创意无限》，杨颖译，中国社会科学出版社 2005 年版。

［美］罗伯特·麦金托什、夏希肯特·格波特：《旅游学——要素·实践·基本原理》，蒲红等译，上海文艺出版社 1985 年版。

［法］莫里斯·哈布瓦赫：《论集体记忆》，毕然、郭金华译，上海人民出版社 2002 年版。

彭翊主编：《中国省市文化产业发展指数报告 2016》，中国人民大学出版社 2017 年版。

沈国冕等修、蒋龄益等纂：《凤城县志》，民国十年（1921）石印本。

施惟达等：《文化与经济：民族文化与产业化发展》，云南大学出版社 2011 年版。

宋振春、李秋：《文化旅游产业与城市发展研究》，经济管理出版社 2012 年版。

王文章：《非物质文化遗产概论》，文化艺术出版社 2006 年版。

魏力群：《中国皮影艺术史》，文物出版社 2007 年版。

西村幸夫：《都市保全计画》，东京大学出版会 2004 年版。

习近平：《决胜全面建成小康社会 夺取新时代中国特色社会主义伟大胜利——在中国共产党第十九次全国代表大会上的报告》，人民出版社 2017 年版。

熊克武：《台江非物质文化遗产》，沈阳出版社 2012 年版。

毅松、涂建军、白兰：《达斡尔族 鄂温克族 鄂伦春族文化研究》，内蒙古教育出版社 2007 年版。

尹章池等：《文化产业概论》，北京大学出版社 2014 年版。

曾维益：《白马藏族研究文集》，四川省民族研究所 2002 年版。

曾维益：《撞钟拾音录》，中国文史出版2014年版。

张国洪：《中国文化旅游——理论·战略·实践》，南开大学出版社2001年版。

张宏梅、赵忠仲：《文化旅游产业概论》，中国科学技术大学出版社2015年版。

张凌云：《旅游景区景点管理》，旅游教育出版社2003年版。

张五常：《经济解释：科学说需求》，中信出版社2015年版。

赵复兴：《鄂伦春族游猎文化》，内蒙古人民出版社1991年版。

论文

曹国华、闫彩云：《不同担保模式对中小企业融资条件的影响》，《技术经济与管理研究》2012第2期。

陈成吨：《基于修正的VRIO模型的市域文化产业竞争力及其评价——来自福建省三明市的经验研究》，《发展研究》2015年第8期。

代珊珊、唐周媛、徐红罡：《中国入境旅游者购物消费的省际差异及影响因素——基于面板数据模型的分析》，《地理科学》2011年第1期。

丁智才：《民族地区少数民族特色文化产业发展研究》，《广西民族研究》2014年第6期。

方征：《鄂伦春族狩猎文化变迁的人类学反思》，《昌吉学院学报》2016年第1期。

高丙中：《公共文化的概念及服务体系建设的双元主体问题》，《广西民族大学学报》2016年第6期。

高丙中：《作为非物质文化遗产研究课题的民间信仰》，《江西社会科学》2007年第3期。

顾江、胡静：《江苏文化产业发展综合竞争力研究》，《江苏社会科学》2008年第4期。

何跃、王爽：《论自组织机制的创新性本质》，《系统科学学报》2017年第3期。

洪涛、毛中根：《文化消费的结构性与层次：一个提升路径》，《改革》2016年第1期。

胡惠林：《文化产业理性发展的尺度——构建具有路标导向的中国文化产业发展指标体系》，《上海交通大学学报》2014年第4期。

花建：《“一带一路”战略与提升中国文化产业国际竞争力研究》，《同济大学学报》2016 年第 5 期。

金相郁、武鹏：《文化资本与区域经济发展的关系研究》，《统计研究》2009 年第 2 期。

金星晔、伏霖、赵文哲：《基于经济观念视角的文化与经济研究》，《经济研究》2018 年第 2 期。

康保成：《佛教与中国皮影戏的发展》，《文艺研究》2003 年第 5 期。

康小明、向勇：《产业集群与文化产业竞争力的提升》，《北京大学学报》2005 年第 2 期。

李培林：《城市化与我国新成长阶段：我国城市化发展战略研究》，《江苏社会科学》2012 年第 5 期。

李向振：《迈向日常生活的村落研究——当代民俗学贴近现实社会的一种路径》，《民俗研究》2017 年第 2 期。

李雪茹：《区域文化产业竞争力评价分析：基于 VRIO 模型的修正》，《人文地理》2009 年第 5 期。

李宜春：《省域文化产业竞争力评价指标体系初探——以安徽省为例》，《社会经济体制比较》2006 年第 2 期。

李忠斌：《论民族文化之经济价值及实现方式》，《民族研究》2018 年第 2 期。

梁君：《文化遗产与文化产业集聚关系实证研究》，《文化产业研究》2015 第 2 期。

廖树群：《广西毛南族饮食文化旅游资源开发研究初探》，《经济研究导刊》2017 年第 14 期。

刘魁立：《非物质文化遗产及其保护的整体性原则》，《广西师范学院学报》2004 年第 4 期。

刘全国、刘鼎盛：《克隆还是借鉴“第三意大利”带给浙江的启示》，《浙江海洋学院学报（人文科学版）》2004 年第 3 期。

刘晓春：《人口较少民族的特殊需要与发展对策》，《黑龙江民族丛刊》2017 第 2 期。

龙良富：《文化资本视角下民族青年传统技艺的积累和转化——旅游发展中个体的社会实践》，《广西民族研究》2018 年第 5 期。

鲁小波、陈晓颖：《国内自然保护区生态旅游评价研究进展》，《林业调查规划》2014年第5期。

陆平:《文化资本视域下中国边境地区民族文化产业发展研究——以云南省普洱市为例》,《西南民族大学学报》2018年第9期。

马荣军:《日常性城市遗产概念辨析》,《华中建筑》2015年第1期。

纳日碧力戈:《"非遗"中的互为主体与人类学的社会担当》,《中央民族大学学报》2016第6期。

祁述裕、殷国俊:《中国文化产业竞争力评价和若干建议》,《国家行政学院学报》2005年第2期。

邵甬:《从"历史风貌保护"到"城市遗产保护"——论上海历史文化名城保护》,《上海城市规划》2016年第5期。

史永隽:《中国与意大利产业集群的差异比较分析》,《学术研究》2007第7期。

王经绫:《文化艺术创新与传统村落的振兴——以韩国釜山甘川洞特色文化村为个案的研究》,《世界民族》2021年第2期。

王昆欣:《推进"红色+乡村"融合,提升全域旅游发展质量》,《中国旅游报》2019年第12期。

王磊:《意大利独特的中小企业发展模式》,《经营与管理》2006第8期。

王颖、支大林:《文化产业竞争力理论模型构建》,《社会科学战线》2012年第10期。

魏力群:《中国影戏源流考》,《河北师院学报》1995年第1期。

徐群:《文化旅游产业的定位与开发》,《北方经贸》1999第6期。

杨祎、梁修存:《文化旅游产品开发的路径与模式研究》,《南京社会科学》2015年第3期。

叶丽君、李琳:《我国区域文化产业竞争力评价与差异分析》,《科技管理研究》2009年第3期。

苑利、顾军:《非物质文化遗产保护的十项基本原则》,《学习与实践》2006年第11期。

张琪:《断裂性、双时态与遗产泛化——城市遗产的视角悖论与实践突围》,《城市发展研究》2015年第4期。

张松:《留下时代的印记 守护城市的灵魂——论城市遗产保护再生的前沿问题》,《城市规划学刊》2005年第5期。

郑颖、杨昌鸣：《城市历史景观的启示——从“历史城区保护”到“城市发展框架下的城市遗产保护”》，《城市建筑》2012 年第 8 期。

庄雯淇、辛立秋：《宽甸县乡村旅游发展 SWOT 分析》，《经济研究导刊》2015 年第 14 期。

邹俊煜：《产业梯度转移理论在区域经济发展中失灵的原因分析及其启示——兼议经济理论应用中约束条件的不可忽略性》，《科技进步与对策》2011 年第 8 期。

关键词索引

产业结构 56,90,138,191,214,215,217,218

传统文化 11,16,18,21,35-38,42,45,69,90,99,100,102,106,111,115,118,119,122,125,130,132,142,150,153,155,161-163,176,179-181,183,184,186,187,189,190,198,209-212,215-217,219

创新性发展 21,96,132,133,163

创造性转化 21,96,132,163

非物质文化遗产 1,3,10,11,16,18,43,44,84-86,96-98,100-108,110-112,115,117,120,122,123,125,126,129,130,132,139,147,150,153,155,162-165,174-177,189-191,193,197

红色文化 64,67,75

节庆文化 64,69,75,76

可持续发展 35,36,41,58,60,65,77,93-95,133,162,163,191,197,218

旅游产业 1,2,4,6-11,15,21,26,28,29,40,41,43,45,47-51,53-55,57,59,61,63,64,69,72,73,77,78,87-91,93-95,123,125,126,138,144,146,149

旅游扶贫 4,29,31,49,98,117

民族文化 4,6,13,16,18,19,21,23-28,30-33,36-38,40,42,44,45,47,54,60-62,64,65,68,69,71,75,88,90,92,97-100,102-104,107,112,114-116,120,130,132,133,141,151,153,161-163,183,188,195,196,198,200,202,210

全域旅游 6,38,49,61,62,67,97,98,103,104,107

人文景观 45,47,54,65,82,138

特色产业 1,7,74

特色村寨 7,101

特色小镇 13,49,129,133,138,139,146

文化保护 21,37,38,43,97-101,103-105,107,139,185

文化产业 1,2,9,11,13,14,18-

21,23-25,35-38,52,61,69,76,84,85,89-92,96,124,129,130,132-141,145-150,162,198,202,203,206,210,212,214-219
文化传播 12,15,90,107,181
文化传承 53,87,98-101,118,139,183,184,191
文化多样性 37,193
文化旅游市场 62
文化资本 133-136,150,151,201,202,216,218
文化资源 3,4,12,18,19,21,22,25,32,36,38,42,45,54,58,60-62,69,88,92,99,132-134,137,150,151,153,162,211,216-219
物质遗产 191,202
县域经济 6,133,137,141,149
乡村文化旅游 5,6,13,50
乡村振兴 97,101,103,104,107,114,128,133
饮食文化 11,19,21,71,76,77,90,94,153
中华文化 128,130,137,198
资源禀赋 32,56,217

后　记

2014年，习近平总书记在主持十八届中央政治局第十三次集体学习时指出，弘扬中华传统文化，要“处理好继承和创造性发展的关系，重点做好创造性转化和创新性发展”①，2017年国家颁布了《关于实施中华优秀传统文化传承发展工程的意见》，其中明确了要“注重实践与养成、需求与供给、形式与内容相结合，把中华优秀传统文化内涵更好更多地融入生产生活各方面”。为推动文化和旅游融合发展，2018年将文化部、国家旅游局的职责整合，组建文化和旅游部，作为国务院组成部门。在这一大背景下，民族地区可利用的文化旅游资源丰富，产业竞争的比较优势明显，大力发展文旅产业，促进旅游产业全面转型升级，把文旅产业做大做强成为民族八省区“十三五”和“十四五”的产业发展目标之一。

民族文化作为文化人类学的研究重点，一直是中国社会科学院民族学与人类学研究所长期关注，深入研究的领域。为更好地对各民族传统文化创造性转化、创新性发展，以及文旅产业融合发展进行深入分析研究，国家社科基金委托项目《21世纪初民族地区经济社会综合调查》2016—2017年分设了子课题，对民族地区县域民族文化保护、传承、创造性转化和创新性发展进行田野调查，进行案例分析。2017—2018年，中国社会科学院创新工程课题《健全民族地区文旅产业融合发展政策研究》围绕县域文旅产业发展进行实地调查研究；2018年获批的中国社会科学院创新工程A类课题《中华民族传统文化创造性转化和创新性发展》，和2019年获批的社科基金重点项目《少数民族传统文化在乡村振兴中的作用与创新转化研究》（19AMZ015）也分别从不同角度开展相关研究。

---

① 《习近平谈治国理政》，外文出版社2014年版，第164页。

本书是方勇教授带领的15位研究人员，根据实地调研获取的一手资料着重以案例分析方法进行分析研究和文旅产业的学术分析研究两大类的成果展现。同时也感谢本书编辑宫京蕾老师对本书出版付出的心血和辛苦！

2020年10月